高中语文教学
优秀案例集锦

GAOZHONG YUWEN JIAOXUE
YOUXIU ANLI JIJIN

陈立今　郑树红◇主编

顾　问◇杜志兵

编　委◇李煜晖　何　杰　高利霞　王广杰　赵晓双
　　　　张怀光　李梨香　王　健　刘英瑾　刘睿睿
　　　　奚　畔　任　萍　尹　芳　张　慧　姚　文
　　　　叶一帆　吴艳玲　常月仙

北京师范大学出版集团
BEIJING NORMAL UNIVERSITY PUBLISHING GROUP
北京师范大学出版社

图书在版编目(CIP)数据

高中语文教学优秀案例集锦 / 陈立今,郑树红主编 . —北京:北京师范大学出版社,2017.10
(北京师大二附中新课程改革丛书 / 曹保义,李煜晖主编)
ISBN 978-7-303-22252-0

Ⅰ.①高… Ⅱ.①陈… ②郑… Ⅲ.①中学语文课—教案(教育)—高中 Ⅳ.①G633.302

中国版本图书馆 CIP 数据核字(2017)第 084866 号

售 后 服 务 电 话:010—57104501 13366432486
官 方 网 站:http://jspj.bnupg.com
公 众 微 信:(1)京师伴你学
(2)京师语文

出版发行:北京师范大学出版社 www.bnup.com
北京新街口外大街 19 号
邮政编码:100875
印　　刷:三河市东兴印刷有限公司
经　　销:全国新华书店
开　　本:184 mm×260 mm
印　　张:13
字　　数:245 千字
版　　次:2017 年 10 月第 1 版
印　　次:2017 年 10 月第 1 次印刷
定　　价:58.00 元

策划编辑:常月仙　宋　瑞　　责任编辑:常月仙　宋　瑞
装帧设计:仁智文化　　　　　　责任校对:张春燕　任学硕
美术编辑:李诚真　　　　　　　责任印制:马鸿麟

序

北京师范大学第二附属中学是北京市乃至全国的一流中学。虽然我去过的次数不多，但有两件事令我记忆深刻，并使我形成对它的最初印象："高质量"和"不断创新"。

记得是1995年暑假，有一天我去看望张志公先生。志公先生拿出二附中恢复文科实验班大会的邀请函给我看，并说如果有机会是要去看看的。当年在中国人民政治协商会议第八届全国委员会上，赵朴初、冰心、曹禺、夏衍、叶至善、启功、吴冷西、陈荒煤、张志公九位文化界的全国政协委员联名撰写了1995年016号政协提案：《建立幼年古典学校的紧急呼吁》。提案中指出：

"我国文化之悠久及其在世界文化史上罕有其匹的连续性，形成一条从未枯竭、从未中断的长河，但时至今日，这条长河却在某些方面面临中断的危险，此可能中断的方面是代代累积，构成我民族文化重要内容的各类古代典籍的研究和继承。不可讳言，目前我们一代人的古典学科基础已远不如上一代人之深厚，继我们而起的青年一代则更无起码的古典基础可言，多数人甚至对古代文学、历史、哲学的典籍连看也看不懂了。

"对这一问题，我们既应认识到：构成我们民族文化的这一方面是我们的民族智慧、民族心灵的庞大载体，是我们民族生存、发展的根基，也是几千年来维护我民族屡经重大灾难而始终不解体的坚强纽带；如果不及时采取措施，任此文化遗产在下一代消失，我们将成为历史罪人、民族罪人。"

他们还提出：

"可依托两三座力量较强的师范大学的中文系、历史系、哲学系，成立幼年古典学校，也可以就在师范大学的附属小学、附属中学设立古典班，使入学学生除接受一般教育外，重点接受古典学科的基本训练……"

"幼年学校或幼年班的学生将来升入相当于中学的古典专科学校或师范大学附属中学内的古典班，最后升入大学的中文系、历史系、哲学系，这批人毕业后或进入各级学校从事教育工作；或分别进入文学、历史、哲学研究所及部分大学的古籍研究所从事研究工作，而有关部门则为其提供终身从事专业的必要条件和生活保障，使这支由少数人从小接受培养而形成的专业队伍不致流失。"（《社科信息文萃》1995 年14 期）

二附中文科实验班恰是呼应了，更确切地说是借了这股东风恢复起来的。何谓"恢复"？因为在"文化大革命"前二附中已经创办了文科实验班，并招过三届学生。文科实验班办至今日，硕果累累，实绩见诸各种媒体，无需我在这里赘述。

时至今日，二十多年过去了。我大篇幅引述"提案"内容，是想说，对照九位文化老人二十多年前的忧心，可见得二附中办文科班是一种怎样的眼光，怎样的境界，怎样的胆识。现在很多学校在"寻找"各自办学的特色，如果只是为"特色"而"特色"，缺少眼光、境界、胆识，即使暂时"包装"出某个特色，也一定经不住时光的磨砺，终究要褪色乃至消失。这是不乏其例的。

文科班是二附中的一张名片，自然也是语文组不断改革发展的动力和源泉。

2014 年夏天，我应邀参加二附中自编高中语文教材的征求意见会。散发着油墨香的活页型教材引发了我的兴趣。组长陈立今老师介绍了他们的设计意图——使语文教学内容更快跟上时代步伐，贴近学生生活和兴趣，以更好地发挥立德树人的作用。这是一种"创意"，需要发散思维，需要倾听学生心声，同样需要勇气。编写教材，对学校里教学负担重的语文组老师来说，没有壮士断腕的勇气是难下决心的。这就是二附中的语文组老师的创造力。

这种创造力催生了二附中一大批优秀语文教师，不足二十人的教研组有全国知名的语文教育家，有国家课标组专家，有全国高考评价组成员，有登上央视讲坛的青年才俊……近年来的正高级教师、特级教师何杰老师就是其中突出代表。陈立今、郑树红两位组长作风严谨，工作扎实，在他们的助推下，二附中语文组教学探索风气浓郁，青年教师成长迅速。

十余年来，全组每学期都会承担多节区以上乃至国家级的公开课。这也使语文教师队伍得到了充分锻炼。不久前，在西城区青年教师比武大赛上，二附中参赛的两名选手夺得了全区仅有的两个特等奖。还有一位青年教师，创造了刚入职两年便获得市一等奖的佳绩。

八年前，二附中语文组就推出了他们的教学成果集《淡妆浓抹总相宜》。那是一本课堂教学的小尝试、小探索，数百个案例，每个案例都用千字文呈现，精粹短小，在当时也是较有影响的。这次呈现的则全是完整的语文教学案例，分为教学设计、教学实录和说课稿三部分。其中不乏国家级和省市级大赛的获奖课例，一些教学案例已触及了学科前沿的研究。

我想，二附中结集出版的这本《高中语文教学优秀案例集锦》不仅是语文组老师们近年教学成果的荟萃和展示，也是二附中作为一流示范高中为首都乃至全国语文教学做贡献的应有之意。诚然，如人们常说的，教学是一种遗憾的艺术。本书即将付梓，我在此提出一点想法供参考。例如，有个别教学目标的设计，使用课程目标的"三个维度"作为框架，这是否合理？还有个别教学过程的设计，在一个环节（例如问题研讨）之后，紧接着就"明确"答案，这是否过于简单？学生在研讨时会出现怎样的思维结果，教师怎样引导等，也是需要"设计"的。这本书是一线语文教师的集体研究成果，大家应该继续鼓起勇气，结合教学的实际，解放思想，写出更多体现基于丰富教学实践的教学设计、教学实录和说课稿，更全面地展示二附中教师的教学风采、教学智慧和教学水平。读者也有机会从中了解教学过程中的"所以然"和"教学特色"。

瑕不掩瑜。我提出的这两个问题只是个例。用课程目标替代课堂教学目标，教学过程缺少交互性过程预设，这是"通病"，也是"顽疾"，二附中语文组也"食人间烟火"，难免留下一丝这样的痕迹。这也正可以作为二附中语文组进一步发展的一种见证。

承蒙陈立今老师嘱托，说了以上的话。欢迎指谬。

是为序。

张彬福

2017 年 7 月

CONTENTS 目录

第一部分　教学设计

氓 …………………………………………………………………………… 叶一帆/ 3

子路、曾皙、冉有、公西华侍坐 ………………………………………… 姚　文/ 9

子路、曾皙、冉有、公西华侍坐（第二课时）………………………… 李梨香/ 14

墨子·非攻 ……………………………………………………………… 尹　芳/ 18

察传 ……………………………………………………………………… 郑树红/ 23

登高 ……………………………………………………………………… 陈立今/ 30

《六国论》：和苏洵来一场论辩 ……………………………………… 奚　畔/ 33

前赤壁赋（第二课时）………………………………………………… 张　慧/ 38

《声声慢》：语言意蕴和情感脉络 …………………………………… 任　萍/ 42

聂小倩 …………………………………………………………………… 郑树红/ 47

聪明人和傻子和奴才 …………………………………………………… 李煜晖/ 52

药 ………………………………………………………………………… 陈立今/ 68

《沁园春·长沙》：苍茫大地,谁主沉浮 ……………………………… 王广杰/ 72

茶馆（第一幕）………………………………………………………… 任　萍/ 80

乡土本色 ………………………………………………………………… 赵晓双/ 85

浅谈《论语》…………………………………………………………… 奚　畔/ 92

秦腔 ……………………………………………………………………… 李梨香/ 99

《致橡树》：两棵树的爱情 …………………………………………… 刘英瑾/ 103

守财奴 …………………………………………………………………… 郑树红/ 107

第二部分　教学实录

《琵琶行》：涵情味道品"裂帛" ……………………………………… 王广杰/ 117

《前赤壁赋》：揆文度理悟人生…………………………………………… 陈立今/ 124

《聂小倩》：多元有界探幽微 ···················· 任 萍/129

《窗》：平淡之中见哲思 ···················· 张怀光/135

《当你老了》：英汉互参品意象 ···················· 奚 畔 王 健/144

第三部分 说课稿

《诗经·卫风·氓》：传唱千载的婚恋悲歌 ···················· 李煜晖/149

《寡人之于国也》：此"民"非彼"民" ···················· 刘睿睿/154

《庖丁解牛》：问道 ···················· 李煜晖/159

《鸿门宴》：探究留白品形象 ···················· 奚 畔/166

《鸿门宴》：叙事之中寓情怀 ···················· 刘英瑾/169

《鸿门宴》：重复叙事探内心 ···················· 赵晓双/173

《望岳》《春望》：披诗入情品杜甫 ···················· 刘睿睿/178

《六国论》：和苏洵来一场论辩 ···················· 奚 畔/183

《前赤壁赋》：景、情、理交相辉映 ···················· 张怀光/187

《祝福》：巧妙阐发得深意 ···················· 王广杰/190

《祝福》：祥林嫂的绝境与苏醒 ···················· 李煜晖/196

第一部分

教学设计

教学设计彰学科功底。

优秀的教学设计依赖教师对教材准确、全面、深入的解读，其余一切的设计都要紧紧围绕此点展开，故而此部分最值得关注的是教材文本分析，分析中彰显的正是教师自身的学科底蕴。

氓

叶一帆

北师大附校青年教师研究课教学设计

教学目标：

1. 掌握"诗经六义"的概念，能够正确判断诗作的体制及所用手法。
2. 学会分析诗中的故事脉络，明晰主人公的情感走向。

教学重点：

1. 通过分析淇水、桑叶等意象，及对男子称呼的变化，把握女主人公的情感脉络。
2. 学会品析诗作所用的赋、比、兴、对比等表现手法。

教学难点：

通过分析淇水、桑叶等意象，及对男子称呼的变化，把握女主人公的情感脉络。

教学方法：

问题探究法。

教学课时：

2 课时。

预习作业：

1. 翻译全诗。
2. 概括故事情节。

教学步骤：

一、新课导入

作为中国文学的主要源头之一，《诗经》对中国古代文学的影响非常深远，一直受到历代读书人的尊崇。《诗经》是我国最早的诗歌总集，是一部反映当时社会的百科全书，是我国现实主义诗歌传统的源头及代表作，可以说开创了我国古代诗歌创作现实主义的先河。《诗经》中有许多诗歌是以婚恋为题材的，初中我们学过的《关雎》《蒹葭》是有关恋爱的名篇，今天我们就来学习有关婚姻的一首名篇——《氓》。齐读全诗。

二、知识积累，"诗经六义"

1. 风、雅、颂

初中我们已经学习过"风、雅、颂""赋、比、兴"的概念，我们先进行一个简单的回顾。

风	周南、召南、邶风、鄘风、卫风、王风、郑风、齐风、魏风、唐风、秦风、陈风、桧风、曹风、豳风	160	"风"是带有地方色彩的音乐，指各地的土风歌谣。其地域，除《周南》《召南》产生于江、汉流域外，其他均产生于从陕西到山东的<u>黄河流域</u>。
雅	小雅	74	"雅"是"<u>王畿</u>"之乐，被看作正声——典范的<u>音乐</u>。《大雅》《小雅》之分，众说不同，大约其音乐特点和应用场合都有些区别。题材一般涉及<u>军事</u>、<u>政事</u>等，较重大。
	大雅	31	
颂	周颂	31	"颂"是专门用于<u>宗庙祭祀</u>的音乐。《毛诗序》说："颂者<u>美盛德</u>之形容，以其成功告于神明者也。"这是颂的含义和用途。王国维《说周颂》说："颂之声较风、雅为<u>缓</u>。"这是其音乐的特点。
	商颂	5	
	鲁颂	4	

学生笔记

风	160	土风歌谣；黄河流域各地民歌
雅	小雅74，大雅31	"王畿"之乐、正声、典乐；军事、政事
颂	周31，商5，鲁4	宗庙祭祀，歌功颂德；缓

课堂练习：请判断下列《诗经》篇目选自风、雅还是颂？

蒹 葭

蒹葭苍苍，白露为霜。所谓伊人，在水一方。

溯洄从之，道阻且长。溯游从之，宛在水中央。

芣 苢

采采芣苢，薄言采之。采采芣苢，薄言有之。

采采芣苢，薄言掇之。采采芣苢，薄言将之。

静 女

静女其姝，俟我于城隅。爱而不见，搔首踟蹰。

庭 燎

夜如何其？夜未央，庭燎①之光。君子至止，鸾声将将。

采 薇

四牡翼翼，象弭（mǐ）鱼服。岂不日戒？猃狁②孔棘！

鹤 鸣

鹤③鸣于九皋，声闻于天。鱼④在于渚，或潜在渊。

乐彼之园⑤，爰有树檀，其下维榖。他山之石，可以攻玉。

我 将

我将⑥我享⑦，维羊维牛，维天其右之！

仪式刑文王之典，日靖⑧四方。

提示：①庭燎：宫廷内照明用的火把等物。②猃狁：我国古代北方的少数民族。③④鹤、鱼：喻隐居的贤人。⑤园：喻国都、朝廷。⑥将：捧。⑦享：献祭品。⑧靖：平定。

2. 赋、比、兴

赋：按朱熹《诗集传》中的说法，"赋者，敷陈其事而直言之者也"。就是说，赋是直接铺陈叙述，是最基本的表现手法。如：

死生契阔，与子成说。执子之手，与子偕老。《击鼓》

比："比者，以彼物比此物也"，亦即"比喻"。如：

相鼠有皮，人而无仪。人而无仪，不死何为？相鼠有齿，人而无止。人而无止，不死何俟？相鼠有体，人而无礼。人而无礼，胡不遄死？《相鼠》

兴："兴者，先言他物以引起所咏之词也"，即借其他事物作为诗歌的开头。兴这种手法能渲染气氛，衬托感情。如：

蒹葭苍苍，白露为霜。所谓伊人，在水一方。《蒹葭》

桃之夭夭，灼灼其华。之子于归，宜其室家。《桃夭》

课堂练习：请判断下列诗句使用了什么表现手法。

树梢树枝树根根，亲山亲水有亲人。——贺敬之《回延安》

东山的糜子西山的谷，肩膀上的红旗手中的书。——贺敬之《回延安》

高山上盖庙还嫌低，面对面坐下还想你。——晋北民歌

[注意] 有比必有兴，有兴不一定有比。

三、由表及里，明晰故事情节的走向，把握女主人公的情感脉络

1. 复述故事内容，疏通文意。

明确：这首诗以女主人公的口吻讲述了她和一位男子的婚姻悲剧。

结合学生回答的情况，补充强调以下重点：

（1）一词多义

言：①体无咎言　言语，言论。

　　②言既遂矣　助词，没有实义。

　　③静言思之　助词，没有实义。

　　④言笑宴宴　说。

　　⑤载笑载言　说。

其：①其叶沃若　它的，代第三人称。

　　②咥其笑矣　他们，代第三人称。

　　③不思其反　你，代第二人称。

以：①秋以为期　介词，把。

　　②以望复关　连词，来。

　　③以尔车来　介词，用。

之：①氓之蚩蚩，抱布贸丝　主谓结构，取消句子的独立性。

　　②桑之未落，其叶沃若　主谓结构，取消句子的独立性。

　　③士之耽兮，犹可说也　主谓结构，取消句子的独立性。

④女之耽兮，不可说也　主谓结构，取消句子的独立性。

⑤桑之落矣，其黄而陨　主谓结构，取消句子的独立性。

⑥静言思之，躬自悼矣　代词。

⑦总角之宴，言笑晏晏　助词，的。

（2）古今异义

①至于顿丘：古，到，到达。今，表示到达某种程度，或表示另提一事。

②三岁食贫：古，多年。今，三岁的年纪。

③秋以为期：古，两个词，把……当作。今，一个词，认为。

（3）成语

①二三其德：时而二，时而三。形容反复无常，感情不专一。（二三：没有定准）

②夙兴夜寐：早起晚睡，形容勤劳。（夙：早。兴：起来。寐：睡）

③白头偕老：夫妇共同生活到老。常用以称颂婚姻美满。（偕老：一同到老）

④总角之交：指儿时就相识的好朋友。（总角：指代少年时代）

⑤信誓旦旦：誓言诚恳可信。

2. 文中女子对男子的称呼是什么？有何变化？为何变化？

（1）"氓"，可译为"那人"。氓，古时指本地人外流，也指无恒产之人。男子用"抱布贸丝"的方式接近女子，表达爱意。一方面，男女主人公此时仍处恋爱阶段，关系不够亲密，称"氓"是比较客观的；另一方面，从侧面可以了解到男主人公的背景情况，为下文两人的婚姻悲剧埋下伏笔。

（2）"子"，对男子的敬称。男子拿布来换丝，向女主人公求婚，两人情投意合，女主人公对中意的"氓"改称"子"，充满尊重和柔情。"送子涉淇""子无良媒""将子无怒，秋以为期"，这三句体现了女主人公的温柔和善良。即使男子有些恼怒，女主人公也能好言相劝，百般抚慰，并且定下"秋以为期"的约定，展现出了女主人公有主见的一面。

（3）"复关"，借代手法，以居住地代人。"不见复关，泣涕涟涟。既见复关，载笑载言"，可见女主人公对男子的深挚依恋，此处"复关"也可以理解为昵称。"复关"之称，表现出了女主人公的情深意重，呼应了下文"女之耽兮，不可说也"。

（4）"尔"，"你"，关系密切之人互称。第二节中，"尔卜尔筮，体无咎言。以尔车来，以我贿迁"，此时的女主人公沉浸在爱情的甜蜜之中，对男子非常信任，对幸福的婚姻充满期待。

第四节"自我徂尔，三岁食贫"，以对话的口吻叙述女子婚后的生活；第六节"及尔偕老，老使我怨"，表达女子对男子的怨愤。此时的女子心中充满痛苦和怨愤，在追诉婚姻生活的同时进行反思。

（5）"士"，敬称，泛称。第三节"于嗟女兮，无与士耽！士之耽兮，犹可说也。女之耽兮，不可说也"，是曾经沉溺于爱的甜蜜的女主人公在经历了婚姻的骤变后总结的生活经验。此时的女主人公非常清醒，这里"士"是泛称，是女主人公劝告天下女子不要太沉醉于感情，其清醒与刚烈可见一斑。

第四节"女也不爽，士贰其行。士也罔极，二三其德"，此处"士"为单称，女主人公直接指责男子感情多变，反复无常，语气中充满了谴责。

PPT 展示

氓	"那人"	关系不够亲密
子	敬称	尊重、温情
复关	代称（昵称）	依恋、深情
尔	"你"（近称）	（第二节）期待 （第四、第六节）怨恨、反思
士	泛称 单称	清醒刚强，劝告 无助无奈，谴责

小结：女主人公对男子称呼的变化源于女主人公情感的变化，与故事发展的脉络相符。细读全诗，未见"夫"这样的称谓，可见女主人公在讲述这段故事时内心是理智而清醒的，她对负心汉有了深刻的了解与认识，不认可他为"夫"。

3. 诗中三次提到"淇水"，有何用意？

与情节发展和女主人公的内心情感变化紧密关联。

（1）"送子涉淇，至于顿丘"。男子以"贸丝"为幌子接近女主人公，热恋中的少女不辞路远，将心爱的人送过淇水，直到顿丘。由此衬托出女子沉醉爱河之中热情、幸福的状态。

（2）"淇水汤汤，渐车帷裳"。这句话隐含的信息是，女主人公与氓发生了激烈的冲突，被气回了娘家。联系下一段来看，就更明显了："兄弟不知，咥其笑矣"——这句是写她回到家里，家人听了她伤心的倾诉之后的态度。所以，这两段分别写的是回娘家路上的心理，回家之后的遭遇。一切景语皆情语，"淇水汤汤，渐车帷裳"也不单是出于叙述回家过程的需要，它更是渲染和暗示了人物的感情。

（3）"淇则有岸，隰则有泮"。婚姻的变故已不可扭转，女主人公经历痛苦，认清现实后变得决绝。该句运用比兴手法，反衬男子的变化无常，表明女子的痛苦没有尽头，也暗示女子的忍耐是有限度的。用自然之景类比情感，充满哲思意味。

学生笔记

原句	情节	女子情感	作用
送子涉淇，至于顿丘	恋爱，沉醉爱河	热情、幸福	衬托
淇水汤汤，渐车帷裳	婚变，心如帷湿	怨恨、沉痛	渲染
淇则有岸，隰则有泮	决绝，回头是岸	清醒、刚强	类比

四、学以致用，品析诗作的语言和写作手法

1. 诗中多次用到对比的手法，请举例说明。

请学生自由回答，有理有据即可。如："氓"婚前与婚后的态度形成对比，女子婚前婚后的性格、思想感情形成对比，女子与"氓"对婚姻的态度形成对比，等等。

2. 文中几次提到"桑"？有何用意？

三次提到，均为"比、兴"的表现手法。

（1）"桑之未落，其叶沃若"。桑树没有落叶的时候，它的叶子新鲜润泽，如同女子青春年华尚好之时，光鲜美丽。同时与下文女主人公的遭遇形成对比，引出女主人公的生活经验——"士之耽兮，犹可说也。女之耽兮，不可说也！"

（2）"于嗟鸠兮，无食桑葚"。以斑鸠贪吃桑葚为例告诫女子不要沉迷于男子的爱情，将女主人公比作"鸠"，说明女性容易动情，且难以自拔，就如斑鸠贪吃桑葚会昏醉一样。同时引出"于嗟女兮，无与士耽"的观点，抒写了内心的痛苦，告诫他人不要轻易涉入感情，为后文婚变作铺垫。

（3）"桑之落矣，其黄而陨"。把女主人公喻为"桑"，以桑叶的"黄而陨"起兴烘托女子年长色衰，形象描绘了女子因经历苦难、悲惨的生活而失去了青春的光华。同时引出男子变心的原因——"士也罔极，二三其德"。

PPT 展示

原句	喻体	本体	兴
桑之未落，其叶沃若	桑 沃若	女子 女子的青春年华	士之耽兮……女之耽兮…… （生活经验）
于嗟鸠兮，无食桑葚	斑鸠 桑葚	女子 爱情	于嗟女兮，无与士耽（观点）
桑之落矣，其黄而陨	桑 其黄而陨	女子/爱情 年老色衰/爱情消逝	士也罔极，二三其德（婚变原因）

小结：用自然现象起兴，引出生活及感情变化，兼以隐喻，更能激发联想，增强意蕴，达到形象鲜明、诗意盎然的艺术效果。

作业设计 造成女主人公悲剧的原因是什么？你从中得到了什么启示？

子路、曾晳、冉有、公西华侍坐

姚 文

北京市科研课题"国学经典与学生发展"研讨会展示课教学设计

教学目标：

1. 探讨"夫子哂由"和"夫子与点"背后的原因。

2. 体会孔子的治国之道和社会理想。

3. 培养学生读经典的思维能力，使他们学会有证据、有逻辑地讲话。

教学重点：

1. 结合文本与学案探讨"夫子何哂由"和"夫子何与点"两个关键问题。

2. 把握师徒对话的内容，明晰孔子的思想主张。

教学难点：

理解"夫子哂由"和"夫子与点"背后的原因。

教学方法：

启发法和讨论法相结合。

教学课时：

1 课时。

预习作业：

1. 翻译全文。

2. 理清文章脉络。

教学步骤：

一、导入

"坐"是会意字，像两人对坐于土上。在其前边加一个定语，成为"侍坐"，侍奉长者而坐，陪长者闲坐。约 2500 年前，孔子的四位弟子侍奉孔子而坐，一起闲聊、畅谈。今天，我们一起来看看四位弟子侍坐时所畅谈的内容以及作为教育家的孔子是如何指导弟子的。今天一起学习《论语·先进》篇第 26 则——《子路、曾晳、冉有、公西华侍坐》。

二、朗读课文

分角色朗读：子路（好勇力，性伉直），曾晳（鼓瑟），冉有（谨慎），公西华（年龄最小），夫子（启发、引导）。

请同学们富有感情地朗读，从话语中揣摩人物性格，试着还原当时情景，读出不同人物的语气、神态。

三、整体感知

四位弟子和孔子畅谈的内容围绕一个共同话题——志向、理想。

四、文本梳理

明确每位弟子所述之志，以及孔子对各弟子的评价和反馈。

弟子	述志	孔子评志
子路	可使有勇，且知方也	夫子哂之
冉有	可使足民。如其礼乐，以俟君子	
公西华	愿为小相焉	
曾皙	莫春者，春服既成，冠者五六人，童子六七人，浴乎沂，风乎舞雩，咏而归	吾与点也

五、关键问题解决

（过渡：我们会发现夫子在各位弟子谈论志向时，当即给其中两位弟子做出了评价反馈，一个是"哂之"，一个是"与之"。其他人即是"亦各言其志"。这里我们就有些疑惑了，"夫子何哂由也"？"夫子何与点也"？下面就来探讨一下这两个关键问题。）

（一）夫子何哂由也？

1. "哂"——微笑。

2. 想要解决这个问题，需要先解决子路说了什么内容。

子路率尔而对曰："千乘之国，摄乎大国之间，加之以师旅，因之以饥馑；由也为之，比及三年，可使有勇，且知方也。"

一个处于内忧外患的中等国家，他去治理，等到三年光景，可以使人民有勇气，并且懂得为人的道理。

3. 分析问题。

（1）从内容上看，子路有骄傲的成分。不仅是中等国家，而且内忧外患，他认为他的治理能让百姓有勇气，并懂得为人的道理。与后面的冉有、公西华相比，可以发现他的志向比较大，有不谦让的嫌疑，缺乏谦谦君子之感。

［板书：其言不让］

（2）从态度上看：

A 率尔（"率"为先导，故引申为"先于人"，子路先站起来说。）

B 对曰（不问自答。《礼记·曲礼》："长者问，不辞让而对，非礼也""侍于君子，不顾望而对，非礼也"。依古礼，侍坐者亦坐。长者、尊者有问则答，不问则不言。孔子问四子之志，四子应待问而答，故有"尔何如"之问，唯子路"率尔而对"。）

［板书：为国以礼］

4. 小结：我们从言语内容、言语方式两个角度探讨了第一个问题，接着以同样的方法来探讨第二个问题。

（二）夫子何与点也？

1. "与"有"参与""与会"的意思，这里的"与"就是由"参与其中"而引申出来的意思：赞同、赞赏、认同。

2. 明确曾皙说了什么内容。

莫春者，春服既成，冠者五六人，童子六七人，浴乎沂，风乎舞雩，咏而归。

暮春时节，春天的夹衣已经穿定了，和五六个成年人，六七个少年，一起在沂水边洗洗澡，在舞雩台上吹吹风，唱着歌一路回去。

3. 夫子对于曾皙所说内容的反应是"喟然叹曰：'吾与点也。'"长叹一声，由衷地赞叹、赞赏，曾皙说到了夫子心坎里，于其心有戚戚焉，让夫子产生了感触，产生了共鸣。接下来请大家找找这共鸣是什么。

【同学以四人为一小组，结合文本与学案进行讨论，无论观点如何，都要有证据来支撑，言之成理。】

（1）孔子曾经说过"老者安之，朋友信之，少者怀之"。老年人受到晚辈的敬奉，得以安享晚年；朋友间讲求信用；少年人得到长辈关怀。所谓各得其所，这种境界，恰恰与《礼记·礼运》所祈的"大同"之境——"老有所终，壮有所用，幼有所长，矜寡孤独废疾者，皆有所养，男有分，女有归"比较接近。这种少长咸乐，长幼有序，"风乎舞雩，咏而归"的画面，有潇洒、自在之感，有"万物各得其所""从心所欲，不逾矩"之意，这正与夫子之前所言之志相呼应。与孔子所追求的和谐美好的社会景象更接近。

［板书：社会理想——治］

（2）这种各得其所的秩序背后是"礼"，这种礼仪结构虽然在规模上远远小于国家，但是在礼崩乐坏的时期，它正体现了孔子一直追求的"克己复礼为仁"。这一点也可以从夫子之前笑子路是因为其不"礼让"得到印证，夫子的关注点始终在"礼"上，这是夫子认为可以实现美好社会理想的治国之道。

［板书：治国之道——礼］

（3）曾皙所描绘之场景，有成年人，有少年，人人幸福安乐，礼治的背后是"仁"。前三子的志向都是在谈论为政、治国的具体想法，是一种管理，是外部规范。而曾皙之志的关注点不仅在为政治国上，还落到个人修养上。在这春秋乱世，礼崩乐坏的时代，孔子更崇尚人自身由内焕发出的礼乐之美。

［板书：个人修养——仁］

（4）刚才分析"何哂由"是从言语方式和言语内容两个角度来探讨的。文章中对曾皙有动作的细节描写："鼓瑟希，铿尔，舍瑟而作"，这在《论语》中非常少见。

鼓瑟希——前边人谈话时他沉浸在音乐之中，这也正与孔子所提倡的"礼乐"相符合。当听到老师问话时，他的音乐渐渐稀疏下来，不是立刻就结束，他的举止非常从容、优雅。

铿尔——弹完一曲后，在弦上划一下，发出清脆的声音而结束本曲。可见其有始有终。

舍瑟而作——放下瑟，由盘腿而坐，改为挺身站起来回答问题。

曾皙之态度儒雅从容也正是君子所为，其言语方式有礼，因此孔子更加赞赏他。

［板书：个人修养——从容］

（5）《论语·公冶长》："道不行，乘桴浮于海。"这样的画面体现出孔子有逍遥、归隐的想法。曾皙也有这样的想法，从文本中的"异乎三子者之撰"可以得到佐证。其他人是入世为政，而曾皙却选择避世遂志。

（6）进一步考虑一下前文，前三子的志向都是具体的，而曾皙的志向没有一个具体的职业，而是处于日常生活中。孔子说："君子不器。"意思是君子不像器具那样，只有某一方面的用途。曾皙的志向更符合孔子的想法，所以孔子更赞同他。

［板书：个人修养——君子不器］

（7）王充《论衡·明雩篇》："浴乎沂"，涉沂水也，象龙之从水中出也。"风乎舞雩"，风，歌也。"咏而馈"，咏歌馈祭也，歌咏而祭也。说《论》之家，以为浴者，浴沂水中也；风，干身也。周之四月，正岁二月也，尚寒，安得浴而风干身？由此言之，涉水不浴，雩祭审矣。

王充认为曾皙所描绘的画面是古代的祭祀仪式，曾皙在礼崩乐坏的年代依然崇尚古礼，因此孔子更欣赏他。

4. 总结：关于这个问题，历来学界就有许多观点，并没有一个标准，但是在探讨"哂由"和"与点"的过程中，大家学会了有观点、有逻辑、有证据地讲话，还学会了从"哂由"和"与点"反观孔子的社会理想、治国之道和个人修身。这些正是我们今天读经典的意义所在。

六、作业设计

孔子与曾皙师生二人的对话，存在两种不同的标点，一种标点如课本中所示，另一种标点如下。

曰："夫子何哂由也？"

曰："为国以礼，其言不让，是故哂之。""唯求则非邦也与？""安见方六七十，如五六十而非邦也者？""唯赤则非邦也与？""宗庙会同，非诸侯而何？赤也为之小，孰能为之大？"

不同的标点源于对文本不同的解读，请简要说明两种标点的不同之处。

附录　《子路、曾皙、冉有、公西华侍坐》学案

1. 颜渊、季路侍。子曰："盍各言尔志？"子路曰："愿车马衣轻裘与朋友共，敝之而无憾。"颜渊曰："愿无伐善，无施劳。"子路曰："愿闻子之志。"子曰："老者安之，朋友信之，少者怀之。"（《论语·公冶长》）

【译文】颜渊、子路两人侍立在孔子身边。孔子说："你们何不各自说说自己的志向？"子路说："我愿意把我的车马、衣服拿出来与朋友共同享用，坏了也没有什么不满。"颜渊说："我愿意不夸耀自己的长处，不表白自己的功劳。"子路对孔子说："愿意听听您的志向。"孔子说："我的志向是老年人受到晚辈的敬奉，得以安享晚年；朋友间讲求信用；少年人得到长辈关怀。"

2. 子曰："道之以德，齐之以礼，有耻且格。"（《论语·为政》）

【译文】孔子说："用道德引导百姓，用礼教来整顿他们，百姓不仅会有羞耻之心，而且有归服之心。"

3. 子曰："人而不仁，如礼何？人而不仁，如乐何？"（《论语·八佾》）

【译文】孔子说："一个人没有仁德，他怎么能实行礼呢？一个人没有仁德，他怎么能运用乐呢？"

4. 颜渊问仁。子曰："克己复礼为仁。一日克己复礼，天下归仁焉。为仁由己，而由人乎哉？"（《论语·颜渊》）

【译文】颜渊问怎样做才是仁。孔子说："克制自己，一切都照着礼的要求去做，这就是仁。一旦这样做了，天下的一切就都归于仁了。实行仁德，完全在于自己，难道还在于别人吗？"

5. 子曰："周监于二代，郁郁乎文哉！吾从周。"（《论语·八佾》）

【译文】孔子说："周朝的礼仪制度借鉴于夏、商二代，是多么丰富多彩啊！我遵从周朝的文化礼制。"

6. 子曰："君子不器。"（《论语·为政》）

【译文】孔子说："君子不像器具那样，只有某一方面的用途。"

7. 子谓颜渊曰："用之则行，舍之则藏，惟我与尔有是夫！"（《论语·述而》）

【译文】孔子对颜渊说："用我呢，我就去干；不用我，我就隐藏起来，只有我和你才能做到这样吧！"

8. 子曰："道不行，乘桴浮于海。"（《论语·公冶长》）

【译文】孔子说："如果我的主张行不通，我就乘上木筏子到海外去。"

子路、曾皙、冉有、公西华侍坐（第二课时）

李梨香

北京市西城区新课标现场会展示课教学设计

教学目标：

学生深入理解四子的志向及其孔子的治国理想。

教学重点：

1. 曾皙志向的实质。

2. 四子志向之间的关系。

教学难点：

引导学生理解四子志向之间的关系及孔子的治国理想。

教学过程：

一、导入

1. 朗诵课文。

2. 回顾上节课内容。

弟子	志向	孔子态度
子路	民勇国安	"哂之"（赞同）
冉有	民足国富	（赞同）
公西华	以礼化民	（赞同）
曾皙	"春风沂水"	"与之"

上节课我们疏通了文意并且对文章的内容进行了简单的分析。我们再一起回顾。

子路是"千乘之国，摄乎大国之间，加之以师旅，因之以饥馑"，"可使有勇，且知方也"，他要致力于使民勇国安。

冉有则谦逊得多，六七十里或者五六十里的小国，"可使足民"，他要致力于使民富足。

公西华通晓礼乐，他的志向是"端章甫"，愿为"小相"，其实质是致力于以礼化民。

曾皙给我们描述了一幅美好的"春风沂水"图。

通过分析我们知道夫子对他们的志向均持赞同意见，尤其对曾皙的"春风沂水"表现出了肯定。

二、"春风沂水"

[板书：春风沂水]

1. 孔子为什么对曾皙的"春风沂水"表示出肯定？

讨论：学生充分发言。

预期回答：和乐、美好、"大同"、隐居等。

回答这个问题要先看"春风沂水"是什么。

2．"春风沂水"解析。

"莫春者，春服既成，冠者五六人，童子六七人，浴乎沂，风乎舞雩，咏而归。"

场景描述：

暮春三月，春天的单衣都已经穿在身上了。五六个成年人以及六七个充满稚气活泼可爱的童子，他们一路欢笑着走在野外。

他们涉足沂水，水清而微寒，但这已经挡不住他们接触自然的热情了。他们在沂水里嬉戏，嬉戏完了到旁边的舞雩台上吹风，风将身上的水吹干，人们感觉十分惬意。

看着嬉闹的孩子们，大人们也露出了童真的笑容。天之将暮，嬉闹声渐渐弱了，山水之间响起了歌声。他们走在回家的路上，家里等待他们的是温馨的灯火和美味的晚餐吧……

提问：这是怎样的生活场景呢？用几个词概括一下。

这是安详、惬意、自由、美好的生活，是人间天堂。

3．"春风沂水"志向的实质是什么？

（1）是不是游山玩水、个人享乐、隐居不仕的人生志向？

补充资料：

A．子路曰："不仕无义"。有才能的人不出仕为官，这是不符合道义的。这是儒家的重要观点。

B．孔子虽然处于诸侯互相征伐的春秋时期，但他还是致力于入仕为官。即使屡遭坎坷，他也没有改变这个志向。

C．小结：从儒家总体思想来看，曾皙"春风沂水"的志向应该不是消极隐退思想的表现。

（2）那么它到底是什么的象征呢？南怀瑾的思想可以作为我们的参考：

曾皙所讲的这个境界，就是社会安定、国家自主、经济稳定、天下太平，每个人都享受了真、善、美的人生。这也就是真正的自由民主——不是西方的，也不是美国的，而是我们大同世界的那个理想。

——南怀瑾《论语别裁》

"大同"是指古代政治上的最高理想。《礼记·礼运》对这一理想有如下描述："大道之行也，天下为公。选贤与能，讲信修睦，故人不独亲其亲，不独子其子。使老有所终，壮有所用，幼有所长，矜寡孤独废疾者，皆有所养……"

4．小结。

孔子为什么对曾皙的志向表示肯定？

因为曾皙说出了最高的社会理想。

三、夫子态度的背后

1．激疑式提问。

夫子对四子的志向都赞同，为什么只当众肯定曾皙的志向，而不是子路、冉有、公西华的志向?

大家有何看法?

发言:曾皙的志向最美好等(此发言可省略)。

2.回归文本探讨。

我们再回到文本来探寻这个问题的答案。

课文的标题同时也是全文的第一句话:"子路、曾皙、冉有、公西华侍坐",这句话起到了统领全文的作用。

这里点出了四位弟子的名字。

提问一:这是按照什么顺序排列的呢?

这是按年龄顺序排列的。四人的年龄由大到小。

子路小孔子9岁,与他是同辈人,曾皙、冉有、公西华一个比一个小。

(具体年龄差别说法不一,一种说法是:子路,小孔子9岁;曾皙,小孔子9岁或10岁;冉有,小孔子29岁;公西华,小孔子30岁;另一种说法是:当时孔子60岁,子路51岁,曾皙39岁,冉有31岁,公西华18岁)

孔子最讲礼仪,按道理来说以长者为尊,那发言的顺序也应该是按年龄由大到小:子路、曾皙、冉有、公西华。

提问二:而实际发言的顺序怎么样呢?有什么变化?

子路、冉有、公西华、曾皙。曾皙的发言排到了最后。

提问三:何以形成这样的发言顺序?(是谁安排了这个顺序?)

子路"率尔而对曰","求,尔何如?""赤,尔何如?""点,尔何如?"

明确:冉有、公西华、曾皙三个人的发言都是孔子点名的。

明确:以孔子对子路的了解,子路的表现孔子能不能预知呢?能。

明确:发言的顺序是孔子刻意安排的。

教师补充讲授:我们知道,集体教学不同于单独辅导,它不仅是师生交流,还包括生生交流。有时候老师恰恰要引导学生互相启发。发言的顺序孔子刻意安排,以孔子对学生的了解,发言的内容很有可能也在孔子的预料之中。

[板书:孔子]

3.深入思考。

孔子为什么安排这样的顺序?(同学们,看看四人所说的志向内部有什么关联。)

子路所言的民勇国安;冉有所说的民足国富;公西华所说的以礼化民,恰恰就是曾皙所言的"春风沂水"的基础。实现了勇、富、礼,才有可能实现曾皙所说的"春风沂水"的生活,四者是逐步递进的关系。

4.小结。

孔子赞同曾皙的志向,是因为曾皙说出了最高的理想。

孔子为什么安排这样的顺序?

因为子路所说的民勇、冉有所说的民足、公西华所说的民有礼、曾皙所说的"春风沂水"是逐步递进的关系。而"春风沂水"恰恰是最高理想,只有具备了国泰民安、生活富足、人民和睦等条件，才能实现"春风沂水"的大同世界的最高理想。

[板书：勇、富、礼]

四、结语

1. 总结全文。

在《子路、曾皙、冉有、公西华侍坐》中，孔子通过启发式教学，用他高超的教育艺术，引导这四位学生说出了自己心中完美的治国追求。

子路第一个发言，他的志向是治国安邦，强调抵御侵略，平定战乱，消除饥荒，稳定局势，侧重于以勇强国；冉有第二个发言，强调休养生息，发展生产，使老百姓安居乐业，丰衣足食；公西华第三个发言，强调祭奠祖先，胸怀虔诚，或是诸侯会盟，朝见天子，各安其位，各司其职，循规蹈矩，而不肆意妄为，侧重以礼治国；曾皙最后一个发言，他的发言别具情趣，他强调社会清明、风俗纯美、逍遥自在的生活，侧重于以美治国。

四种理想中前三种均是从政治国，从抵挡外敌入侵说到发展海内生产再到推行礼乐教化，后一种理想的实现均以前一种理想的实现为基础，是前一种理想发展的必然结果。第四种理想则是前三种理想的综合和发展，只不过曾皙描述得比较含蓄而已。四个学生的理想分别构成四个层次，呈现出一种逐层递进、有机统一的整体感。这个整体就是孔子的治国理想。

孔子通过安排发言的顺序以及对学生进行点评这些巧妙的教学手段，将自己的治国理想传达给学生。

2. 激疑式提问引发思考。

提问：曾皙说出了最美好的理想，作为老师原本应该十分高兴、欣慰，孔子却没有兴高采烈地表示赞同，而是"喟然叹曰"。孔子为什么要"叹"呢？

那是因为，当时所处的社会环境——春秋时期，诸侯互相攻伐，各处战火纷飞。不用说曾皙所说的"春风沂水"的生活，就连子路所述说的社会安定都尚未实现。心忧天下的夫子怎能不喟然而叹呢？纵使如此，夫子一生一直坚持礼乐治国，知其不可而为之，给我们留下了巨大的精神财富。

五、作业及推荐书目

作业：谈谈对孔子治国思想的看法（400字）

推荐书目：《史记·孔子世家》《论语》

六、板书设计

子路、曾皙、冉有、公西华侍坐

大同
春风沂水
勇　孔子　礼
富

墨子·非攻

尹　芳

北京市科研课题"国学经典与学生发展"研讨会展示课教学设计

教学目标：

1. 深入理解以墨子为代表的墨家学派所主张的"非攻"思想。

2. 思考墨子"兼爱""非攻"思想对当今社会的启示。

教学重点：

理解"非攻"的思想内涵。

教学难点：

理解"非攻"思想的理论基础——"兼爱"。

教学方法：

问题探究、课堂讨论。

教学课时：

1课时。

预习作业：

1. 翻译全文。

2. 写一写对"非攻"思想的理解。

教学步骤：

一、解决学生的疑惑（攻与守）（6分钟）

【注】针对学情，很多学生认为"攻"即主动出击，"守"即被动防御，犯了扩大化理解的错误。

上节课，我们对《非攻》一文已进行了梳理，知道墨子主张"非攻"。但是，从同学们的作业中，我发现大家对这一思想的看法还存在一些分歧。

"非攻" = 不要战争。

"非攻" = 不要主动出击。

【明确】

1. 攻与诛。

"非"是"反对"的意思，即"认为……是错的"。

解字：攻，金文 𢼐=工（工，攀城器械）+攴（攴，持械击杀），表示武器、巧械并用。造字本义：用梯械、武器夺寨拔城。

"非攻"即反对攻伐，与一般的"非战"是有区别的。墨子对于防御性的战争不仅不反对，反而竭力支持。援引一例：

今逮夫好攻伐之君，又饰其说，以非子墨子曰："以攻伐之为不义，非利物与？昔者禹征有苗，汤伐桀，武王伐纣，此皆立为圣王，是何故也？"子墨子曰："子未察吾言之类，未明其故者也。彼非所谓'攻'，谓'诛'也。"

——《墨子·非攻下》

《非攻》下篇肯定禹征有苗、汤伐桀、武王伐纣是义战，由此可知墨子从不反对正义的战争。他们的讨伐不叫作"攻"，而叫作"诛"，因此应该予以充分肯定。

诛，金文 䩯=朱（朱，红笔）+戈（戈，刑具），造字本义：在罪犯背上披挂红笔写的名字，执行死刑。

小结： "攻"是带有掠夺性、侵略性的；但"诛"虽说也是主动出击，但是正义的。"诛"和"攻"，不在于己方是否主动，而在于战争是否正义，即：攻不等于战争，也不等于主动出击。

2. 守。

那么"守"是一味地被动防守吗？

墨子主张"非攻"，反对攻伐掠夺的不义之战。因此，在军事上他强调"救守"，即所谓的"墨守"，但有同学说这是一味地消极防守。

守，金文 𡩟=宀（宀，房屋）+寸（寸，手持器械），造字本义：持械护卫家园，御寇入侵。

子墨子解带为城，以牒为械，公输盘九设攻城之机变，子墨子九距之。公输盘之攻械尽，子墨子之守圉有余。公输盘诎，而曰："吾知所以距子矣，吾不言。"公输盘亦曰："吾知子之所以距我，吾不言。"楚王问其故，子墨子曰："公输子之意，不过欲杀臣。杀臣，宋莫能守，可攻也。然臣之弟子禽滑厘等三百人，已持臣守圉之器，在宋城上而待楚寇矣。虽杀臣，不能绝也。"楚王曰："善哉！吾请无攻宋矣。"

——《墨子·公输》

墨子利用科学技术，发展了一整套防御体系，这也是遏制攻伐战争的有效措施。墨家成员个个精通军事，在攻守之道、行兵布阵、武具制作等方面都堪称那个时代的大师。

由此，可看出其高超的防御战术及防守退敌的主动性。所以，"守"并非一味地被动防守，而是防患未然，避免了兵临城下之时的手忙脚乱。

小结： 守也不等于被动防守。

二、为何墨子认为"攻"不义？（13 分钟）

1. 何谓"义"？请同学们齐读，回顾。

问：墨子为什么说这些行为是"不义"的？

（此何也？以亏人自利也。）（以，因为；亏，使动用法，使人亏，损害之意）

[明确] 第一段前三种情况，都是窃取他人财物；第四种情况程度严重一些，杀人劫财，即损害了别人的财物，甚至生命。

第二段杀人的行为，比第一段的更严重，已经超越了道德范畴，是死罪，这损害了别人的生命。

即：亏人即为"不义"，杀人即为"不义"，损害了别人的利益。

"攻"损害的也是财物、生命，而且比上面的行为更严重，会导致直接杀人或间接亏人、杀人，不止一二人，而是千千万。自然也是"不义"的。

问：墨子在文章中是怎么评价"攻国"这种带有侵略性的行为的呢？

（今至大为不义攻国。）

问：为何是"大为不义"的呢？

（亏人愈多。）

在文章中，墨子很接地气，由现象说到攻国，对这些行为从性质和数量两个角度作了评判。从性质来看，偷桃李等行为都是"不义"的；从（亏人的）数量来看，后一种行为比前一种行为更"不义"。

问：那么，为什么天下君子知道窃桃李、攘犬豕等都是不义的，而对攻国这种"大为不义"的事却"弗知非，从而誉之，谓之义"了呢？（重要问题，引导学生结合文本回答）

[点拨] 因为他们的利益出发点不同。一个人关注什么，他就会看到什么。窃桃李、攘犬豕等情况加诸他们身上也会损害他们的利益，所以他们认为是"不义"。而攻国是符合天下君子的利益的，所以他们"谓之义"。

2. "义"的立场

国君之义——统治者立场

（好攻伐之君）曰："我贪伐胜之名，及得之利，故为之。"

——《墨子·非攻中》

顺势问：墨子眼中的"义"，是站到什么立场来提的呢？

墨子之义——老百姓立场（且不是一国的老百姓）。

义，利也。

——《墨子·经上》

尚欲中圣王之道，下欲中国家百姓之利。

——《墨子·非攻下》

墨子的出发点为底层民众，他认为对百姓有利的才符合"义"。在《墨子·非攻中》，墨子连用八个"不可胜数"。墨子算了两笔账：战争花了多少钱，战争让百姓遭了多少灾。而战争的花费无疑还是要转嫁到百姓身上，所以战争最终的受害者还是百姓。

三、"非攻"的理论基础（4分钟）

问：墨子何以能站到百姓立场呢？

[点拨] 他能站到底层人民的视角去审视社会现象，看到上层对下层的压迫与伤害，也看到底层人与人之间的相互欺压。由此可联想到咱们以前学的墨子的其他思想吗？（预设：学生回答——兼爱）。

[补充] 圣人以治天下为事者也，不可不察乱之所自起。当察乱何自起？起不相爱。

——《墨子·兼爱上》

墨子考察当时的社会，把君臣父子这种关系的混乱，归之于人们不相爱："父自爱也，不爱子，故亏子而自利；兄自爱也，不爱弟，故亏弟而自利；君自爱也，不爱臣，故亏臣而自利。是何也？皆起不相爱。"

墨子把社会的混乱、盗贼的产生，归之于人们不相爱："盗爱其室，不爱异室，故窃异室以利其室；贼爱其身，不爱人，故贼人以利其身。此何也？皆起不相爱。"

墨子把大夫乱家、诸侯相攻，归之于人们不相爱："大夫各爱其家，不爱异家，故乱异家以利其家；诸侯各爱其国，不爱异国，故攻异国以利其国。天下之乱物，具此而已矣。察此何自起？皆起不相爱。"

按墨子的类比逻辑，君子"攻国"，也是在"亏人自利"，亏的是百姓。"攻"的根源，就在于"不相爱"，这是"病根"。因此，墨子提倡非攻，就需要以"兼相爱"作为前提。只有兼爱，才会"视人国若其国"。可见，在逻辑上，墨子从"兼爱"推导出了"非攻"这一命题，前者是后者的理论基础，二者一脉相承。

小结：

1. "攻"不是主动出击，"守"也非被动防守。"攻"是指侵略他国，是大国侵略小国的强盗行为。

2. 墨子的底层民众立场。

3. "兼爱"与"非攻"一脉相承。"兼爱"思想是"非攻"的理论基础，也是墨子反对侵略他国的原因。

四、对"非攻"思想的评价及其启示（15分钟）

【课堂讨论】这种思想给我们什么启示呢？（要求紧扣墨子的"非攻"思想来谈）

在此，老师注重引导学生课上分享想法，激发学生思维，引导学生树立正确的价值观。如：

义的标准，不是看发动战争的人是谁，而在于战争的目的——是否为人民。

"兼爱"有理想化色彩，虽不能至，心向往之，可以此来劝导统治者不发动侵略战争。防守也不一定是被动的，如今的强国梦、强军梦，都是积极的防御。

墨子站在底层民众的立场，反对攻伐战争，主张建立人人相敬相爱的社会。他的"兼爱""非攻"是中华民族热爱和平思想的源泉之一，对于我们当下构建和谐社会，维护世界和平，都具有积极的现实意义。

【课堂总结】（2 分钟）

墨子兼爱，摩顶放踵利天下，为之。

——《孟子·尽心上》

墨子关于舍身利人、树立爱他的兼爱学说，是反对侵略战争的理论先导……这种理论是极其现代化的，只是墨子主张的兼爱，过去只是指中国，而现在应作为世界性的理论去理解。

——英国著名历史学家汤恩比

墨子虽能独任，奈天下何？

——《庄子·天下》

明知不可为，明知太理想，明知与统治者利益不相符，他还在大声疾呼，为民发声，这正是他的伟大之处。这也提醒我们，在评判一个人时，应结合其所在的时代背景去理解；对于其思想，也要辩证、批判地看待。

作业设计 阅读鲁迅的《非攻》或余秋雨的《黑色的光亮》，结合本文所学，评价墨子及其思想。

察 传

郑树红

北京市数字学校远程课堂教学设计

教学目标：

1. 以课文为例了解作为"杂家"代表作的《吕氏春秋》的基本情况。

2. 精读文本，引导学生在理解重点词句的基础上掌握文章内容，并梳理出文章的说理脉络。

3. 引导学生深入研究传言失实的原因，并进一步探究此文的古今意义，思考应该如何面对传言。

教学重点：

整体感知文章的主要内容，理清文章的写作脉络。

教学难点：

对传言失实原因的探究及其古今意义的理解。

教学方法：

问题探究法。

教学课时：

1课时。

教学步骤：

一、导入（1分钟）

今天我们学习选自《吕氏春秋》的一篇文章《察传》。《吕氏春秋》是"杂家"的代表作。战国时期，百家争鸣，其中影响力较大的有儒家、墨家、道家、法家等，同学们在以前的学习中已经有一定的认识和了解，而与之同列"九流十家"的"杂家"又是怎样的一种学派呢？接下来，我们先对它进行初步了解。

二、教学环节（一）：补充扩展"杂家"流派及《吕氏春秋》知识（5分钟）

1. 关于"杂家"流派。

其实，它不是一门有意识、有传承的学派，此派学者也从未自命为"杂家"流派。"杂家"的名称最早见于班固的《汉书》，《汉书》中记载："杂家者流，盖出于议官。兼儒、墨，合名、法。"此后这个学派才算是被正式定名。这几句话是什么意思？就是说杂家本是博采各家之说，兼收并蓄而成自家观点。"杂家"出现的时间相对较晚，大家对于各家学说都已经熟知，且都有一些辩证的扬弃，所以其思想不可避免地受到其他学派思想的影响。

2. 关于《吕氏春秋》。

（1）成书由来

《吕氏春秋》是一代名相吕不韦组织宾客编撰的一部大部头著作，吕不韦本人是一个成功的商人，他曾以"奇货可居"而押宝在当时的人质、后来的秦庄襄王子楚身上，最终让自己名利双收；他也是一位能干的政治家，任秦国相邦十余年，为秦最后统一全国夯实了基础；不过，他的文化水平并不算高，那么《吕氏春秋》的成书由来又是什么呢？

在《史记·吕不韦列传》中有这样一段记载："当是时，魏有信陵君，楚有春申君，赵有平原君，齐有孟尝君，皆下士喜宾客以相倾。吕不韦以秦之强，羞不如，亦招致士，厚遇之，至食客三千人。是时诸侯多辩士，如荀卿之徒，著书布天下。吕不韦乃使其客人人著所闻……号曰《吕氏春秋》。"可见，《吕氏春秋》成书由来大体原因有二：

其一，吕不韦所生活的时代，各国权臣名士比如战国四公子都礼贤下士，门客众多，于是他也招养食客三千，欲与之比肩。秦国兵力强大，不缺武士，吕不韦又重谋略，因此多养文士。

其二，吕不韦羡慕荀子等人著书立说，流传后世，就命令门客们将自己所闻所见和感想撰文献上，又挑选高手对这些文章进行遴选、归类、删定，综合成书，取名《吕氏春秋》。

（2）一字千金

《吕氏春秋》成书后，吕不韦曾经运作了一次相当成功的图书发布会，据《史记·吕不韦列传》记载，书成之后他曾经做了这样一件事："布咸阳市门，悬千金其上，延诸侯游士宾客有能增损一字者予千金。"这就是有名的"一字千金"的故事，据史书记载，当时无人更改，这更可能是因为众人畏于吕不韦的权势威严。但我们也能感知这位大丞相对此部书的信心。这一举措也让《吕氏春秋》一炮而红。

接下来，我们一起学习选自《吕氏春秋·慎行论》的这篇文章《察传》。

三、教学环节（二）：解读课文内容（25分钟）

1. 解题。

"察传"的意思是，审察传言。对外界、社会上流传的各种言论要多加审查、仔细辨析。

2. 解读第一段。

夫得言不可以不察，数传而白为黑，黑为白。故狗似玃，玃似母猴，母猴似人，人之与狗则远矣。此愚者之所以大过也。

意思是听到传言不可以不审察，多次辗转相传，那么白的便被说成了黑的，黑的则成了白的。第二句具体以例子说明，第一次传言把狗说得很像玃这种大猴子；第二次传言又把玃说得很像母猴，即猕猴；第三次传言再把母猴说成人，可是人和狗相差很远。这就是愚蠢的人犯大错误的原因。

小结：文章开宗明义，提出总论点：听到传闻不可以不审察，否则就会犯下大错误。接下来几句话首尾相接，环环相扣，最后我们发现，传言经辗转数次后，内容已经面目全非。这样就生动地坐实了开篇的观点：得言不可以不察。

[板书：提出中心论点　得言不可以不察]

3. 解读第二段。

闻而审，则为福矣；闻而不审，不若无闻矣。齐桓公闻管子于鲍叔，楚庄闻孙叔敖于沈尹筮，审之也，故国霸诸侯也。吴王闻越王勾践于太宰嚭，智伯闻赵襄子于张武，不审也，故国亡身死也。

听到什么如果加以审察，就有好处；听到什么如果不加审察，不如不听。之后文章连用四个具体的例子加以说明，先来看前两个事例，说的是齐桓公和楚庄王。

【例一】"齐桓公闻管子于鲍叔"

齐桓公在鲍叔牙那里听到了关于管仲才能的剖析。其实在此之前，桓公还是公子小白的时候，就已经认识了管仲，而且对管仲心怀怨恨。因为当时管仲辅佐的是公子小白的竞争对手公子纠，并且为了帮助公子纠继承齐国王位曾阻挠小白回国。在《国语·齐语》中有一段记载，当鲍叔牙推荐管仲为相时：

桓公曰："夫管夷吾射寡人中钩，是以滨于死。"鲍叔对曰："夫为其君动也。君若宥而反之，夫犹是也。"桓公曰："若何？"鲍子对曰："请诸鲁。"

……

比至，三衅、三浴之。桓公亲逆之于郊，而与之坐而问焉。

听到鲍叔牙举荐自己的仇人，齐桓公没有立刻火冒三丈，而是做了认真的审察思考，所以他最终接受了管仲，当然最终管仲也辅助他登上了霸主之位。

【例二】"楚庄闻孙叔敖于沈尹筮"

在《吕氏春秋·不苟论》中有一段记载：

孙叔敖、沈尹茎（即沈尹筮）相与友。叔敖游于郢三年，声问不知，修行不闻。沈尹茎谓孙叔敖曰："说义以听，方术信行，能令人主上至于王，下至于霸，我不若子也。耦世接俗，说义调均，以适主心，子不如我也。子何以不归耕乎？吾将为子游。"

后来沈尹筮果然得到楚庄王的任用，沈尹筮也如约向庄王推荐孙叔敖。其实楚庄王从沈尹筮那里听说孙叔敖的时候，楚国已经经过了一系列改革，国力空前强盛，但是楚庄王没有置之不理，而是派出人员详细审查孙叔敖的才学，发现果如沈尹筮所言，于是立刻迎孙叔敖入宫，任命他为令尹。当然楚庄王最终也在孙叔敖的辅佐下成为新一代霸主。

以上这两个人都是"闻而审"的正面例子，因此他们都有好的结果。

【例三】吴王闻越王勾践于太宰嚭

《国语·越语》中有这样的记载：

越人饰美女八人纳之太宰嚭，曰："子苟赦越国之罪，又有美于此者将进之。"太宰嚭谏曰："嚭闻古之伐国者，服之而已。今已服矣，又何求焉。"夫差与之成而去之。

越王勾践贿赂太宰嚭，故而太宰嚭在夫差面前大说勾践的好话，夫差轻信而不加审查。其实当时伍子胥是极力反对吴王和勾践议和的，夫差完全可以再深入思考一下，为什么太宰嚭会这样说，他和伍子胥到底谁更有理。可惜夫差没有这样做，他听信了太宰嚭，与勾践议和，最终放虎归山，国灭身亡。

【例四】智伯闻赵襄子于张武

《淮南子·人间训》中记载：

张武为智伯谋曰："晋六将军，中行文子最弱，而上下离心，可伐以广地。"于是伐范、中行。灭之矣，又教智伯求地于韩、魏、赵。韩、魏裂地而授之，赵氏不与，乃率韩、魏而伐赵，围晋阳三年。三国阴谋同计，以击智氏，遂灭之。

智伯轻信家臣张武的建议，决计纠合韩、魏，包围赵襄子，这个过程中他一点都没有想着去研究一下赵魏韩三家关系如何，他们对自己的态度又如何等问题，结果反被赵襄子算计，赵暗中与韩、魏合谋，最后把智伯灭掉。

我们可以看出，勾践、智伯这两个人最大的问题就是听到一种观点不做深入审查，他们是"闻而不审"的例子，最后结局悲惨。

小结：第二段很简短，但是论证的力度很强。同学们可以分析一下，在这一段，作者采用了什么论证方法？这个问题不难，举例论证和正反对比论证，在对比中旗帜鲜明地阐明审察传言的重要意义。

［板书：分论点一、闻而审，则为福矣；闻而不审，不若无闻矣］

4．解读第三段。

这段内容多一些，我们分层来理解，先看第一句话：

凡闻言必熟论，其于人必验之以理。

"熟论"，意思是仔细考察辨别；"其"在这里代指传言；"于人"，涉及人；"验之以理"，即"以理验之"。这句话意思是但凡听到传言，一定要仔细考察辨别，如果听到涉及人的话，一定要用常情事理去验证。这个观点紧承上文，在讲清楚"察传"的重要性后，进一步提出审查传闻的方法。接下来作者又举出三个例子，三个有关传言误会的故事。

【例一】鲁哀公问于孔子曰："乐正夔一足，信乎？"孔子曰："昔者舜欲以乐传教于天下，乃令重黎举夔于草莽之中而进之，舜以为乐正。夔于是正六律，和五声，以通八风。而天下大服。重黎又欲益求人，舜曰：'夫乐，天地之精也，得失之节也。故唯圣人为能和乐之本也。夔能和之，以平天下，若夔者一而足矣。'故曰'夔一足'，非'一足'也。"

鲁哀公听到的传闻强调"夔一足"，夔只有一只脚，鲁哀公向多识的孔子询问，孔子作出的解释是：最初舜任用夔校正六律，谐和五声，因而天下归顺，面对这样的好效果，重黎想再多找一些乐人。舜说，音乐是天地间的精华，国家治乱的关键。只有圣人才能做到和谐，而和谐是音乐的根本。夔能调和音律，从而使天下安定，像夔这样的人一个就够了。所以是"夔一/足"，而非"夔/一足"。

【例二】宋之丁氏家无井，而出溉汲，常一人居外。及其家穿井，告人曰："吾穿井得一人。"有闻而传之者曰："丁氏穿井得一人。"国人道之，闻之于宋君。宋君令人问之于丁氏，丁氏对曰："得一人之使，非得一人于井中也。"求闻之若此，不若无闻也。

这个例子讲的是宋国有个姓丁的人，家里没有水井，需要出门去打水，经常派一人在外专管打水。等到他家打了水井，他告诉别人说："我家打水井得到一个人。"有人听了就去传播："丁家挖井挖到了一个人。"都城的人纷纷传说这件事，被宋君听到了。于是宋君派人向丁氏问明情况，丁氏回答道，"得到一个人使用，并非在井内挖到了一个人"。这样的作风值得我们警戒，正如文中所言，"求闻之若此，不若无闻也"。

【例三】子夏之晋，过卫，有读史记者曰："晋师三豕涉河。"子夏曰："非也，是己亥也。夫己与三相近，豕与亥相似。"至于晋而问之，则曰，晋师己亥涉河也。

孔子的弟子子夏前往晋国，经过卫国的时候听一个读史书的人说，晋军中三头猪渡过了黄河。子夏立刻说道："不对，是己亥日过黄河。古文'己'字与'三'字字形相近，'豕'字和'亥'字字形相似。"到了晋国探问此事，果然是说，晋国军队在己亥那天渡过黄河。这里我们不得不赞叹子夏，听到传言后，结合情理多方思考，最后得出正确无误的结论。

小结：在这一段中，作者举出三个事例，告诉我们传闻很容易出错，所以听到传言的人，一定要"熟论"且"验之以理"。

[板书：分论点二、凡闻言必熟论，其于人必验之以理]

5. 解读第四段。

辞多类非而是，多类是而非，是非之经，不可不分，此圣人之所慎也。然则何以慎？缘物之情及人之情，以为所闻，则得之矣。

第一句话的意思是：言辞有很多似是而非，似非而是的。是非的界线，不可不分辨清楚，这是圣人都特别慎重对待的事情。接下来，"何以慎"：靠什么方法做到谨慎呢？遵循着事物的规律和人的情理，用这种方法来审查所听到的传闻，就可以得到真实的情况了。这里用"然则"将文意转进一层，最后作者水到渠成给出答案：缘物之情及人之情，以为所闻，则得之矣。

小结：文章结尾不仅照应前文的"验之以理"，亦与篇首的"得言不可以不察"遥相呼应，说明传言"多类是而非"，必须根据事理、人情来进行审察，才能得其实情，明辨是非。末段有力地收束全文。

[板书：缘物之情及人之情，以为所闻，则得之矣]

四、教学环节（三）：解读课文脉络（2分钟）

理解了内容之后，我们再来综观全文，看看这篇文章是怎样逐层剖析观点的。

首先，第一段第一句话，作者就亮明观点：得言不可以不察。其次，文章在第二段和第三段从两方面分承总论点，第一方面，分论点一："闻而审，则为福矣；闻而不审，不若无闻矣"。第二方面，分论点二："凡闻言必熟论，其于人必验之以理"。最后，言简意赅地总结全文，"缘物之情及人之情，以为所闻，则得之矣"。

五、教学环节（四）：拓展思考（6分钟）

在学习过课文之后，我们来思考几个问题。

【思考问题一】（就本文所论事例分析）传言失实是怎么造成的？人们应该怎么办？

以文章所举的几个例子来分析：

1. 传狗为人，这个现象是由于最初传播的时候没有分辨清楚，使得传播内容与原始对象有了出入，这样辗转相传多次后，传言自然面目全非了，也就是我们常说的"差之毫厘，谬以千里"。

2. 吴王闻勾践于太宰嚭，智伯闻赵襄子于张武，这是由于传言者动机不纯。太宰嚭是收了贿赂从而替勾践说话；张武则是为了满足一己私欲，不断怂恿智伯扩大领土。吴王和智伯不懂得审查最终受害。

3. "夔一足"的故事中，则是因为词的多义和停顿不同造成歧义，"足"既可以理解成"脚"，也可以理解成"足够"，此句既可以断在"一"后面，也可以断在"夔"后面。

4. "丁氏穿井得一人"，是因为传播者省略语境造成误会。

5. "三豕涉河"则是因为字形相近造成记载失实。

此外，言语在传播过程中被误解，从而导致传播失实是有诸多原因的，比如人们的猎奇心理、从众心理等都有可能造成传言失实。

那么人们应该怎么办？有一句老话说得好：谣言止于智者。做一个有智慧的人，不要轻信传言，更不要人云亦云。听到什么话都要进行思考，简单来说，就是按照文章所言：缘物之情及人之情，以为所闻。遵循事物的客观规律以及人的常情常理，我们就能得到真知。

【思考问题二】这篇文章的写作目的是什么？

同学们可以看到，这篇文章运用到的具体论据：齐桓公、楚庄王、吴王夫差、晋国智伯、鲁哀公、宋国国君、子夏，这些都是为政者。前面的自不用解释，子夏是孔子的名弟子，"孔门十哲"之一，曾为莒父宰，提出过"仕而优则学，学而优则仕"的思想，李悝、吴起都是他的弟子，魏文侯也尊他为师。

所以，这篇文章首先是写给当权者、为政者的。吕不韦所处的战国时期，六国割据，连年战乱，各国以奉养机巧善辩之士来图存求强，最精彩的当属苏秦、张仪以三寸不烂之舌操纵列国而演出的"合纵""连横"大戏。在这种背景下，论辩之风盛行，真言与假言并存，流言与谣言风传，为政者一定要谨慎辨别，"缘物之情及人之情，以为所闻"，以防止被蒙蔽陷害，这在当时很有针对性和实用性。当然，对于普通民众，这个道理也是适用的，面对各种传言，深思熟虑，才能了解真相。

【思考问题三】这篇文章在今天有无现实意义？

处于信息爆炸时代的我们，是否依然面临这个问题？人云亦云、三人成虎、以讹传讹的现象在我们身边并不少见：2007年"海南香蕉含有类似 SARS 病毒"的传言令海南百万蕉农损失 8.22 亿元；2008 年 10 月，因为听信网络上编造的动人爱情故事，网友发动声势浩大的人肉搜索，最终导致花季女孩周春梅命丧黄泉；2011 年听信日本核污染影响到食用盐，大量市民抢购食用盐；2012 年，听信世界末日即将到来的南京市民蒋某将家产散尽，丈夫、女儿差点无家可回；2013 年，农夫山泉事件……

电视里、网络中、报纸上，街头、巷尾，每天有大量的信息飘过我们身边，传入我们耳中，这其中有真有假，面对如许众说纷纭的事情，同学们，我们该怎么办？今天所学的这篇课文是否给了大家一些启发？对于听到的传言，我们不能轻信，更不应该在半信半疑时就将其继续传播开来，而是应该遵循事理及人情加以审查检验，通过理性分析，获得事情的真相。所以，这篇文章的现实意义也是极大的。

六、教学环节（五）：课堂总结，布置作业（1 分钟）

课堂总结 我们今天详细分析学习了文章《察传》，在《吕氏春秋》中还有很多类似的文章，这些文章通过翔实的事例深入浅出地阐释一个个做人、做事的道理，给当时的执政者提出忠告，也给今天的我们提供借鉴。

▌作业设计▐ 出自《吕氏春秋》的成语有很多，比如三豕涉河、刻舟求剑、引婴投江、逐臭之夫、掩耳盗铃、竭泽而渔……

请同学们搜集整理出自《吕氏春秋》的成语，并且借这些成语深入体会《吕氏春秋》的思想观点。

七、板书设计

察 传

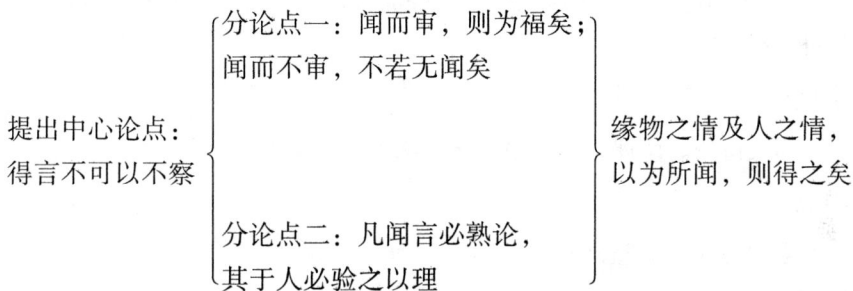

提出中心论点：
得言不可以不察

分论点一：闻而审，则为福矣；
闻而不审，不若无闻矣

分论点二：凡闻言必熟论，
其于人必验之以理

缘物之情及人之情，
以为所闻，则得之矣

登　高

陈立今

北京市西城区第一届新课改研讨会研究课教学设计

教学目标：

1. 利用互文性理论引导学生深入解读《登高》的主题思想，鉴赏诗歌的艺术手法。
2. 理解杜诗的社会意义。

教学重点：

适时引入相关诗句、诗评，启发引导学生深入解读文本。

教学难点：

互文性元素的寻找与引领分析。

教学课时：

1课时。

教学步骤：

一、导入

今天我们学习杜甫的七律《登高》。在此之前，同学们接触过其中的哪些诗句，或者就大家的经验，哪一联更为世人熟知？

引导学生说出"无边落木萧萧下，不尽长江滚滚来"一联。

二、引导分析

名句之所以能广泛流传一定有它的出色之处。同学们看看这句诗好在什么地方？

引导学生分析回答出"用词"方面的特色。

（一）引领品评第二联"无边落木萧萧下，不尽长江滚滚来"

1. 为什么这里用"落木"而不用"落叶"？

分析：因为叶子可能是绿而有水分的，也可能是枯萎的；而木的感觉只能是枯萎。我们今天也说"这个人真木"，意即没有一点灵性。

引入互文性元素：

亭皋木叶下，陇首秋云飞。——南朝梁·柳恽《捣衣诗》

木落雁南度，北风江上寒。——唐·孟浩然《早寒江上有怀》

2. 教师引导分析：其实大家设词是处处留心，"吟安一个字，捻断数茎须""两句三年得，一吟双泪流"。"落木"一词，后人不断评说，其实许多看似普通的词语也体现着作者的设词功力。

如：萧萧——飘飘；萧萧，纷纷而下，且叶中无水分，干枯。

飘飘，姿态优美，并有一种滞空感。"飘飘何所似，天地一沙鸥"。

滚滚——滔滔；滚滚，来势凶猛，向前流动，有速度感。

滔滔，向上发展。"把酒酹滔滔，心潮逐浪高"。

3. 试分析这句诗中"意境"与"哲理"的关系。

无边落木萧萧下——生命的短暂。

不尽长江滚滚来——时间流逝，宇宙永恒。

两句诗蕴含着短暂与永恒、有限与无限的深刻哲理。

（二）引导分析第三联"万里悲秋常作客，百年多病独登台"

1. 教师引导：康震老师说过一句话不知同学们记住没有，他说："鉴赏一首词只知道了词句的妙处，这是最初级、最下乘的境界，我们学习唐诗是要了解唐诗后的人，了解祖先优秀的人格魅力。这才是我们学习古典文学的最终使命。"学者辜鸿铭也说过："要估价一种文明，我们最终要问的问题，不是它是否修建了和能够修建巨大的城市、宏伟壮丽的建筑与宽阔平坦的马路……要估价一种文明，我们必须要问的问题是，它能够造就什么样子的人，什么样的男人和女人。一种文明所造就出的男人和女人——人的类型，正好显示出该文明的本质和个性，也即显示出该文明的灵魂。"唐诗就是文学上的高大建筑，我们学习唐诗就要了解背后的杜甫、李白、白居易。

下面我们就了解一下杜甫的人格魅力，了解一下能把景物写得这么博大壮阔的诗人是处在怎样的生活境遇中。很多人面对自然的秋季与人生的秋季，都有所感悟，都有豪言壮语。毛泽东说"萧瑟秋风今又是，换了人间"，曹操说"日月之行，若出其中。星汉灿烂，若出其里"，但二人一个正领导人民建设新中国，一个刚平定乌桓；一个是执政党主席，一个是丞相；气魄之大，少有可及。可杜甫当时是怎样的处境呢？

引导学生说出"万里悲秋常作客，百年多病独登台"。

2. 教师：宋人罗大经认为这十四字含"八悲"，曲尽人生之悲怀（即"万里，地之远也。秋，时之惨凄也。作客，羁旅也。常作客，久旅也。百年，齿暮也。多病，衰疾也。台，高迥处也。独登台，无亲朋也"），同学们尝试破解一下，此联蕴含有哪些悲意？

引导分析：

万里，地之远也——"支离东北风尘际，漂泊西南天地间"，乡关千里，"还家万里梦，为客五更愁"。

秋，时之惨凄也——中国古人悲秋，秋风落叶里，"其容清明，天高日晶"，但"其色惨淡，烟霏云敛""其气栗冽，砭人肌骨；其意萧条，山川寂寥"。

作客，羁旅也——"艰危作远客"，"侧闻夜来寇，幸喜囊中净"。

常作客，久旅也——"丛菊两开他日泪，孤舟一系故园心"，"白头归未得，梦里望江南"。

百年，齿暮也——"拭泪沾襟血，梳头满面丝"，"老去悲秋强自宽，兴来今日尽君欢"。

多病，衰疾也——"衰年肺病唯高枕，绝塞愁时早闭门"，"我多长卿病，日夕思朝廷"。

台，高迥处也——登高远望，或是"望极天涯不见家"，或是"最苦无山遮望眼"，家园涂炭，山河破碎。

独登台，无亲朋也——"亲朋无一字，老病有孤舟"。

3. 教师总结：在如此悲苦之中，却能写出如此雄浑阔大的景象，这得益于一种博大的胸襟。杜甫诗哀而不伤，他有很多诗抒写哀情，可眼前的景物却都写得雄浑阔大。如在写"野哭千家闻战伐"时，眼前的景物却是"五更鼓角声悲壮，三峡星河影动摇"；写"丛菊两开他日泪"，眼前的景物是"江间波浪兼天涌，塞上风云接地阴"；慨叹"亲朋无一字"，眼前的景物是"吴楚东南坼，乾坤日月浮"。

4. 教师提问：杜甫这种博大胸襟的来源是什么？什么人才能在自身"艰难苦恨"之时还有如此壮阔的胸襟？

引导分析讨论：忠君爱国之情，以天下为己任之情。不以物喜，不以己悲。

5. 教师提问：文学史上"李杜"并称，但历史上有"千家注杜，一家注李"的情况，这是为什么呢？能否谈谈你们的感性认识？

引导学生分析：

李白诗关注现实少些，写自我多些。杜甫诗直接反映了人民的苦难，而且杜诗反映人民苦难是一种内外结合式的反映，或将社稷苍生之难与自己的遭遇相连，或推己及人。所以近代有人说杜甫是"人民的诗人"，恐怕不为过。

6. 教师补充：其实还有一点就是杜甫的忠君，"麻鞋见天子，衣袖露两肘；朝廷愍生还，亲故伤老丑。涕泪授拾遗，流离主恩厚。"（《述怀》）在此之前，忠君尊王久已不成为一个主题。而杜甫的出现，为后代树立了一个足以楷法的忠君、爱国、忧民的士人形象。

7. 补充前人评论，引领学生了解杜诗主题特点。

宋人罗大经评论说：李太白当王室多难、海宇横溃之际，作为歌诗，不过豪侠使气，狂醉于花月之间耳。社稷苍生，曾不系其心胸，其视杜少陵之忧国忧民，岂可同年语哉！

宋人赵次公也说：李、杜号诗人之雄，而白之诗多在于风月草木之间、神仙虚无之说，亦何补于教化哉！

三、总结全课

杜甫诗是唐代文学审美转变的一个标志。

贵族化──→世俗化

浪漫──→理智

英雄气──→感伤气

恣肆──→规范

雄放──→细腻

抒情──→叙事

四、布置作业

1. 阅读《马茂元说唐诗》。

2. 阅读金启华、胡问涛的《杜甫评传》。

3. 鉴赏《秋兴八首》（其一），写一篇 800 字的鉴赏文章。

《六国论》：和苏洵来一场论辩

奚 畔

北京市西城区青年教师基本功大赛特等奖教学设计

教学目标：

1. 通过对多篇文章的综合、对比和分析，提升学生合理质疑、充分论证前人观点的能力，从而拓展学生的思维深度。

2. 解决"驳论文该如何驳"的问题，从而提升学生的驳论写作能力。

教学重点：

解决"驳论文该如何驳"的问题，从而提升学生的驳论文写作能力。

教学难点：

通过对多篇文章的综合、对比和分析，提升学生合理质疑、充分论证前人观点的能力，从而拓展学生的思维深度。

教学课时：

1 课时。

预习作业：

1. 自学三节微课

《驳论文是什么》——与立论文的区别。

《驳论文怎么写》——三种方法：直接举例反驳法、反证法、归谬法。

《如何用反证法驳〈六国论〉》——进一步解释反证法，并帮助学生找苏洵的漏洞。

2. 组间互评、投票

小组间互相写评语，提出修改意见。

教师为六个组的文章详细点评。

阅读他组作品，投票选出最佳驳斥组，按投票结果核算作业成绩。

3. 小组绘图、发现问题

分小组用 IPAD 思维导图软件绘制《谏逐客书》与本组文章的论证结构图，通过对比分析，学生开始发现问题。

4. 布置阅读作业

教师将搜集的资料进行汇总、筛选，布置为必读思考作业，以供学生课上深入讨论。

教学步骤

一、导入（3 分钟）

《六国论》历来被称作"千古佳作"，之前已经分析过它的写作目的及其经典之处。然而，虽然它在后世享有盛誉（PPT），但也有一些学者对本文提出了诸多质疑（PPT）。同时，学生在学习中也产生疑惑，并且在网络平台上和苏洵来了一场论辩。分享学生写作片段（PPT），文章文采斐然，值得赞赏。不过若以"驳斥""论辩"的要求评价，这些文章反映出学生写作中的共同问题——不会驳论。

这节课，学习的重点是：怎么驳。

二、教学环节（一）：对比探究——李斯教我如何驳（20分钟）

1. 小组探讨：对比《谏逐客书》与本组习作的论证结构图，讨论三个问题。（5分钟）

（1）李斯如何驳？

（2）我们如何驳？

（3）从对比中我们学到了什么？

李斯《谏逐客书》

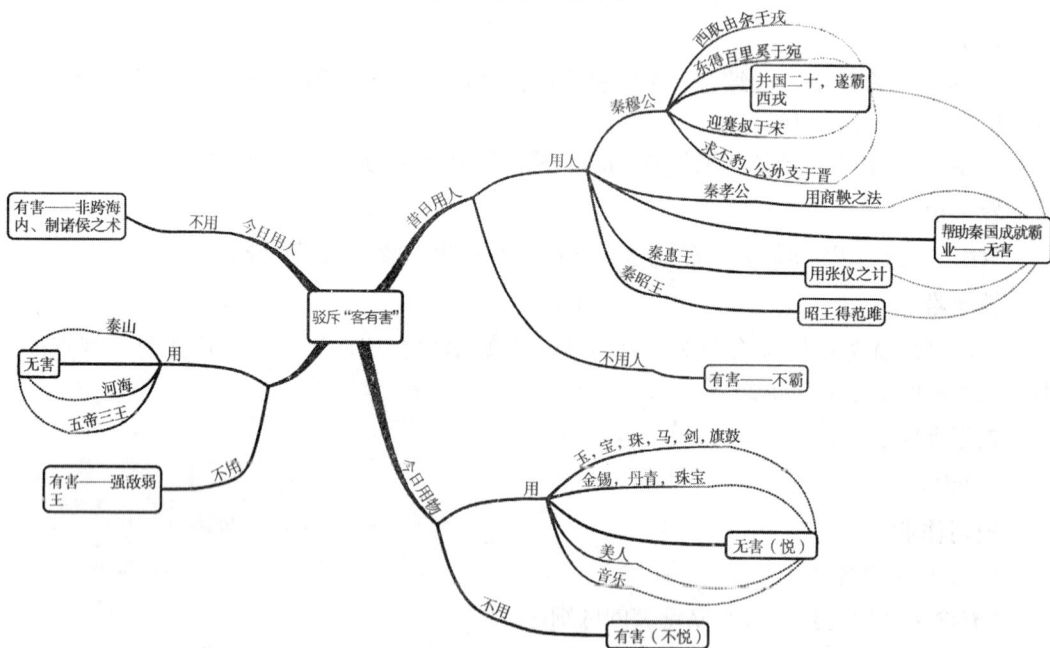

第一小组

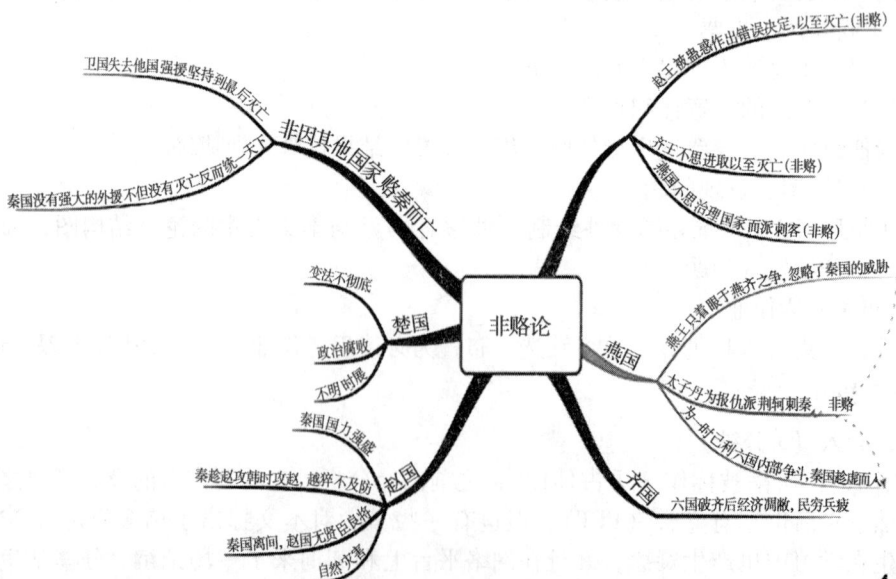

第二小组

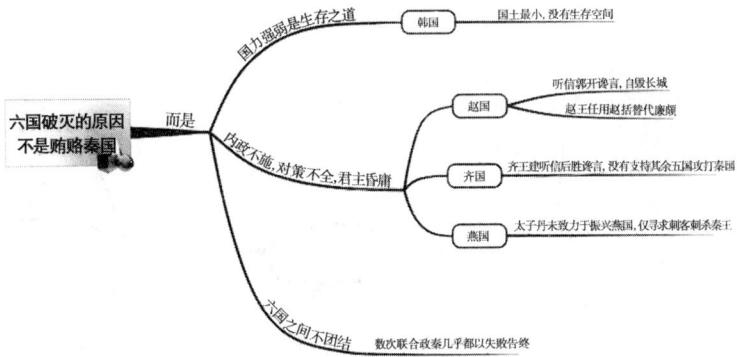

第三小组

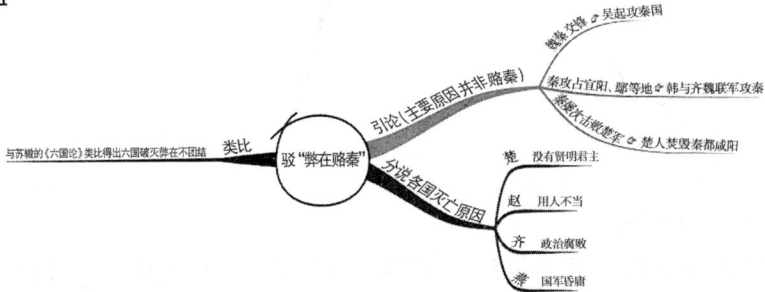

第四小组

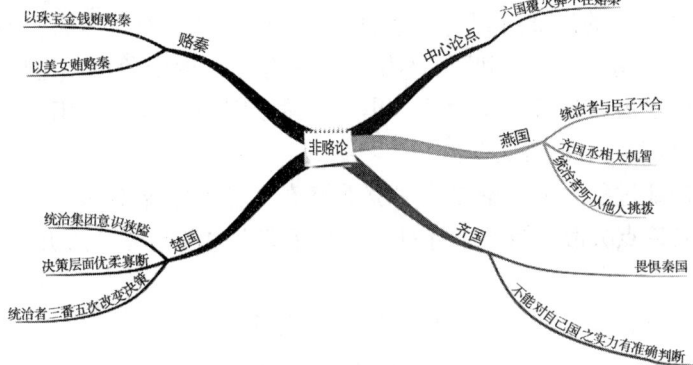

第五小组

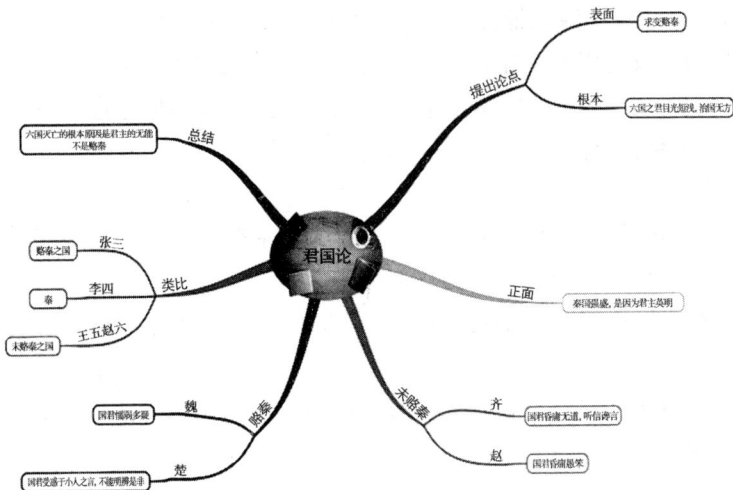

第六小组

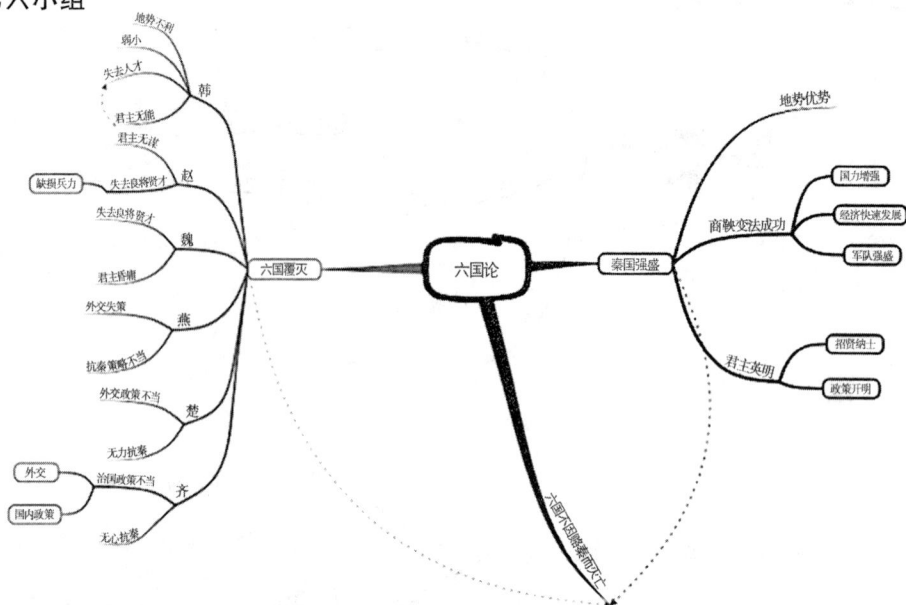

2. 班内分享（15 分钟）

每组代表为大家讲解本组习作的论证结构，并总结小组讨论结果。（板书）

教师引导：

分析《谏逐客书》的论证过程：其中心论点为驳斥"客对秦有害，不要用客"。在论证过程中，李斯从"用客对秦有利""不用客对秦有害"两个角度，运用古今对比、类比等多种论证方法层层展开论证。文章论点集中，紧密围绕驳斥点"用与不用""利与弊"进行论证，例证丰富，论证方法多样。

分析学生的论证过程：中心论点为"弊非赂秦，各国之弊不同"。学生的论证方式是分说各国历史，其论点分散，且并未针对"赂与不赂""利与弊"展开，不能完成驳论的论证过程。

3. 学生小结：从《谏逐客书》中我们学到了什么？

（预设）如何驳斥：论点要集中；论证要针锋相对。

三、教学环节（二）：深入探究——怎样驳斥苏洵（10 分钟）

在驳论中我们不仅可以驳斥主论点，还可以针对论据是否准确、论证是否合理进行论辩。回到《六国论》中，我们看到有学者评论本文是"沙滩上的大厦，经不住推敲"。（PPT）我筛选出学者争论较多的五句话，供学生研讨。

1. 驳论示范

"赂秦而力亏，破灭之道也。或曰：六国互丧，率赂秦耶？曰：不赂者以赂者丧，盖失强援，不能独完。故曰：弊在赂秦也。"

学者文章节选：田艳春，许小莉，《谬误多多的〈六国论〉》，《现代语文》，2006 年第 1 期，第 28 页

边读边提问，引导学生自主生成本文的写作结构：亮出驳斥点，阐释说明，准确使用论据，进一步解释论证，得出结论。

2. 学生研讨

"燕赵之君，始有远略，能守其土，义不赂秦。是故燕虽小国而后亡，斯用兵之效也。至丹以荆卿为计，始速祸焉。"

提示："是故""用兵之效"和"始速"如何理解？

补充材料：战国地图、《史记·六国年表》《荆轲刺秦王》

学生自主生成（实录）：首先，按照苏洵的逻辑，燕国因坚守正义不割地才后亡，这是用兵抵抗的结果。但根据《史记·六国年表》可知，在公元前270年至公元前228年间，燕国未与秦交战，何谈"用兵之效"？其次，"始速"译为"才招致"，言下之意是如果没有荆轲，燕国不会遭劫。然而根据《荆轲刺秦王》可知，太子丹出此计策时已是兵临城下，殊死一搏，即使没有荆轲，燕国也同样会被灭。最后，此处荆轲是燕国灭亡的原因，但论点探讨的是"不赂者"是因为"赂者"而灭亡的，燕国的事例与论点无关，缺少说服力。

"赵尝五战于秦，二败而三胜。"

提示：公元前270年至公元前228年，赵国与秦国交锋过多少次？战绩如何？

补充材料：《史记·六国年表》

学生自主生成（实录）：秦赵交锋14次，赵败13次胜1次，何来5次？何来"二败"？苏洵的论据不够严谨，与史实不符。

"后秦击赵者再，李牧连却之。洎牧以谗诛，邯郸为郡，惜其用武而不终也。"

提示：赵国灭亡的原因是什么？与主论点有何关系？

补充材料：《李牧传》

学生自主生成（实录）：赵国的论据使用与燕国类似，论据是说赵国是因李牧被杀，"用武而不终"而灭亡，与"不赂者以赂者丧"的论点无关，不具说服力。

"且燕赵处秦革灭殆尽之际，可谓智力孤危，战败而亡，诚不得已。"

提示：六国灭亡的顺序。

补充材料：徐成辉，《赵灭"代"续——苏洵〈六国论〉赵国灭亡时间考》，《语文学习》，2009年第1期，第40页

学生自主生成（实录）：赵国是否处在"秦革灭殆尽之际"？

四、总结：驳论文该怎么驳？（6分钟）

1. 从《谏逐客书》中你学到什么？

（实录）围绕质疑点论证。

2. 从《六国论》中你学到了什么？

（实录）论据要准确、有力；逻辑要合理。

3. 质疑并分析《六国论》的过程就是完成驳论的过程。

我们发现一个问题点后，需要用材料证明质疑是否成立，分析哪里不合理，哪里表述不准确。

┃作业设计┃

1. 复习驳论文系列微课（一）～（四）

2. 阅读、模仿学者论证范例（MOODLE）。

3. 每人修改200字驳论片段（MOODLE：导图研讨区）。

前赤壁赋（第二课时）

张　慧

北京市科研课题"国学经典与学生发展"研讨会展示课教学设计

教学目标：

感受文章中苏轼的情感变化，分析苏轼如何实现人生的"突围"，品味苏轼超然豁达的心境。

教学重点：

1．感受苏轼的情感变化，引导学生把握作者情感的脉络。

2．品析苏轼如何实现人生的突围，体会老庄思想对苏轼的影响，品味苏轼超然豁达的心境。

教学准备：

1．了解苏轼的生平，熟悉苏轼在黄州的经历。

2．回顾王羲之的《兰亭集序》。

3．完成《赤壁赋》第一至第三段的讲解。

教学方法：

问题探究法、比较阅读法。

教学过程：

一、回顾

上节课我们讲到，苏子月夜泛舟赤壁之下，被恬静素雅的赤壁夜景所陶醉，有一种"羽化而登仙"的感觉，似乎忘却了内心的悲痛，怡然自乐；但随着自己不经意的"歌声"和客"呜呜然"的洞箫声，作者那淡淡的乐又被内心深处的痛楚所替代。于是"苏子愀然，正襟危坐"，发出"何为其然也"的疑问。

二、教学环节（一）：感受苏轼的感情变化，分析"悲"的缘由

1．如此美景，苏子为何愀然？客为何悲？

明确：同在赤壁这地方，曹操一代英雄，丰功伟绩，却已不复存在。英雄都尚且如此，何况吾等江渚渔樵之辈。面对人生的短促和渺小，客想要"挟飞仙以遨游，抱明月而长终"，想"得"却"不可骤得"，于是悲从中生，只好把这种悲伤传递到箫声之中，托遗响于悲风。长江无穷，而吾生须臾，不能建功立业、成就不朽成为悲的根源。

［板书］伟大与渺小

永恒与短暂

理想与现实

2. "人生苦短，宇宙无穷"的确是困扰古今文人的一大难题。我们学过的古诗文中，哪些有过相似的人生感叹呢？

孔子暮年曾于河畔感慨"逝者如斯夫，不舍昼夜"；陈子昂在面对时间上的无限（"前不见古人，后不见来者"）和空间上的广袤无垠（"天地之悠悠"）时，发出"独怆然而涕下"的悲叹；王勃虽有良辰美景、盛宴嘉宾相伴，也会感叹"天高地迥，觉宇宙之无穷；兴尽悲来，识盈虚之有数"。这也是中国文人所特有的情怀，面对乐和悲的交织、现实和理想的冲突、生命和死亡的思考，他们内心难免会产生纠结和矛盾。此时苏轼借客之口所道出的"悲"正是他在人生价值的探索中所体验到的人生不可避免的悲剧性的浓缩和凝聚。

3. 面对这种困惑，最终却是"客喜而笑"，为何喜？为何笑？——豁然开朗。

赭红色的陡峭石坡直逼着浩荡东去的大江，坡上有险道可以攀登俯瞰，江面有小船可供荡桨仰望，地方不大，但一俯一仰之间就有了气势，有了伟大与渺小的比照，有了视觉空间的变异和倒错，……他不知道，此时此刻，他完成了一次永载史册的文化突围。

——余秋雨《苏东坡突围》

余秋雨说，苏轼在黄州赤壁完成了一次突围。何谓"突围"？从字面看，即突破包围，打破当前困难，摆脱某种约束，成功寻求新的出路。而苏轼的突围，则是相对于前人，突破"人生苦短，宇宙无穷"的困境，实现了人生价值的超越。

三、教学环节（二）：苏轼的"突围"

（过渡：那我们来看看，面对这种困惑，苏轼是如何实现"人生突围"的。）

1. 初步分析。

阅读第四段，本段可以分为两层，大家能否用一句话概括这两层的大意呢？

【明确】第一层："客亦知夫水与月……而又何羡乎！"——明理：变与不变。（板书）

若从变的角度看问题，那么"天地曾不能以一瞬"；但若从不变的角度看事物，"则物与我皆无尽也"。既然如此，那么江水与明月，"而又何羡乎"？"横看成岭侧成峰，远近高低各不同"（苏轼《题西林壁》），各人所持角度、标准的不同以及这种角度、标准本身的变动不居，造成了价值判断的相对性。既然如此，我们何必非要用凝滞、胶着的眼光看待事物呢？人生无所谓长短，无所谓渺小与伟大。这样，苏轼从"人生若短，宇宙永恒"的哲学命题中实现了突围。

【明确】第二层："且夫……而吾与子之所共适。"——寄情：取与不取。（板书）

"且夫天地之间，物各有主，苟非吾之所有，虽一毫而莫取。"也就是说，何况天地之间，凡物各有自己的归属，如果不是自己应该拥有的，即使一分一毫也不能求取。如世间的利禄功名、福寿富贵，若非属于自己，用尽各种方法也求不到。因此，我们应淡化物欲，淡泊名利，恬然自适。而那"江上之清风""山间之明月"，是与功名利禄、宠辱得失无关的，它们还能涤荡人的心灵，抚慰人的创伤。"清风明月不用一钱买"（李白《襄阳歌》），这是大自然对每个人无私的馈赠。凡事不可强求，得与失亦不重要，在大自然中忘怀得失，寻求精神解脱，这是当下落魄的苏轼从理想与现实的矛盾中"突围"的一种途径。

2. 深层解读。

苏轼年少时读《庄子》就曾说过，"既而读《庄子》，喟然叹息曰：'吾昔有见于中，口未能言，今见《庄子》，得吾心矣'"。他觉得《庄子》所讲的道理是自己心中一向所想的。苏轼上溯千年，从老庄那里得到精神的滋养。那我们看看苏轼实现人生的"突围"跟道家的哪些思想有关系。

（1）明理：变与不变。（师解读）

客亦知夫水与月乎？逝者如斯，而未尝往也；盈虚者如彼，而卒莫消长也。

"逝与往""盈与虚"，包括"变与不变"是相对的。

老子《道德经》曾言："天下皆知美之为美，斯恶已；皆知善之为善，斯不善已。故有无相生，难易相成，长短相形，高下相倾，音声相和，前后相随。"（译：天下人都知道美之所以为美，那是由于有丑陋的存在；都知道善之所以为善，那是因为有恶的存在。所以有和无互相转化，难和易互相形成，长和短互相显现，高和下互相充实，音与声互相谐和，前和后互相接随）。

盖将自其变者而观之，则天地曾不能以一瞬；自其不变者而观之，则物与我皆无尽也，而又何羡乎！

庄子曾言："自其异者视之，肝胆楚越也；自其同者视之，万物皆一也。"《庄子·内篇·德充符》（从事物相异方面去观察，肝和胆就好像楚国和越国那样相距遥远；从事物相同的方面去观察，万事万物都是一样的。）由此，我们可以看出，苏轼对"变与不变"的解读源于对老庄相对主义认识论思想的借鉴。"客"之悲情既是来自于人的有限与水、月之永恒的对比，苏轼便仍用水的流逝和月的盈虚为喻，阐明这变与不变的哲理。

（2）寄情：取与不取。（学生解读）

①不取。

《史记》中记载，老子曾劝孔子："去子之骄气与多欲，态色与淫志，是皆无益于子之身。"《道德经》（第19章）："见素抱朴，少私寡欲。"（保持纯洁朴实的本性，减少私欲杂念。）庄子在《逍遥游》也提出："至人无己，神人无功，圣人无名。"（修养最高的人能顺应自然、物我不分，修养达到神化不测境界的人无意于求功，有道德学问的圣人无意于求名。）

②取。

庄子曾言，"天地与我并生，而万物与我为一"。从天地万物中体验到一种人与自然融合的愉悦感，达到物我两忘的境界。《逍遥游》中，人们唯有消除物我之见，做到无己、无功、无名，摆脱世俗的束缚，才可"乘天地之正，而御六气之辩"，"无所待"而游于无穷，获得精神的解脱。

正因如此，多少文人士大夫遭遇政治失意、人生挫折之时，往往寄情于山水，隐遁于江湖，在大自然中寻求精神的解脱和心灵的抚慰，比如陶渊明、谢灵运等。苏轼正是要提醒在人世纷扰中患得患失，认为自己一无所有的人们：我们原本是富有的，我们拥有清风、明月，拥有可以感知这一切的眼睛、耳朵，拥有享受自然、享受生命的能力——这才是我们最宝贵的财富，我们应该珍惜它、享用它，而不应忽视它、虚掷它。正如作者在《记承天寺夜游》中所说："何夜无月？何处无竹柏？但少闲人如吾两人耳。"大自然、生命本身自有其可爱之处，忘怀得失即可发现自然之美。

小结：苏轼对"取与不取""变与不变"的解读与老庄的辩证思想有着紧密的联系。如果我们辩证地看待短暂与永恒、渺小与伟大以及理想与现实的问题，这之间的矛盾也就不复存在了。

中国大多数知识分子的心中，一直珍藏着庄子，当他们桌上放着"四书""五经"的时候，枕下肯定也垫着一本《庄子》，有这本《庄子》为他们垫底，他们才安心。"人有悲欢离合，月有阴晴圆缺"，纵然人生难免有忧患和缺憾，人们总要在"悲"中寻求解脱，于是老庄为中国的文人提供了一个精神归宿。而处于"乌台诗案"黑暗境地中的苏轼借助老庄思想实现了人生的突围。

四、教学环节（三）：我们如何"突围"

面对人生困境，苏轼上溯千年从老庄那里汲取了营养，实现了自己人生的突围，以超然达观的心境直面人生的生与死、苦与乐、悲与喜、得与失。那今天的我们，上溯千年，又能从苏东坡的突围中收获些什么呢？比如，如何面对生活中的得与失呢？如何做到得之坦然，失之豁然？

五、作业设计

回顾我们学过的《兰亭集序》，面对短暂与永恒、渺小与伟大的问题，分析王羲之是如何思考这一人生问题的。

六、板书设计

伟大与渺小		变与不变
永恒与短暂	苏轼的"突围"	
理想与现实		取与不取

《声声慢》：语言意蕴和情感脉络

任 萍

西城区诗歌单元研究展示课教学设计

教学目标：

1. 学习词人将抽象的情感形象化的创作方法，品味诗词语言的深层意蕴。

2. 学会分析诗词内在的情感脉络，明晰词人情感的走向。

教学重点：

1. 由象品情，读懂诗句背后的情感内涵，探究语言的深层意蕴。

2. 沿波讨源，把握诗词内在的情感脉络，明晰词人情感的走向。

教学难点：

分析诗词内在的情感脉络，明晰词人情感的走向。

教学方法：

问题探究和比较阅读法相结合。

教学课时：

1 课时。

预习作业：

1. 翻译全词。

2. 开篇十四个叠字好在哪？（内容、情感、手法）

教学步骤：

一、导入（1 分钟）

翻开中国古典诗词，关于"愁"的表达不绝于耳，这"愁"有浓有淡，有真有假，说不清道不明，今天，我们将要学习到的李清照的《声声慢》却传达了一种连"愁"都无法承载的情感，它是什么呢？下面，就让我们一起感受李清照当年的那份难以言说的感觉。我们一起来诵读这首词。（齐读）

二、教学环节（一）：赏析开篇十四个叠字的语言意蕴和情感脉络（10 分钟）

《声声慢》一词历来为人称道，重在开篇十四个叠字，说它如"大珠小珠落玉盘"，说它是"公孙大娘舞剑"，构思出奇，无人能敌，但这都是从艺术手法上说的，几百年以后，大家渐渐忽略了其语言的深层意蕴和内在的情感脉络，而这恰恰是这十四个叠字最重要的特质。下面我们来看看这十四个叠字究竟表达了什么情感。

1. 这是一个什么样的女子呢？（想象）

外貌、神态（旧衣薄衫，头发凌乱，年老色衰，身体羸弱，无精打采，满面愁容，眉头紧锁，以帕拭泪，不住地叹息；若有所思又无所适从，恍恍惚惚，仿佛感觉生命中的幸福未曾走远，很想再度拥有）

动作（走路迟缓，走走停停，坐下又站起，屋里屋外徘徊）

遭遇（国破，家亡，夫死，文物丢失，无子独居；无精神支撑）

寻寻觅觅（无目的，时间长，尽了一切努力）

这样一个怅然若失的女子漫无目的地寻觅了很久，她寻觅的可能是故国故乡，可能是苦心收藏的文物，可能是故人，还可能是一直以来忘不掉的美好感觉。我们不知她在寻什么，可能连她自己也不知道。这是一种在今昔之间徘徊的动作，背后是"人"。

2. "冷冷清清"是什么呢？"凄凄惨惨戚戚"呢？

"冷冷清清"是她寻找到的结果，四周空荡荡的，这是外部环境，是"景"。空房独处，唯有冷清、孤寂和失落。在这种环境下词人强烈地感受到"凄凄惨惨戚戚"，这六个字是她的心境，也是全篇的核心。

3. 这三句之间表达的情感都是一样的吗？它们之间有什么关系呢？

"寻寻觅觅"的时候虽然恍惚但还有期盼，但是"冷冷清清"已经是孤寂失落，最后的"凄凄惨惨戚戚"就是非常凄惨悲凉。这三句由外而内，由浅入深，层层推进。

读到这里，才能感受到这十四个叠字的真谛。

傅庚生在《中国文学欣赏举隅》中说："此十四字之妙：妙在叠字，一也；妙在有层次，二也；妙在曲尽思妇之情，三也。"

叠字之妙已经体会，通过对人物形象的还原，我们也感受到词人如何通过这十四个叠字曲折地写尽思妇之情，而这"层次之妙"如何体现呢？接着看傅庚生的描述。

良人既已行矣，而心似有未信其即去者，用以"寻寻"。寻寻之未见也，而心似仍有未信其便去者，用又"觅觅"；觅者，寻而又细察之也。觅觅之终未有得，是良人真个去矣，闺阃之内，渐以"冷冷"；冷冷，外也，非内也。继而"清清"，清清，内也，非复外矣。又继之以"凄凄"，冷清渐蹙而凝于心。又继之以"惨惨"，凝于心而心不堪任。故终之以"戚戚"也，则肠痛心碎，伏枕而泣矣。似此步步写来，自疑而信，由浅入深，何等层次，几多细腻！

——傅庚生《中国文学欣赏举隅》

内容：人（寻寻觅觅）——景（冷冷清清）——情（凄凄惨惨戚戚）。

情感脉络：由疑而信，由心存侥幸到彻底绝望。

小结：这十四个叠字用一句话概括就是："寻觅而生愁"（板书）。品读完这十四个叠字，我们学会一种细读诗词的方法：首先要通过对人物形象或物象的还原读出语言背后的深层意蕴；其次发掘句与句之间的情感联系，把握诗词内在的情感脉络；最后才能走入作品的最深处。

[板书：语言意蕴和情感脉络]

三、教学环节（二）：赏析全词的语言意蕴和情感脉络（25分钟）

下面我们运用这种方法去品味下列词句的意蕴和脉络。当词人产生"凄凄惨惨戚戚"

的心境后，她就想要从这种心境中解脱出来，可是——

"乍暖还寒时候，最难将息。"想要调养身体，但偏偏在这样冷暖不定的秋天，她无法安放自己的病躯，更无法安放自己的内心。于是她想要借酒来御寒，来解愁，但"三杯两盏淡酒，怎敌他、晚来风急？"酒力压不住心愁，再烈的酒也觉得无味。而这风又是急风，淡酒无用，焦虑袭上心头。"三杯两盏"给人以疏落、散漫的感觉，但连这种慵懒都难以维持。

［板书：叹无物解愁］

"雁过也，正伤心，却是旧时相识。"（酒不能解愁，眼前又是冷冷清清不忍看，于是将视线转移获得一种解脱，这时她望见了天边的大雁。）

【若将本句改为"雁过也，却是旧时相识，正伤心。"语序调整后对表达词人的愁情有何不同？】

明确：大雁经常指向思乡迁徙和失群的寂寞。雁是季节的符号，秋天已至，提醒词人时间的流逝；北雁南飞是去寻找温暖，词人也是由北往南去避难，只是雁还能飞回去，"我"是否可以北归？"雁过"引发的是乡愁，是飘零之感。正是"乡心正无限，一雁度南楼"（赵嘏《寒塘》），所以"正伤心"。

而后面她特指的是"旧时相识"，《一剪梅》中有："云中谁寄锦书来，雁字回时，月满西楼。"这个雁曾是她和丈夫传情达意的重要信使，她盼望丈夫信息的时候见过它，当时这雁还可寄托相思，而此时雁不会再带来任何消息，因无人给"我"写信，"我"也无人可寄。《念奴娇·春情》中说："征鸿过尽，万千心事难寄"，"旧时相识"并没有带来温暖和欣喜，却使得词人更加悲痛。刚才还是"正伤心"，这里就是"更伤心"了。

［板书：叹睹物增愁］

"满地黄花堆积，憔悴损，如今有谁堪摘？"

（学生讨论：为何不去摘黄花了呢？）

因为花已损，词人也因无人陪伴而无心去摘。黄花从形态上来说，是"堆积"（凋零衰煞），从神韵上来说是"憔悴"，这比"绿肥红瘦"惨多了，因为花已经残破受损。"黄花"在往日是词人喜欢的意象，如《醉花阴》中的"莫道不消魂，帘卷西风，人比黄花瘦"，花美人美，如今憔悴至此，当然无人相怜。花容憔悴，是不堪摘取。词人憔悴，也就无心去摘。

就像杜甫在《九日》中说："竹叶于人既无分，菊花从此不须开。"从此以后，酒不再能解"我"愁，菊花也不需要再开在"我"的生命中。曾经最熟识的黄花如今却提醒着自己容颜的衰老、时光的流逝，正是"无可奈何花落去，似曾相识雁归来"。

［板书：叹无景解愁］

因此，作者又回到了原点，一切寻觅都是徒劳，反而加深了愁怨，于是不再寻觅，转而为"守"。

"守着窗儿，独自怎生得黑？"

词人在盼望什么呢？"独自怎生得黑"——"我"一个人该如何熬到天黑啊！她无计可施，只能在窗边"数"着时间，希望天快点黑下来。

【作者为何要盼天黑呢？】

明确：因为黑夜伴酒而眠，作者能暂时忘却寂寞之苦。可是天好像怎么都黑不下来，生命好像怎么都不能快点到尽头，一个人如何能挨到天黑呢？一个人如何能走向生命终点呢？这句问话背后是希望时间走得快些，快点结束这悲哀的一生，可见作者的感情沉痛到了极点。

绮　怀（其十六）

黄景仁

露槛星房各悄然，江湖秋枕当游仙。

有情皓月怜孤影，无赖闲花照独眠。

结束铅华归少作，屏除丝竹入中年。

茫茫来日愁如海，寄语羲和快着鞭。

天上人间一片寂静，只有月光和闲花与"我"这孤影独眠之人相伴。于是"我"决定开始平静地走入中年，可是，时间的漫长却苦苦折磨着"我"，希望时光快些流去，生命早点结束，"我"再没什么好留恋的了。祈求时间快行是对生命本身的绝望，最后这两句诗和李清照那一句是一样的，真是古之伤心人语也。

［板书：叹无人解愁］

【天黑下来她就真的能获得安宁吗？】

——"梧桐更兼细雨，到黄昏，点点滴滴"

在中国古典诗词中，"雨打梧桐"和"枯荷雨声""芭蕉夜雨"一样，指向的是彻夜难眠的不安情绪。如温庭筠《更漏子》："梧桐树，三更雨，不道离情正苦。一叶叶，一声声，空阶滴到明。"而李清照进一步突出了其过程的漫长——"点点滴滴"。

【"点点滴滴"突出了词人怎样的心绪？】

正因无眠，词人才将这点点滴滴的细雨声都听进了心里，"点点滴滴"表现了漫长、单调。而且词人的梧桐上，打的还是"细雨"，的确是"无边丝雨细如愁"。黄昏到来，终于看不见让人烦心的物象，但是听觉却增加了困扰。北方人特别不习惯南方的连绵细雨，可以结合词人在温州避难的词作《添字丑奴儿·窗前谁种芭蕉树》来体会："窗前谁种芭蕉树？阴满中庭。阴满中庭，叶叶心心，舒卷有余情。伤心枕上三更雨，点滴霖霪。点滴霖霪，愁损北人，不惯起来听。"

这正是背井离乡的难堪，也许曾有人陪她听风听雨，可如今她却一无所有。懂得听雨的人都有一颗敏感的心，听着淅淅沥沥的雨声，思绪也会变得缠绵悠远。天黑以后的李清照并没有获得片刻的安宁。

南歌子

天上星河转，人间帘幕垂。凉生枕簟泪痕滋，起解罗衣聊问夜何其？

翠贴莲蓬小，金销藕叶稀。旧时天气旧时衣，只有情怀不似旧家时！

秋天到来，枕席凉透，词人泣诉不止，漫漫长夜何时能到天明？"独自怎生得黑"一句将白天的所见所感推向极致，情感难以自抑。我们看到：李清照在白天盼天黑，可是天黑后又盼天亮，这就进入时间的死循环，也就是说这种盼望的结果最终是无望。

小结：词人盼着天黑，以为天黑后可以什么都看不见，但其实天黑后她会难以入眠，而她深知这一点，所以表面上她是盼天黑，实质上她是怕天黑的，这是非常矛盾的心态。"守"的时候最能感受时间的敲打，无望的等待让她更感孤独。这是词人对时间的感受，对生命的感觉。秋风黄昏，旧时之雁，满地黄花，人之憔悴，极言时间之快，人生苦短；而这里和下面的"点点滴滴"却极言时间之慢，人生苦长。到这里，才真正是——"解愁而不得"。（板书）

"这次第，怎一个愁字了得？"

一声长叹，将前面所形成的境界无限扩大，感情无限加深，气氛无限加浓，将这种悲凉凄苦的情景表现得无以复加！一切语言到这里都显得苍白，在《武陵春》中她曾言"只恐双溪舴艋舟，载不动，许多愁"，那时只是言愁之厚重无法再载，这里却是已经不能用"愁"字概括了，词尽而意不尽。正是："无言而绝望。"（板书）

刘永济评论本词："一个愁字不能了，故有十四个叠字，十四个叠字不能了，故有全首。"

【全词情感脉络】：寻觅而生愁——解愁而不得——无言而绝望。

四、教学环节（三）：课堂总结，布置作业，再诵读全词（4 分钟）

‖**课堂总结**‖通过对开篇十四个叠字的赏析，我们总结出进入诗词情感最深处的一般方法，那就是：先通过对人物形象的还原品读出语言背后的深层意蕴，再发掘句与句之间的情感联系，把握诗词内在的情感脉络。大家也运用这种方法真正读懂了《声声慢》这首词，发现了全词这种"一重未了一重添"的凄苦氛围。以后读诗词切忌只停留在读懂字面意思，必须仔细品味，反复涵泳，读到最深处。

青原惟信禅师总结自己参禅实际，得三重境界："老僧三十年前未参禅时，见山是山，见水是水；及至后来，亲见知识，有个入处，见山不是山，见水不是水；而今得个休歇处，依然见山只是山，见水只是水。"如果我们步子放得太快，就没有细腻的感觉；只在平面上走，无法走到生命深处。带着本词给我们的启发，让我们用生命激活那些尘封的文本，唤醒最深处的情感，在其中理解古人，觅到自己。（再读）

‖**作业设计**‖

1. "憔悴损"的主语是谁？
2. "晚来风急"还是"晓来风急"？

聂小倩

郑树红

北京市数字学校远程课堂教学设计

教学目标:

1. 梳理《聂小倩》的主要故事情节,引导学生理解重点词句。

2. 对比分析聂小倩和婴宁的形象特点,由此体会作者塑造人物形象的手法特点。

3. 引导学生结合创作背景、作者经历理解小说主题。

教学重点:

1. 聂小倩改变自身命运的努力过程。

2. 分析人物形象的特点。

3. 解读内容,分析主题。

教学难点:

1. 聂小倩从鬼到人的转变。

2. 主题的多元解读。

教学方法:

问题探究法与对比阅读法相结合。

教学课时:

1 课时。

预习作业:

翻译全文。

教学步骤:

一、导入（1分钟）

蒲松龄的好友王士祯曾题诗《聊斋志异》:

姑妄言之姑听之,

豆棚瓜架雨如丝。

料应厌作人间语,

爱听秋坟鬼唱诗。

作为了解蒲松龄的人,王士祯说,蒲松龄"厌作人间语",于是在《聊斋志异》中塑造了众多鬼狐形象,其中,聂小倩是刻画极为出色的一位,今天我们就具体学习《聂小倩》。

二、教学环节（一）：课文内容梳理（15 分钟）

我们先来了解一下，聂小倩是何许人也。在文中，她曾向宁采臣做过自我介绍：

"小倩，姓聂氏，十八夭殂，葬寺侧，辄被妖物威胁，历役贱务，腆颜向人，实非所乐。"

由此我们知道，聂小倩是一个女鬼，十八岁时早夭，如今受妖物挟持，干一些伤天害理的坏事。同学们已经阅读了全文，我们知道，聂小倩最后嫁给了宁采臣，生了两个儿子，儿子做了官，有很好的声望，这是一个大团圆的结局。那么，聂小倩是怎样完成命运反转和自我救赎的呢？

经过分析，不难看出，小倩要实现自救，必须实现三个目标。

第一，求自由，她必须摆脱金华妖物的控制。

第二，求爱情，她必须打动宁母，得到宁采臣的欢心。

第三，求生命，她最终不能以女鬼的身份生活在宁家，而应该是以人的形象、人的方式生活下去。

这三个目标小倩都实现了，那我们看看她是怎么做到的。让我们回到文中：

【第一目标的实现】

方将睡去，觉有人至寝所，急起审顾，则北院女子也。惊问之，女笑曰："月夜不寐，愿修燕好。"宁正容曰："卿防物议，我畏人言。略一失足，廉耻道丧。"女云："夜无知者。"宁又咄之。女逡巡若复有词。……女惭，出，拾金自言曰："此汉当是铁石。"

这是聂小倩与宁采臣第一次相见，她像以往一样以色诱惑宁采臣，但是宁采臣义正词严拒绝了她。读到这里，同学们或许会想，为了求自由，她什么都没有做啊，这不还是在妖物胁迫下诱骗他人吗？其实，她做了，做什么？隐忍等待。以聂小倩的情况，她不可能奋起反抗，没办法主动逃离，所以她只能等，等一个合适的机会，等一个合适的人，文章描写她遭拒绝后"逡巡若复有词"，大家想想此刻小倩想说什么呢？小倩自言自语说："这个男人真是铁石心肠啊！"此时，聂小倩的心理又是怎样的？充满了敬佩，充满了欣喜，因为她终于等到了这个人，可以解救自己于苦海的人。

这点可以在后文中得到印证：

第二天夜里小倩再次找到宁采臣，将自己的情况和盘托出，并且告诉对方：你有性命危险，和燕赤霞同屋可免。最后告别的时候流着眼泪提出请求：

"妾堕玄海，求岸不得。郎君义气干云，必能拔生救苦。倘肯囊妾朽骨，归葬安宅，不啻再造。"宁毅然诺之。

宁采臣本是个"性慷爽"的人，他不会拒绝，更何况人家还有恩于他。所以他毅然答应为聂小倩迁坟。小倩的第一个目标实现了。

【第二目标的实现】

下一步，聂小倩的目标是追求爱情。但是追求爱情更加不容易，因为她鬼的身份，不能让宁母满意，宁母明明白白地拒绝了她。小倩怎么办呢？

我们看小倩是怎么做的，她对宁母表白：

"儿实无二心。泉下人既不见信于老母，请以兄事，依高堂，奉晨昏，如何？"

一番诚恳之言，小倩得到一个留在宁家的机会，有了这个机会，其实也就有了无限可能。接下来，一方面，面对宁母：用勤劳和懂事打动宁母，消除对方的疑虑。平时凡事"无不曲承母志"。另一方面，面对宁采臣：跟随学习，暗暗讨好对方，充分展示其柔情的一面，我们看一个小片段：

女起，容颦蹙欲啼，足俔儳而懒步，从容出门，涉阶而没。宁窃怜之，欲留宿别榻，又惧母嗔。

如此委曲求全，如此努力迎合二人，任是铁石心肠之人，也会被感化，最后，经过一年多的努力争取，聂小倩实现了第二个目标，她的人生已彻底扭转。可是，他和宁采臣之间还有最后一层障碍，她是女鬼，宁采臣是人，这对未来绝对是一枚隐形炸弹，怎么办？其实在追求第二目标的同时，她对第三目标的追求也在同时进行着。

【第三目标的实现】

女初来未尝食饮，半年渐啜稀饍。母子皆溺爱之，讳言其鬼，人亦不知辨也。

这是生活方式上的逐渐改变，再加上与人日夜接触，学习佛经，都促使她走向人类，至于最后金华夜叉再来寻仇，很多读者认为是呼应前文燕赤霞赠革囊，是为了扫清他们未来生活中的障碍。但其实，这个情节也是对小倩重新成人的一个检验，一开始，小倩畏惧革囊，而后来能够反复审视，这足以证明她已经再次回到人的世界，实现了自己命运的大反转。

总体看来，聂小倩是一个苦命的女子，但是，她凭借着自己的智慧改变了命运，面对机会紧紧抓住，没有机会就创造机会，她用大反转的结局印证了那句名言：命运是掌握在自己手中的。

三、教学环节（二）：人物形象对比分析（15分钟）

郭沫若曾经这样评价蒲松龄的《聊斋志异》："写鬼写妖高人一等，刺贪刺虐入骨三分。"老舍也评价此书："鬼狐有性格，笑骂成文章。"的确，在《聊斋志异》中，作者塑造了众多性格鲜明的女鬼形象，却没有给我们雷同之感，这足见作者刻画人物的高明，接下来我们不妨借其中两个形象来体会蒲松龄的写作功底。比如聂小倩和婴宁，她们都是来自鬼的世界，都嫁给人，来到人的世界，从此生儿育女，过着人的生活。但即使有相似的经历，二人的形象特征在作者笔下却完全不同。

那我们来看一下作者是怎样塑造这两个形象的。

我们先对比二人的出场。

聂小倩的出场：

妪曰："小倩何久不来？"媪曰："殆好至矣。"妪曰："将无向姥姥有怨言否？"曰："不闻，但意似蹙蹙。"妪曰："婢子不宜好相识。"

言未已，有一十七八女子来，仿佛艳绝。

婴宁的出场：

有女郎携婢，拈梅花一枝，容华绝代，笑容可掬。生注目不移，竟忘顾忌。女过去数武，顾婢子笑曰："个儿郎目灼灼似贼！"遗花地上，笑语自去。

小倩的出场有点像《红楼梦》中贾宝玉的出场，人未出场，先做侧面烘托，借别人之口来介绍小倩的情况。而婴宁的出场则很直接，像王熙凤一样，笑吟吟突现我们面前，简简单单。

所以从出场的时候我们就已经发现了，这是两个截然不同的形象。于是形成了我们对她们的第一印象。

聂小倩：忧愁、不快乐。

婴宁：快乐、单纯。

在接下来的塑造中，她们两个人更加不同，对于婴宁，作者只是反复强调她的一个特点：笑。如：

含笑拈花而入。

户外嗤嗤笑不已。婢推之以入，犹掩其口，笑不可遏。

女又大笑……至门外，笑声始纵。

女且下且笑，不能自止……女笑又作，倚树不能行，良久乃罢。

母入室，女犹浓笑不顾……翻然遽入，放声大笑。

至日，使华装行新妇礼，女笑极，不能俯仰，遂罢。

她的笑声不时响起，一次次的憨笑中，我们真切地感受到了婴宁的性格特点：天真、单纯、快乐。

而对于小倩，则不是这么简单，作者对她的语言、动作、肖像、神态进行了详细的描写，使她的性格一步步展现了出来。

比如：

肌映流霞，足翘细笋，白昼端相，娇丽尤绝。——美丽

女谓母曰："儿飘然一身，远父母兄弟。蒙公子露覆，泽被发肤，愿执箕帚，以报高义。"——有教养

女窥知母意，即竟去。——懂事

女朝旦朝母，捧匜沃盥，下堂操作，无不曲承母志。——勤劳、委曲求全

黄昏告退，辄过斋头，就烛诵经。觉宁将寝，始惨然去。——善察言观色

女善画兰、梅，辄以尺幅酬答，得者藏什袭以为荣。——知书达理

于是，我们得到了对此二人的第二印象。

聂小倩：懂事、勤劳、美丽、坚强、知书达理、善察言观色。

婴宁：天真无邪。

那我们思考一下，作者为什么这样运笔？因为小倩和婴宁境况不太一样，小倩是自己想摆脱鬼境，她爱慕宁采臣，而宁家有所顾忌，所以作者如此详细地刻画她。小倩的形象，像一幅卷轴画，随着画卷的展开，读者慢慢地读出了一个全面丰满的形象。

婴宁则不是，她生活得很安逸，自己未曾想过离开鬼母，是王子服见到她而动心，所以作者只需要继续展示她的本性即可，过分雕琢，反而让她失了性格。所以她的形象更像是一幅木版画，直接呈现于读者面前。

当然，婴宁的性格也不是单一的。如果从头至尾，她只是"笑"，那么，婴宁的形象会显得单薄，因此，最后，作者对婴宁的塑造也有改变，在经历邻家诉讼之事后，婆母的

告诫让她不复再笑，甚至于后来有一天，婴宁哭着请求王子服为鬼母改葬。她的形象得到了丰富。

至此，我们形成了对此二人的最终印象。

聂小倩：贤惠、幸福。

婴宁：懂事、孝顺、有情有义。

两个类似的形象，展现着不同的特点，作者塑造人物形象的功底让人赞叹。难怪纪晓岚都说："留仙之才，余诚莫逮其万一。"

四、教学环节（三）：主题讨论（8分钟）

作者在《聊斋志异》中塑造了众多鬼狐形象，那么，他到底想表达什么呢？

冯镇峦《读聊斋杂说》："聊斋非独文笔之佳，独有千古，第一议论醇正，准情酌理，毫无可驳。如名儒讲学，如老僧谈禅，如乡曲长者读诵劝世文，观之实有益于身心，警戒顽愚。至说到忠孝节义，令人雪涕，令人猛醒，更为有关世教之书。"

这个认识非常到位，《聊斋志异》的确是一本有关世教之书。那么作者蒲松龄借这样一个离奇故事到底想要传达他"有关世教"的哪些思考呢？接下来请同学们互相讨论几分钟，然后我们再一起探讨一下。（学生讨论）

大致思路：

观点一：对封建宿命论思想的宣扬。

观点二：抨击、讽刺社会上的黑暗现象。

观点三：对传统美德、传统道德情操的宣扬，宣扬"善有善报，恶有恶报"的观点。

观点四：高度赞扬聂小倩努力追求、改变自身命运的精神，歌颂反抗恶势力的精神。

观点五：反映了作者以及他所代表的当时的士大夫对理想的婚姻、爱情的期待，表现了他们心目中理想的女性形象。

......

五、教学环节（四）：布置作业（1分钟）

‖**作业设计**‖拓展思考题：

1. 你认为在聂小倩命运转变的过程中，最重要的因素是什么？

2. 婴宁从笑到不笑，再到零涕，一个简单的改变，却留给读者无限的感慨。当小倩一步步实现目标、走向幸福时，婴宁却一步步失去快乐，她从一个不谙世事的小姑娘成长为一个受到俗世规矩束缚的妇人。这到底是幸还是不幸？作者到底是欣慰多还是感慨多呢？

聪明人和傻子和奴才

李煜晖

教育部国家德育精品课程教学设计

一、背景分析

　　《聪明人和傻子和奴才》于 1926 年发表在《语丝》第 60 期，1927 年被鲁迅收入散文诗集《野草》。从文体上看，当下学者普遍认为这篇文章与《野草》中其他"散文诗"有明显区别，是一篇象征性的寓言：一是语言简练明白，不像其他典型的散文诗那样朦胧隐晦、难以索解、富有多重指涉的意味；二是淡化了主观抒情色彩，代之以白描式的叙事来表现主题。正是因为本文具有这样的文体特点，主旨又与《野草》全书的基调一致，所以在北京市高中课程改革实验版语文教材中，才将其纳入选修三"诗文辞赋"模块，意在使学生以本文为桥梁，领略"难懂"却重要的《野草》风格，体味鲁迅先生在"五四"后期经历的一段交织着绝望、抗争、彷徨、挣扎的心路历程和思想探索历程。

　　从文本内容上讲，读者容易对这篇文章做简单化的处理，片面地将本文的创作动机理解为展现聪明人、傻子和奴才这三种不同类型的人格及价值取向，在对比中批判奴性，批判圆滑虚伪的处世哲学，褒扬傻子用行动改造社会的实干精神和无畏勇气。笔者查阅 20 多篇研究论文，其观点大致如此。笔者认为，这样的理解是正确的，但也是片面的。鲁迅要呈现的不仅是三者的精神世界以及他强烈的褒贬态度，更重要的是通过聪明人的"被褒扬"和傻子的"被赶走"这样一种"倒置"的结局，追问自我，也追问世人：在充斥着"主人——奴才——聪明人"这种牢不可破的利益共同体的社会中，作为一个知识分子该如何"站队"，是选择"收编为奴"，还是选择"对抗被逐"？文章在奴才和聪明人的弹冠相庆中结束，作者悲愤痛苦的情感和矛盾焦灼的思想斗争却没有停止，而这样的情绪与思绪才是《野草》的精神底色。因此，笔者认为本文的教学价值在于引导学生把握聪明人、傻子和奴才这三种人格，更在于深度揭示这则寓言的创作动机和象征意义，使学生的是非观受到启迪，进而影响学生现实生活中的行为选择。

　　北京师大二附中文科实验班的学生热爱鲁迅，热爱思考，在觉悟上认同社会主义核心价值观，但还需要深度的理性认知。在社会价值取向层面，社会主义核心价值观的重要组成部分就是"自由"和"平等"。首先说"自由"，自由不仅是身体上的自由、法律上的自由，更重要的是精神的自由。精神之自由最大的敌人就是国民性中根深蒂固的奴性。《聪明人和傻子和奴才》中对奴性的批判是全面而深刻的：奴才的怯懦、诉苦、谄媚等丑态是显性奴性，而聪明人的处世哲学是被收编的知识阶级的隐性奴性。学生分析出奴性之丑、奴性之恶，就是对自身精神自由的启蒙。其次说"平等"，在现有的社会形态里，平等不是口号，也不是靠愤青式的诉苦和心灵鸡汤式的呼吁就能轻易得来的。在主人、奴才和聪明人织就的社会之网中，要想获得真正的平等，需要"傻子"的斗争精神、实干精神和大无畏的勇气，尤其在明知结果不利于自己的情况下，敢不敢于做"傻子"，是每个人应该省察的重要课题。因此，这篇文章对于这些热爱思考、即将步入成人行列的高中生来说，在核心价值观层面的教育意义是丰富而深刻的。

二、教学目标

1. 学生能够通过文本分析概括出"奴才""聪明人""傻子"三者的价值取向和思维模式，并明确作者对三者的态度倾向。

2. 学生能够在"聪明人对奴才"和"傻子对奴才"的方式与结果的对比中，深入领会作者的创作动机。

3. 学生在分析文本和解决问题的过程中，能够省察和思索自身在"强权"或"不公"面前该作何选择，从而深化对自由与平等的理解。

三、教学重点难点

1. 深入理解循环共生的"主奴关系"和聪明人人生哲学的本质。

2. 领会作者深层的创作动机并结合生活体验做出诠释。

四、教学方法和辅助手段

1. 教法：讲授法、围绕问题进行互动探究。

2. 辅助：投影、黑板等。

五、教学流程

教学环节	教学设计	内容提要	设计说明
1. 朗读课文	请三位同学按内容层次朗读课文。	边朗读边梳理内容和层次。	学生熟悉文本，在朗读中把握内容和层次。
2. 定位文体	教师回答学生在预习中提到的问题：《野草》是散文诗集，而本文并不像散文诗，也不像是小说，那它的文体是什么？	"五四"后期的现代文，文体概念并不明确，我们现在说《野草》是散文诗集，实际上是一种笼统的归类。有很多文章是开创性的、难以归类的，比如这篇文章，并没有散文诗那样典型的语言特征，也没有小说那样典型的情节设计和形象塑造。现在的文学研究领域多倾向于把这篇文章当成寓言来看待。	教师从学生的疑问入手，通过与散文诗、小说的比较，将本文文体定位在寓言上，确立解读文本的路径和角度。

教学环节	教学设计	内容提要	设计说明
		詹明信的《晚期资本主义的文化逻辑》中有这样的论述："所有第三世界的文本均带有寓言性和特殊性：我们应该把这些文本当作民族寓言来阅读。"《聪明人和傻子和奴才》就是这样一个典型文本，是鲁迅对国民性寓言化叙事的典型代表。 这样的论述为我们提供了一个可供借鉴的解读角度和路径。	
3. 分析文本	教师以问题为导向，和学生一起探究文本的寓意。 提问1：奴才的"奴"体现在哪些方面？奴才与主人的关系是什么？ 提问2：聪明人的"聪明"体现在哪些方面？这种聪明对主奴关系起到了怎样的作用？ 提问3：傻子的"傻"体现在哪些方面？这种傻对主奴关系有什么影响？鲁迅对这种"傻"持有什么样的态度？	寓言普遍存在象征性、标签化的叙述风格。本文的象征性和标签化体现在对人物的命名上。 提问1：先来看奴才，同学们的共识是鲁迅批判了奴才，那么他的"奴"主要表现在哪些方面呢？提问回答。 教师观点：地位为奴，生活悲惨。诉苦宣泄，饶有兴味。害怕改变，拒绝改变。牺牲傻子，媚主求荣。 鲁迅先生曾说："一个活人，当然是总想活下去的，就是真正老牌的奴隶，也还在打熬着要活下去。然而自己明知道是奴隶，打熬着，并且不平着，挣扎着，一面'意图'挣脱以至实行挣脱的，即使暂时失败，还是套上了镣铐罢，他却不过是单单的奴隶。如果从奴隶生活中寻出'美'来，赞叹，抚摩，陶醉，那可简直是万劫不复的奴才了，他使自己和别人永远安住于这生活。"（《南腔北调集·漫与》） 本文中的奴才就是这样一个彻头彻尾的奴才。 从这些特性里我们能看到主人与奴才的关系是什么？提问回答。	教师从人物的命名入手，根据寓言的文体特征，用问题推进式的教学策略不断追问三种人格和价值取向的深层寓意，并在追问中明确主人、奴才、聪明人和傻子四者的精神联系。在这一过程中，教师通过援引鲁迅其他作品或名家评述佐证观点，唤起学生的正义感，使他们树立明确的是非观。

教学环节	教学设计	内容提要	设计说明
		教师观点：主人和奴才之间，不是简单的压迫与被压迫的关系。有深层联系："主人——奴才"精神上有密不可分的依赖性。牢不可破的"铁屋子"不是由主人单独建立的，还有奴才的汗马功劳。奴才的唯一思维方式是在"主奴系统中获得晋升"。这也就是我们为什么称他们为"奴才"而不是"奴隶"。我们还应该追问两个问题。第一，当这样的"主人"遇上比他自己更高级的主人时，他会作何表现？奴才的表现。当这样的"奴才"一旦做了主人之后，又会如何对待自己的奴才？如同"主人"。这就是钱理群先生所说的"主奴互换"，"主奴"之间不仅是利益共同体、精神共生体，而且还是一个可怕的"奴才循环体"。 　　提问2：这时候聪明人出现了。聪明人的"聪明"表现在哪里呢？讨论回答。 　　教师观点：聪明人的"聪明"表现为折中公允的姿态、富于演技的神态和撇清干系的表态，这些惠而不费的言行为他赢得了奴才的赞许。 　　我们来参看《野草》另一篇文章《立论》。（教师提供文本，来帮助学生理解这种"聪明"。） 　　我梦见自己正在小学校的讲堂上预备作文，向老师请教立论的方法。 　　"难！"老师从眼镜圈外斜射出眼光来，看着我，说。"我告诉你一件事—— 　　"一家人家生了一个男孩，合家高兴透顶了。满月的时候，抱出来给客人看，——大概自然是想得一点好兆头。	

教学环节	教学设计	内容提要	设计说明
		"一个说:'这孩子将来要发财的。'他于是得到一番感谢。 "一个说:'这孩子将来要做官的。'他于是收回几句恭维。 "一个说:'这孩子将来是要死的。'他于是得到一顿大家合力的痛打。 "说要死的必然,说富贵的许谎。但说谎的得好报,说必然的遭打。你……" "我愿意既不谎人,也不遭打。那么,老师,我得怎么说呢?" "那么,你得说:'啊呀!这孩子呵!您瞧!多么……。阿唷!哈哈!Hehe!he,hehehehe!'" 　　　　　　一九二五年七月八日。 如果说《立论》中聪明的表态是出于自保和自爱,造成的结果无非是为人处世的圆滑。那么本文中的"聪明"出于什么动机呢?这种"聪明"对"主奴关系"起到了怎样的作用? 教师观点:无助于问题的解决,无助于现状的改变,是奴才精神的麻醉剂,是"主奴关系"的润滑剂。因此,聪明人深层的"聪明"表现出来了:站在主人的一边,同时又掩饰这个事实,以便在"主奴循环系统"中不露痕迹地发挥作用。 提问3:傻子和聪明人截然相反,他的"傻"表现在哪里呢?结合鲁迅先生其他作品谈一谈体会。 教师观点: 立意在反抗,指归在动作。 　　——鲁迅《摩罗诗力说》	

教学环节	教学设计	内容提要	设计说明
		还要加上一句——结局很悲惨。傻子帮助了奴才，结果怎么样？被奴才们赶走，成了奴才媚主求荣的牺牲品，这是最令人悲哀的。鲁迅的作品里经常有傻子、疯子。狂人、夏瑜、魏连殳（前期）、吕纬甫（前期）、范爱农……他们都没有好下场。鲁迅说："我们从古以来，就有埋头苦干的人，有拼命硬干的人，有为民请命的人，有舍身求法的人，……虽是等于为帝王将相作家谱的所谓'正史'，也往往掩不住他们的光耀，这就是中国的脊梁。"（《中国人失掉自信力了吗》）事实上，这些脊梁却经常被拷打到折断。鲁迅写这些傻子，其实就是要重塑民族的精神的脊梁。	
4. 深究动机	通过上面的分析，我们了解了鲁迅先生在三个人物身上分别寄托的寓意。 有人提出，这篇文章总的创作动机就是：通过一个故事向读者并列展示三种人生观和价值取向，在对比中表达对傻子的颂扬和对奴才与聪明人的憎恶、批判。你同意这种观点吗？为什么？	教师从两个方面启发学生。一是本文创作背景与爱憎鲜明的《呐喊》很不同。《聪明人和傻子和奴才》于1926年发表在《语丝》第60期，后被鲁迅收入散文诗集《野草》。《野草》记录了鲁迅先生在"五四"后期经历的一段交织着绝望、抗争、彷徨、挣扎的心路历程和思想探索历程。文章在奴才和聪明人的弹冠相庆中结束，作者悲愤痛苦的情感和矛盾焦灼的思想斗争却没有停止，而这样的情绪与思绪才是《野草》的精神底色。在这里，作者思考的重点并没有停留在"揭出病苦，引起疗救的注意"或者"聊以慰藉那在寂寞里奔驰的猛士"，他继续追问：在充斥着"主人——奴才——聪明人"这种牢不可破的利益共同体的社会中，作为一个知识分子该如何"站队"，是选择"收编为奴"，还是选择"对抗被逐"？	教师抓住文本细节，深究创作动机，使学生从对三种人的个体认识跳跃到对人生选择的整体认识。

教学环节	教学设计	内容提要	设计说明
		二是文章的题目。其实很多学生在预习中注意到了这个问题。有的同学说，这三个人物的排列顺序有六种可能性，按照常理，奴才贯穿了全文，聪明人第二个出场，要是按照篇幅多少、出场顺序，这篇文章应该叫《奴才和聪明人和傻子》，可作者偏偏名其为《聪明人和傻子和奴才》。这样安排是有深意的，也就是说三者不是"苹果、橘子、梨"这种平行并列的关系。教师认为，这个题目可以拆解为"聪明人和奴才"以及"傻子和奴才"，简称为（聪明人和傻子）和奴才。用意就是将聪明人对奴才和傻子对奴才的不同方式和结果作对比，把残酷的、倒置的结局呈献给读者，让大家选择：在这样的社会中，你要做聪明人还是要做傻子？应该说，这是对灵魂的拷问，也是本文的匠心所在。	
5．总结提升	教师结合社会主义核心价值观中社会层面的价值取向对本课所学进行总结，提炼本文对当今时代的思想意义。时间允许的情况下，也请学生发言。	教师总结： 　　社会主义核心价值观的重要组成部分是"自由"和"平等"。 　　首先说"自由"，自由不仅是身体上的自由、法律上的自由，更重要的是精神的自由。精神之自由最大的敌人就是国民性中根深蒂固的奴性。《聪明人和傻子和奴才》中对奴性的批判是全面而深刻的：奴才的怯懦、诉苦、谄媚等丑态是显性奴性，而聪明人的处世哲学是被收编的知识阶级的隐性奴性。学生分析出奴性之丑、奴性之恶，就是对自身精神自由的启蒙。	教师引导学生从核心价值观层面深度认知课文所学内容。

续表

教学环节	教学设计	内容提要	设计说明
		其次说"平等"，在现有的社会形态里，平等不是口号，也不是靠愤青式的诉苦和心灵鸡汤式的呼吁就能轻易得来的。在主人、奴才和聪明人织就的社会之网中，要想获得真正的平等，需要"傻子"的斗争精神、实干精神和大无畏的勇气，尤其在明知结果不利于自己的情况下，敢不敢于做"傻子"，是每个人应该省察的重要课题。	
6. 布置作业	结合本课所学写出学习心得。	教师布置作业： 今天，我们在制度上已经消灭了剥削与压迫，但在精神层面还存在着"聪明人""奴才"，还需要我们像"傻子"一样为自由与平等奋斗。请联系阅读积累和生活实际，写一篇400字左右的短文，谈谈课文对当今时代的启示。	训练学生写作能力，促进学生课内收获的内化和迁移。

六、板书设计

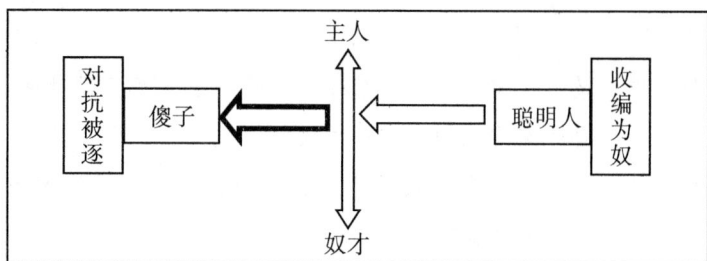

附录　《聪明人和傻子和奴才》教学反思

李煜晖

选择做一个什么人？聪明人、奴才，还是"傻子"？这样的问题不是假大空的言语符号，而是当代青年"日用而不知"的生活常态，它关涉学生人生观和价值观层面需要探讨的许多重要问题：在强权和不公面前，究竟该反抗还是隐忍？付出重大代价去追求真理，究竟是值得还是不值得？根深蒂固的奴性带来的"幸福"是不是真正的幸福？该如何评价那些"明哲保身"的人？他们是我们的榜样和安慰，还是我们万劫不复的深渊？从这个角度来说，选择鲁迅这篇文章进行教学，带领学生读懂鲁迅近百年前的相关思考，这本身就是对学生精神生活层面的一次重要的德育活动。

在本课的实施过程中，教师从学生的真实问题出发，引导学生去读懂这篇看似简单实则内涵深刻的作品。进而根据学生聚焦的问题，通过层层相扣的问题设计，通过提问、追问、启发、讨论和教师讲授等多种方法，逐层解读聪明人、傻子和奴才的形象特点及其内在关联，并结合社会现象和鲁迅作品中的人物形象加以具体说明。应该说，学生在这一课的学习中，广泛参与到了问题的讨论中来，并且在讨论中形成了正面、积极的价值判断，基本达成了教学目标。

但是，本课的开放程度有待提高自由讨论的空间还是显得狭小，学生在学习中的主体地位凸显得不够。学科渗透德育，关键是学生自主生成对德育问题的基本看法和观点，而本课教师的引导、讲授还是显得较多。为了纠正这一问题，在本课教学之后，我站在专题教学的角度，重新对课堂教学内容和流程进行了设计，重在突出学生的主体地位，使学生能够自主建构对原本是教师讲授的内容的深度认识，从而使作品能够更加深入地启迪学生。为了验证新的教学设计的效果，我在另一个班级中进行了教学实施。相比本课，学生的主体性得到了进一步加强。故将同课异构的设计附录于后，作为我反思的主要内容之一。请读者两相对比，批评指正。

附录　　《聪明人和傻子和奴才》
——专题教学视野下的同课异构

一、整体说明

传统的阅读教学中，教师在文本分析的基础上，围绕教学目标设计问题，启发和引导学生解决问题，深化学生对课文的认知。这一过程中，学生的经历了"阅读感知——问题解决——认知深化"的学习过程。其中有三点值得商榷，第一，问题大多是教师提出的，不是学生提出的，学生的质疑精神和提问能力受到抑制。第二，问题解决过程中教师的导向作用往往过强，不利于思维的发散、答案的多元化和方法的内化，影响学生自主探究能力的培养。第三，将习得的答案作为学生认知的终点，虽然学生认识水平有所提高，但是不利于学生后续的研究性阅读和学习成果的形成。对高中生而言，这三方面的问题不容忽视。

因此，笔者在"专题教学"研究中逐步认识到，学生应该经历这样的学习过程：阅读感知——质疑提问——问题解决——价值发现——选题研究——形成成果。这一过程中，问题是学生自己提出的，也是学生自己解决的。解决问题得出答案，并不是学习的终点，而是新的起点，即了解该问题及其答案在思想性、文学性和时代性等方面有什么研究价值，应该用怎样的方法深入研究。在此基础上，学生查阅文献、确立选题、开展研究、形成成果。教师为学生创设这样的学习过程，能够通过一个或一组来自学生的真实问题带动学生对一篇课文、一部作品、一位作家，乃至一类风格、一种思想、一个时代的深入理解，同时把更多的机会和挑战、更多的选择权和自主权还给学生，让学生成为学习的主人。

在这样的学习过程中，教师要做哪些工作？第一，做足文本分析的功课，对课文有精深通透的理解，具备指导学生完成各环节学习任务的专业素养。第二，归纳提炼有针对性的问题、解决的方法和课题研究的方法，并在课堂教学中灵活运用。第三，设计并完成各个环节的组织、指导和评价。

这样的教与学的过程不是一节课可以完成的，每个环节往往都需要一定周期。本课试图展示的是《聪明人和傻子和奴才》这篇课文的问题解决环节的一个截面，也是专题教学系统的一个截面。

二、教学背景

1. 课文与教材

《聪明人和奴才和傻子》于1926年发表在《语丝》第60期，1927年被鲁迅收入散文诗集《野草》。北京市高中课程改革实验班语文教材将其纳入选修三"诗文辞赋"模块，意在使学生以本文为桥梁领略"难懂"却重要的《野草》风格，体味鲁迅先生在"五四"后期经历的一段交织着绝望、抗争、彷徨、挣扎的心路历程和思想探索历程。

2. 学生情况

本课借高三（9）班上课，该班是我校文科实验班，学生思维活跃、热爱思考，喜欢鲁迅先生的作品。课前学生已经完成"文本研读"和"提出问题"这两项任务，师生将对学生提出的问题进行大致的筛选和语言上的修正，打印出来，作为本课学习材料。

三、教学目标

通过师生对话和生生对话，学生在以下方面获得发展：

1. 能够解决自己之前提出的系列问题（也可以只是其中一部分），伴随着问题的解决和观点的提出，深化对课文文体特征、创作动机、表现手法、现实意义等方面的认识。

2. 能够提炼出自己分析问题和解决问题的方法和思路，理解和掌握以问题为媒介进行文本解读的基本原则。

3. 能够勇敢地表达自己的观点，并耐心倾听他人意见，积极参与到研究、争鸣和相互评价的学习活动中。

四、教学资源

（一）学生资源

学生为本课提供的主要资源是课前提出的问题。

教师要求学生在细读文本的基础上，就自己真正感兴趣、有疑难的方面提出问题，并用准确的语言表述出来。这一过程本应在课上完成，由于借班上课，故将其移至课下。教师和学生对问题进行梳理、筛选、简单分类，以下表的形式呈现出来，将其与课文一起作为教学材料。

提问者	问题陈述	解决者	主要观点	方法

1. 关于"奴才"

（1）张梁：按奴才自己所说的，他每天干活特别多，特别忙碌，那他哪有时间到处去诉苦？

（2）王禹昕：奴才称呼傻子为强盗，赶走傻子，是否意味着奴才甘心被奴役？奴才得到主人的夸奖之后，生活也没什么实际改变，为什么他就认为有了希望？

（2）王笑妍：奴才是不是真心想改变自己的生活条件？他需要的到底是什么？

（4）李润嘉：奴才既然对生活现状不满，为什么还要阻止别人（傻子）改善自己的生活？

（5）蒋雨楠：奴才在傻子帮他忙的时候将其赶走，再通过这事向主人邀功，依我看来这是很愚昧的行为，为什么奴才本人却无法体会这一点呢？

（6）吕如心：为何一个奴才只会哭嚷，一群奴才能赶走傻子？

（7）韩翌旸：究竟是什么让奴才只会抱怨诉苦而不去反抗？究竟是什么让奴才受此虐待还要一心一意地博取主人的赞扬，对主人那么恭敬？

（8）李翔宇：奴才抱怨生活，却不想改变生活，对于这种人，我们还要不要去同情他？

（9）吕如心：傻子要奴才带他去看屋，奴才为什么肯带他去？是希望傻子改变现状吗？如果是，奴才为啥阻止傻子砸墙？如果不是，带他去干什么？

（10）朱虹霖：聪明人并没有实际为奴才做什么事情，奴才为什么感激他？

（11）张妍紫：我看这篇文章批判的对象是奴才和聪明人，那作者最想批判的是哪一种人？

2. 关于"聪明人"

（1）袁雅宁：聪明人在文章中最没有立场、观点，他的"聪明"体现在哪里？

（2）张元、张妍紫、吕如心等：聪明人是真的同情奴才吗，还是假意安慰，以便更好地让奴才为主人服务呢？

（3）蒋雨楠：聪明人什么也不做，却得到了奴才的感激，巧妙地使奴才继续安于现状，为主人服务，是否能说明聪明人其实一直是站在主人这边呢？

（4）陈蓝钰：聪明人说"你总会好起来"这些话，是否是对奴才的一种精神麻醉？

（5）齐冰洁、陈蓝钰、王笑妍等：聪明人和主人到底是什么关系？

（6）曹虹溪：文章最后聪明人"代为高兴似的"说，这里"似的"有什么作用？

（7）汤雯：聪明人是主人的维护者还是看清了现实的"智者"？

（8）李婧怡等：在现实生活中，聪明人的做法是否值得提倡？

3. 关于"傻子"

（1）吕中、牟林瀚、单崇一等：作者为什么要称呼文中的那个想改善奴才处境的人为"傻子"，而称什么也不做的人为"聪明人"？

（2）吕如心：傻子砸墙是为了实现奴才的愿望吗？如果是，他为什么在奴才反对时仍然砸墙？如果不是，他又是为了谁的利益？文中并没有其他人希望他这么做。

（3）苏金宇：傻子为什么只是要打开一个窗洞，而不是要推翻整个泥墙呢？

（4）郑岩玲：作者褒扬傻子，但是在这种赞扬中，有没有几分对其革命方式不当的惋惜？

（5）张元：作者写傻子徒手砸泥墙，其中有没有因为方法不当而造成失败的意思呢？

（6）韩翌旸：傻子所象征的人们，单凭那股"傻劲儿"能成功地拯救这个社会吗？

（7）李翔宇：傻子如果真的砸开了窗洞，会不会让奴才遭骂，使其处境更加恶劣？

（8）王笑妍：傻子砸墙，客观上使奴才获得主人的褒奖，这算是帮助了他吗？

（9）连正：傻子"走后"怎样？

4. 关于全篇

（1）苏金宇、汤雯：本文的写作背景是什么？聪明人、傻子和奴才分别象征什么？作者的创作动机是什么？文中的几种人现在还存在吗？文章对当下的启迪是什么？

（2）方紫荆：本文有什么美学价值和艺术价值？

（3）蔡雨玹：这篇文章是否暗示了当时的国际社会关系？

（4）李煜晖：根据数学排列组合计算，"聪明人和傻子和奴才"中三者的排列顺序有六种可能性。文中奴才贯穿了全文，聪明人第二个出场，按照篇幅多少、出场顺序，这篇文章应该叫《奴才和聪明人和傻子》，可作者偏偏名其为《聪明人和傻子和奴才》，这样命名是否有深意？

（二）教师资源

教师除了设计、组织和实施教学外，应该成为学生最直接、最鲜活、最丰富的资源库，在学生需要或者应该对学生进行指导的时机及时将材料提供给学生。本节课中，教师资源包括教师本人对文本的分析、教师对问题解决原则和方法的概括。

1. 教师对《聪明人和傻子和奴才》的文本解读

（1）创作动机与教学价值

因为内容看似易懂，读者容易对这篇文章做简单化的处理，片面地将本文的创作动机理解为展现聪明人、傻子和奴才这三种不同类型的人格及价值取向，在对比中批判奴性、批判圆滑虚伪的处世哲学，褒扬傻子用行动改造社会的实干精神和无畏勇气。笔者查阅多篇研究论文，其观点大致如此。笔者认为，这样的理解是正确的，但也是片面的。鲁迅要呈现的不仅是三者的精神世界以及强烈的褒贬态度，更重要的是通过聪明人的"被褒扬"和傻子的"被赶走"这样一种"倒置"的结局，追问自我也追问世人：在充斥着"主子——奴才"这种牢不可破的利益共同体的社会中，作为一个知识分子该如何"站队"，是选择"收编为奴"，还是选择"对抗被逐"？文章在"奴才"和"聪明人"的弹冠相庆中结束，作者悲愤痛苦的情感和矛盾焦灼的思想斗争却绕梁不绝，而这样的情绪与思绪才正是《野草》的精神底色。

因此，笔者认为本文的教学价值在于引导学生把握聪明人、傻子和奴才这三种人格，更在于深度揭示这则寓言的创作动机和象征意义，使学生的是非观受到启迪，进而影响学生现实生活中的行为选择。社会主义核心价值观在社会价值取向层面，重要组成部分就是"自由"和"平等"。首先说自由，自由不仅是身体上的自由、法律上的自由，更重要的是精神的自由。精神之自由最大的敌人就是国民性中根深蒂固的奴性。《聪明人和傻子和奴才》中对奴性的批判是全面而深刻的：奴才的怯懦、诉苦、谄媚等丑态是显性奴性，而聪明人处世哲学是被收编的知识阶级的隐性奴性。学生分析出奴性之丑、奴性之恶，就是对自身精神自由的启蒙。其次说"平等"，在现有的社会形态里，平等不是口号，也不是靠愤青式的诉苦和心灵鸡汤式的呼吁就能轻易得来的。在主子、奴才和聪明人织就的社会之网中，要想获得真正的平等，需要"傻子"的斗争精神、实干精神和大无畏的勇气，尤其在明知结果不利于自己的情况下，敢不敢于做"傻子"，是每个人应该省察的重要课题。因此，这篇文章对于这些热爱思考、即将步入成人行列的高中生来说，教育意义是丰富而深刻的。

（2）人物形象与关系

奴才的形象特点：地位为奴，生活悲惨。诉苦宣泄，饶有兴味。害怕改变，拒绝改变。牺牲傻子，媚主求荣。

值得深挖的是，主人和奴才之间，不是简单的压迫与被压迫的关系，还有深层联系："主人——奴才"精神上有密不可分的依赖性。牢不可破的"铁屋子"不是由主人单独建立的，还有奴才的汗马功劳。奴才的唯一思维方式是在"主奴系统中获得晋升"。这也就是我们为什么称他们为"奴才"而不是"奴隶"。我们还应该追问两个问题。第一，当这样的"主人"遇上比他自己更高级的主人时，他会作何表现？奴才的表现。当这样的"奴才"一旦做了主人之后，又会如何对待自己的奴才？如同"主人"。这就是钱理群先生所说的"主奴互换"。"主奴"之间不仅是利益共同体、精神共生体，而且还是一个可怕的"奴才循环体"。

聪明人形象特点：折中公允的姿态、富于演技的神态和撇清干系的表态，这些惠而不费的言行为他赢得了奴才的赞许。

值得深挖的是，聪明人的做法无助于问题的解决，无助于现状的改变，是奴才精神的麻醉剂，是"主奴关系"的润滑剂。因此，聪明人深层的"聪明"表现出来了：站在主人的一边，同时又掩饰这个事实，以便在"主奴循环系统"中不露痕迹地发挥作用。

傻子的形象特点：傻子身上具有抗争的精神和勇于行动的大无畏的勇气，这是鲁迅描绘傻子的指归，用先生自己的话说"立意在反抗，指归在动作"。如果不从寓言的视角解读，学生就会认为傻子的做法太冲动、鲁莽，但事实上这并不是本文的重点所在。

值得深挖的是，傻子为奴才去争取，结果被奴才们赶走，成了奴才媚主求荣的牺牲品，这是最令人悲哀的。鲁迅的作品里经常有傻子、疯子。狂人、夏瑜、魏连殳（前期）、吕纬甫（前期）、范爱农……他们都没有好下场。明知道没有好下场，我们还要不要做生活中的"傻子"呢？这是对灵魂的拷问，也是本文的匠心所在。

2. 教师对问题解决方法和原则的认识

这里简单说几个原则，要想以问题为媒介进行文本分析，应该注意以下几点：文体意识——不同文体有不同的分析方法和视角；文本意识——分析和解决问题不能脱离文本；整体感知——分析任何一个具体问题，要兼顾全文的主旨，兼顾作者在一定历史时期的思想状况；比较分析的方法——在比较中发现问题的实质，比较的参照系可以是文本中的其他人物、作家的其他作品、当今时代现状等；文献法——结合知识储备和文献资源，佐证观点和结论。

（三）文献资源

下列是教师在教学准备中用到的主要文献，课上可以根据需要给学生提供知识支架。学生在后续研究中要自行查阅大量文献。

1.《野草》，人民文学出版社 2006 年

2.《鲁迅小说全编》，人民文学出版社 2006 年

3. 鲁迅，《漫与》《中国人失掉自信力了吗》《灯下漫笔》《摩罗诗力说》，参见《鲁迅全集》，人民文学出版社 2005 年

4. 詹明信，《晚期资本主义的文化逻辑》，生活·读书·新知三联书店 1997 年

5. 朱美禄，《对"第三样时代"的呼唤——〈聪明人和傻子和奴才〉解读》，《名作欣赏》2008 年第 6 期

6. 钱林森，《孤独灵魂的拷问与生存体验的求证——鲁迅与波特莱尔》，《中国比较文学》1998 年第 3 期

7. 刘济献，《论〈野草〉的反庸众思想》，《郑州大学学报》1981 年第 4 期

8. 崔绍怀，刘雨，《论鲁迅〈野草〉的立人思想》，《东北师大学报》2010 年第 2 期

9. 黄宛琪，《浅析〈聪明人和奴才和傻子〉的三种生存方式》，《科教导刊》2011 年第 14 期

10. 钱理群，《聪明人和傻子和奴才（一）》，《语文建设》2011 年第 11 期

对理解文体有帮助的文献节选，例如：

所有第三世界的文本均带有寓言性和特殊性：我们应该把这些文本当作民族寓言来阅读。

——詹明信《晚期资本主义的文化逻辑》

对解读奴才形象有帮助的文献节选，例如：

一个活人，当然是总想活下去的，就是真正老牌的奴隶，也还在打熬着要活下去。然而自己明知道是奴隶，打熬着，并且不平着，挣扎着，一面"意图"挣脱以至实行挣脱的，即使暂时失败，还是套上了镣铐罢，他却不过是单单的奴隶。如果从奴隶生活中寻出"美"来，赞叹，抚摩，陶醉，那可简直是万劫不复的奴才了，他使自己和别人永远安住于这生活。

——鲁迅《南腔北调集·漫与》

对理解聪明人的"聪明"有帮助的文献节选，例如：

我梦见自己正在小学校的讲堂上预备作文，向老师请教立论的方法。

"难！"老师从眼镜圈外斜射出眼光来，看着我，说。"我告诉你一件事——

"一家人家生了一个男孩，合家高兴透顶了。满月的时候，抱出来给客人看，——大概自然是想得一点好兆头。

"一个说：'这孩子将来要发财的。'他于是得到一番感谢。

"一个说：'这孩子将来要做官的。'他于是收回几句恭维。

"一个说：'这孩子将来是要死的。'他于是得到一顿大家合力的痛打。

"说要死的必然，说富贵的许谎。但说谎的得好报，说必然的遭打。你……"

"我愿意既不谎人，也不遭打。那么，老师，我得怎么说呢？"

"那么，你得说：'啊呀！这孩子呵！您瞧！多么……。阿唷！哈哈！Hehe！he，hehe-hehe！'"

一九二五年七月八日。

——鲁迅《野草·立论》

对理解鲁迅塑造傻子的意图有帮助的文献节选，例如：

立意在反抗，指归在动作。

——鲁迅《摩罗诗力说》

我们从古以来，就有埋头苦干的人，有拼命硬干的人，有为民请命的人，有舍身求法的人，……虽是等于为帝王将相作家谱的所谓"正史"，也往往掩不住他们的光耀，这就是中国的脊梁。

——鲁迅《中国人失掉自信力了吗》

五、教学流程

（一）布置任务（3分钟）

"问题接力"

1. 我选择——自由选择一个或几个问题发表看法。

2. 我表达——发言内容包括两个要素：我的答案和我解决的方法。

3. 我评价——后一个发言人要对前一个同学的观点进行评价，可以这样说："我赞成，但是还想补充一点……""我不同意某某观点，理由是……"，"我自己选择的问题是……"。

4. 我记录——在表格中记录相关问题的解决者、主要观点和方法。

说明：学生不用举手，直接起立作答；有不同意见可以辩论；可以随时向老师和其他同学求助。老师可以适当中止接力过程，做解析、指导和评价。

（二）准备阶段（2分钟）

每人选择自己感兴趣的一个或几个问题，梳理基本观点，做好发言准备。

（三）问题接力（30分钟）

教师在内容的指导上关注三点：奴才和聪明人与主人的关系，如何评价傻子的做法，对创作动机的深入挖掘。在方法指导上关注文体意识、文本意识、整体意识、文献意识、比较意识。在活动组织上关注学生的倾听礼仪和专注度，适当提供文献材料，学生遇到思维瓶颈时及时予以简要指导。具体内容参见"教师资源"部分。

（四）教师总结（5分钟）

对学生表现作总结；在思想性、艺术性、时代性上对文本解读内容作总结；在问题解决方法上作总结；布置下节课学习任务。

药

陈立今

全国鲁迅研究会语文基础教育专委会第一次年会展示课教学设计

教学目标：

引导学生跳出单一从意识形态角度解读鲁迅文学作品的窠臼，启发学生从多角度探索文学创作的意义。

教学重点：

1. 寻找《药》和《〈呐喊〉自序》中具有相关性的情节。
2. 探究鲁迅创作《药》的深层心理动机。

教学难点：

寻找《药》和《〈呐喊〉自序》中呈隐性相关的情节。

教学方法：

问题探究和比较阅读法相结合。

课时设计：

1课时。

教学步骤：

一、导入

总结同学们学习鲁迅小说的成绩，引入新课。

二、引导学生梳理课文内容：请同学自述读完《药》后印象最深的情节并做简要评析

预设内容：

	印象最深的情节	评析
1	秋天的后半夜，老栓起身买药，华大妈在枕头底下掏了半天，掏出一包洋钱	家有病人，生活艰难，倾其所有
2	老栓去买药路上，虽冷但觉得爽快	对药到病除的良好预期
3	杀人时看客聚集的情景	看客鉴赏杀人盛举，无聊而麻木
4	人血馒头的交易	老栓的屈辱与善良；黑衣人的凶恶，动作的熟练；交易的商业化
5	老栓买药回去，仿佛抱着十世单传的婴儿	善良而愚昧的百姓对神药抱以无限的希望

续表

	印象最深的情节	评析
6	吃"药"时，用荷叶包了塞进灶里	善良、愚昧
7	小栓吃烤熟的人血馒头	巨资买来根本治不好病的假药，革命者的鲜血（革命的意义）就化作一缕白烟
8	茶客谈药	普遍的迷信，对权势的阿谀
9	茶客谈夏瑜	麻木、愚昧，变相的看客心理
10	去上坟的情节	用假药治病倾家荡产，人还是走了；革命者年轻生命的结束没有任何意义，连母亲都觉羞愧
11	一圈红白的花围着坟顶，但没有根；乌鸦不落在坟头上	有希望，但希望渺茫
……	……	……

〔注〕

①此步视课堂情况，教师可做示范，先说说自己的阅读感悟。

②具体教学内容可能多些或少些，视教学目的达到与否而定。

三、引导深入分析：请同学找出《药》与《〈呐喊〉自序》中相似的情节

1. 显性相似点。

（1）都有看客。

《药》——老栓也向那边看，却只见一堆人的后背；颈项都伸得很长，仿佛许多鸭，被无形的手捏住了的，向上提着。静了一会，似乎有点声音，便又动摇起来，轰的一声，都向后退；一直散到老栓立着的地方，几乎将他挤倒了。

《〈呐喊〉自序》——有时讲义的一段落已完，而时间还没有到，教师便映些风景或时事的画片给学生看，以用去这多余的光阴。其时正当日俄战争的时候，关于战事的画片自然也就比较的多了，我在这一个讲堂中，便须常常随喜我那同学们的拍手和喝采。有一回，我竟在画片上忽然会见我久违的许多中国人了，一个绑在中间，许多站在左右，一样是强壮的体格，而显出麻木的神情。据说，则绑着的是替俄国做了军事上的侦探，正要被日军砍下头颅来示众，而围着的便是来赏鉴这示众的盛举的人们。

（2）家里都有得痨病的人，而且都死了。

《药》——华小栓。

《〈呐喊〉自序》——父亲。

（3）治病的药都很奇特。

《药》——人血馒头。

《〈呐喊〉自序》——冬天的芦根，经霜三年的甘蔗，蟋蟀要原对的，结子的平地木。此处如有时间，可补充绍兴"名医"陈莲河给鲁迅父亲治病的情景。

（4）治病都花尽了家中的钱财。

《药》——"唔。"老栓一面听，一面应，一面扣上衣服；伸手过去说，"你给我罢。"华大妈在枕头底下掏了半天，掏出一包洋钱，交给老栓，老栓接了，抖抖的装入衣袋，又在外面按了两下；……老栓又吃一惊，睁眼看时，几个人从他面前过去了。一个还回头看他，样子不甚分明，但很像久饿的人见了食物一般，眼里闪出一种攫取的光。老栓看看灯笼，已经熄了。按一按衣袋，硬硬的还在。仰起头两面一望，只见许多古怪的人，三三两两，鬼似的在那里徘徊；定睛再看，却也看不出什么别的奇怪。……华大妈候他喘气平稳，才轻轻的给他盖上了满幅补钉的夹被……

《〈呐喊〉自序》——几乎是每天，出入于质铺和药店里……从小康人家而坠入困顿……（要走"异路"）我的母亲没有法，办了八元的川资。

（5）人物身份有相同处。

《药》——夏瑜是没落的大家族子孙。

《〈呐喊〉自序》——鲁迅也是没落的大家族子孙。

（6）人们的态度都不好。

《药》——夏瑜死前被打，死后人们拍手称快，没人理解与同情（称呼夏瑜：小家伙——小东西——不成东西——贱骨头——发了疯了）。

《〈呐喊〉自序》——"我"在侮蔑里接了钱。

此处视课堂情况可补充两个内容：

A鲁迅回忆："我小的时候，因为家境好，人们看我像王子一样，但是，一旦我家庭发生变故后，人们就把我看成叫花子都不如了。"这个叫他"叫花子"的就是他的舅舅。

B少年鲁迅去"恒济当"当狐皮袍子，那里的夏老板还是鲁迅祖父的旧交呢，可是"当他从帐房先生手中接过典当来的钱时，夏老板捧着白铜水烟袋踱出来了，一看，神采飞扬地叫了起来：'唉！又是周大少爷。尊府真不愧为翰林府，拖到如今，还有狐皮袍子让我们开眼界……哈哈……哈哈……'"

2．隐性相似点。（估计学生寻找困难，拟按下列预设引导）

（1）文章开始有一段人血馒头交易的镜头，找同学读读，看作者是怎么写的？

"喂！一手交钱，一手交货！"一个浑身黑色的人，站在老栓面前，眼光正像两把刀，刺得老栓缩小了一半。那人一只大手，向他摊着；一只手却撮着一个鲜红的馒头，那红的还是一点一点的往下滴。

老栓慌忙摸出洋钱，抖抖的想交给他，却又不敢去接他的东西。那人便焦急起来，嚷道，"怕什么？怎的不拿！"老栓还踌躇着；黑的人便抢过灯笼，一把扯下纸罩，裹了馒头，塞与老栓；一手抓过洋钱，捏一捏，转身去了。嘴里哼着说，"这老东西……。"

（2）鲁迅是否有过相似的经历？

质铺的柜台比"我"高一倍——老栓在"黑的人"面前缩小了一半。

质铺的态度凶蛮轻蔑、药铺的态度冷漠（适当补充）——"黑的人"的态度凶蛮霸道。

若不是鲁迅早年有屈辱地和商人打交道的切实体会，是写不了这么形象的。

四、阶段总结

《药》中的情节实际是作者童年或少年生活的投影。鲁迅写《药》实际在一定程度上是在写自己，以"药"为题是作者儿时经历决定的，"药"是鲁迅心中挥之不去的、永远的伤痛。《药》在一定意义上是鲁迅往昔生活的集中改写。

[板书：往昔生活的集中改写]

五、深入探讨：《〈呐喊〉自序》中是父病子孝，《药》中却是子病父慈，为什么？

引导分析得出开放性结论。

六、全课总结

1. 通常情况下，我们读鲁迅的作品更关注其社会意义，今天我们一起聊了聊鲁迅小说创作中的自我意识，借以告诉同学们解读文学作品可以有多种视角。

2. 探寻鲁迅文学创作的深层动机不是无事生非，儿时焦虑痛苦的心理情结是鲁迅对国民性深刻认识的基础。

七、作业

1. 阅读《最是鲁迅应该读》《孩子们应该读的鲁迅》，李怡主编，北京师范大学出版社 2011 年。

2. 登录校园网鲁迅专题平台，阅读相关文章，并上传你读《药》的感受。

《沁园春·长沙》：苍茫大地，谁主沉浮

王广杰

北京市优秀课堂教学案例一等奖教学设计

课程说明：

1. 明确教学主线。

本节课围绕"苍茫大地，谁主沉浮"这条主线进行教学设计，提纲挈领，有利于学生整体把握诗词的情感脉络，并全面准确地理解诗词中的人物形象。有了这条主线，其他所有的子问题都有了统一明确的指向。

2. 准确定位矛盾点。

本课教学设计根据学生的认知情况以及诗词前后内容的矛盾点进行设疑并展开思考讨论：首先，紧扣上阕中景与情之间的矛盾。其次，紧扣上下阕人物形象之间的矛盾。两个矛盾统一于对"怅"字的理解。引导学生明白"怅"是一种慷慨，更是一种慷慨后的激昂。青年时"怅然"之后更理性、更成熟。最后，反观情景矛盾，解决情与景之间的冲突。

3. 统观上下阕关系。

本课教学设计有意识地将上下阕内容作为一个整体考虑，由上阕作者惆怅时发出的疑问"苍茫大地，谁主沉浮"直接过渡到下阕内容进行少年人物形象分析，并有意识地将上下阕内容作类比和对比，以突显毛泽东在青年时期拥有激情，并且更加理性、更加成熟的人物形象。

4. 紧扣文本语言。

本节课做到知人论世，但教学设计的起点和终点又都落于诗词文本之上，能真正体现出语文课的特点，有效地培养学生的语文阅读思维能力。且在必要时结合文本给学生"搭桥"，引导学生发现诗词中重要的文本信息并展开深入思考讨论，如引导学生分析"怅"之复杂情感，对比分析少年"指点江山，激扬文字"与青年"问苍茫大地，谁主沉浮"的不同特点，以及分析上阕中景致的"自由"特点等。

5. 深入挖掘思想情感，全面把握人物形象。

根据诗词重含蓄的特点，本节课注重引导学生更深入地剖析作者的精神境界，并全面立体地把握作者在诗词中的人物形象。通过对比分析让学生明白，相比少年时单纯的激情，青年时的毛泽东更多了一份理性成熟的思考，在面对困境时心灵获得一种超越，更加彰显出一种自信和责任意识。由此得出的人物形象不是概念化的，而是立体的，有血有肉的。

教学目标：

1. 赏析诗词的景与情并准确理解情景关系。
2. 通过词句赏析整体把握作者的伟岸形象。
3. 领悟青年毛泽东心灵的双重超越和伟大的人格追求。

教学重点：

1. 准确理解景之特点和作者情感。
2. 准确把握词上下阕之间的关系。
3. 准确把握毛泽东少年与青年时期的不同特点。

课时安排：

1 课时。

教学步骤：

〔齐诵〕

一、赏析景与情

〔生读上阕〕下面我们请同学再来读一遍上阕。

〔PPT〕请大家边听边思考：上阕中哪些句子是写景的？这些景致有什么特点？

独立寒秋，湘江北去，橘子洲头。

看万山红遍，层林尽染；

漫江碧透，百舸争流。

鹰击长空，鱼翔浅底，

万类霜天竞自由。

怅寥廓，问苍茫大地，谁主沉浮？

——写景句子：〔PPT〕

看万山红遍，层林尽染；

漫江碧透，百舸争流。

鹰击长空，鱼翔浅底，

万类霜天竞自由。

这些景致有什么特点？

——视野开阔：作者写的是"万山"红遍，"层林"尽染，"漫江"碧透，"百舸"争流，鹰击"长空"，这种视野是多么的开阔！

——景色壮美：作者写的是万山"红遍"，层林"尽染"，漫江"碧透"，百舸"争流"，鹰击"长空"，这种景色是多么的壮美！

——充满生机与活力：作者写的是万山层林被染得火红，这是一种极具生命力的颜色。而满江之水晶莹碧透，百船竞发，鹰在穿越长空，鱼在水中遨游，这更是充满着无穷的生机与活力。

除此之外，这些景致还有什么特点？

（引导提示）这些句子中，哪句话最具有总括性？

——万类霜天竞自由。

这句话中最核心的词是哪个？

——"竞"。

竞什么？

——竞自由。

既然该句具有总括性，那前面的景致有没有体现出一种"自由"的状态？

——前面的景致体现出了"自由"的状态。

"万山红遍，层林尽染"是说深秋时节浓烈的色彩在自由漫延，下面紧接着，满江之水晶莹碧透，百船竞发，自由畅行。鹰在空中自由地翱翔，鱼在水中自由地遨游。这一切构成的恰恰是一个自由的世界。因此，"自由"二字其实暗示了前面自然、动物、人类之景的总体特征，它们都以自由自在的姿态而存在。

所以，"自由"其实正是这些景致最大的特点。

小结景之特点〔PPT〕

- 视野开阔
- 景色壮美
- 富有生机
- 充满自由
- ……

〔过渡，由景及情。〕一般来说，面对这样美好的景致，人们会心潮澎湃。比如刘禹锡就发出过这样的豪情："自古逢秋悲寂寥，我言秋日胜春朝。晴空一鹤排云上，便引诗情到碧霄。"

〔PPT〕思考：面对这样的景致，毛泽东此时的心情如何？

——惆怅

惆怅什么？

——惆怅"苍茫大地，谁主沉浮"。（板书）

"苍茫大地，谁主沉浮"这句话是什么意思？

——国家的命运、民族的未来到底由谁来主宰？

作者为什么会发出这样的感慨？

——1925年，军阀混战，民不聊生。

联系背景很好！读诗词就应该知人论世。除了这些社会因素，其实还有一些其他的因素导致了毛泽东内心的惆怅。

如果抛开这些背景因素，我们能否从上阕词本身发现一些作者惆怅的线索？

①"独立寒秋"——一个"独"字和一个"寒"字就足以让我们感觉到作者内心的

孤独。

②"湘江北去"——逝者如斯,不舍昼夜,江水的奔流自然会引起诗人光阴流转的伤感之情。而且,中国当时正处在十字路口,尚没有一个明确的发展方向,中国共产党党内又主张放弃领导权,因此"湘江北去"似乎也饱含着作者对大势将去的隐忧。

③"万类霜天"——虽然是"竞自由",但毕竟是在霜天微寒之时,自然心生感慨。

小结:无论是从时代背景看,还是从诗词本身看,我们都能发现毛泽东在1925年时心中是存在一丝惆怅的。而且他所惆怅的是国家的命运、民族的未来到底由谁来主宰。

(过渡:上阕词既然提出了疑问"苍茫大地,谁主沉浮",那么下阕自然会有所回应。下面我们来赏析下阕词。)

二、赏析人物形象:少年毛泽东〔结合下阕〕〔PPT〕

〔PPT〕诵读并思考:苍茫大地,到底应该由谁来主宰沉浮?

〔生读下阕词〕

〔PPT〕:

携来百侣曾游。忆往昔峥嵘岁月稠。

恰同学少年,风华正茂;

书生意气,挥斥方遒。

指点江山,激扬文字,

粪土当年万户侯。

曾记否,到中流击水,浪遏飞舟?

苍茫大地,谁来主宰沉浮?

——我们同学少年。

为什么说我们同学少年就能主宰沉浮?

——因为我们是一群风华正茂、朝气蓬勃的少年。

作者在诗词中是怎么说的?

——作者在词中说他们同学少年"风华正茂;书生意气,挥斥方遒。指点江山,激扬文字,粪土当年万户侯"。

这几句话是什么意思?

——意气风发,强劲有力,写一些激浊扬清的文字评点江山,把万户侯视作粪土。

除此之外,词中还写了他们同学少年哪些意气风发的事情?

——"到中流击水,浪遏飞舟。"

此话什么意思?

——"中流"是水流最深最急处,"击水"指"游泳"。

"中流击水,浪遏飞舟"不只是指游泳。其实作者在这里是化用了《晋书·祖逖传》中祖逖当年北伐中原的典故,意在表达作者希望自己在新时代的大潮中乘风破浪,激流勇进，恢复中华的雄心壮志。

词的下阕一开始说"携来百侣曾游。忆往昔峥嵘岁月稠"，咱们同学有没有对少年毛泽东比较了解的，请联系背景谈一谈作者经历了怎样的"峥嵘岁月"。

——［PPT］

● 1914—1918 年：湖南第一师范学校读书。

● 蔡和森、萧子升、向警予、陶斯咏、杨开慧……

● 组织学生军，举办工人夜校，举办新民学会，办《湘江评论》，抵制袁世凯称帝，抵制日本"二十一条"……

我们来看一些图片，好有一些感性认识。［PPT：图片］

他们关心国家的命运和民族的未来，确实做了很多很多的事情，真是一群"风华正茂；书生意气，挥斥方遒"的少年！"指点江山，激扬文字，粪土当年万户侯"，多么具有英雄豪气！

这就是少年毛泽东：朝气蓬勃，英勇无畏，充满激情……［PPT］

所以，"苍茫大地，谁主沉浮"？"苍茫大地，我主沉浮"！就是由"我"或者我们"同学少年"来主宰大地沉浮的命运！［改板书］（红色字体"我"）

（过渡：分析完了少年毛泽东的人物形象，现在我们回过头来再看看，1925 年时的青年毛泽东到底是一个什么样的形象。）

三、赏析人物形象：青年毛泽东 ［综合上下阕］［PPT］

刚才我们说到了，1925 年的毛泽东心中怀有一种惆怅。

现在我们再请一位同学读读这首词，大家边听边思考。

［PPT］诵读全词并思考：1925 年的毛泽东内心是不是只有"惆怅"？

［生诵读全词］

独立寒秋，湘江北去，橘子洲头。

看万山红遍，层林尽染；

漫江碧透，百舸争流。

鹰击长空，鱼翔浅底，

万类霜天竞自由。

怅寥廓，问苍茫大地，谁主沉浮？

携来百侣曾游。忆往昔峥嵘岁月稠。

恰同学少年，风华正茂；

书生意气，挥斥方遒。

指点江山，激扬文字，

粪土当年万户侯。

曾记否，到中流击水，浪遏飞舟？

听完了朗诵，我们来思考：1925 年的毛泽东内心是不是只有"惆怅"？

——不是只有惆怅。

——少年激情未减。[PPT]

从哪些地方可以看出他"少年激情未减"？

①他能看到"万山红遍，层林尽染"的壮阔美景，说明他心胸宽广，心存希望。

②他能发出"苍茫大地，谁主沉浮"的豪言壮语，说明他仍然拥有激情。

③从下阕的回忆可以看出，他从往日的回忆中重新找回了激情。

很好，也就是说 1925 年的毛泽东与少年毛泽东一样，都是充满了激情。

那么，现在请大家思考一个问题：

[PPT] 思考：1925 年的毛泽东与少年时有没有什么不同？

[引导提示] 这首词的结构非常明晰：下阕写的是少年时的毛泽东，上阕写的是 1925 年，也就是青年时的毛泽东。那我们注意结合上下阕中的具体词句，看看青年时的毛泽东与少年时的毛泽东到底有什么不同？

——同学发言。

——好，我们现在一起来看看毛泽东少年时和青年时的行为表现。

[PPT]

少年时——指点江山，激扬文字。

青年时——问苍茫大地，谁主沉浮？

我们从这两句话里能发现什么不同？

少年时指点江山，激扬文字——"指点"一词的理性意义是"评点"。除理性意义之外，我们再来想象一下"指点"的感性意义，即该词蕴含着什么样的动作形象？轻松、潇洒，大有"谈笑间，樯橹灰飞烟灭"之势。然而中国的革命事业真的有那么简单吗？绝对不是，绝对不可能靠几篇激浊扬清的文章就能真的把"万户侯"们变成"粪土"的。从中我们可以看出，少年毛泽东身上的激情还是多么的单纯。

[补充] 少年时的单纯。

一天，我在长沙报纸上登了一个广告，邀请热心于爱国工作的青年前来和我接触。我指明要坚强不屈，愿意为国牺牲的青年。渐渐地我在我的四周建立了一群青年，这样造成了日后一个团体的核心，后来这个团体对于中国的革命运动和国事有极大的影响。这是一群严肃的青年，他们没有时间去讨论琐细的事情。他们所说的和所做的每一件事都得有一个宗旨。他们没有时间谈恋爱，他们以为在国家如此危急、如此急迫需要知识的时候，是不能讨论个人私事的。除此之外，我的同伴连日常生活中的琐事都不谈的。

记得有一次在一个青年的家里，他和我谈起买肉的事情，并且当面叫用人来和他商量，叫他去买。我动怒了，以后就不和他来往。

我和朋友只谈大事，只谈修身齐家治国平天下的事！

(节选自《毛泽东自传》，有删改)

修身、齐家、治国、平天下，多么崇高的理想，其做法可敬，同时又很可爱。富有激情，同时又无不流露着单纯。

更早的时候，作者还写过这么一首诗。

七古·咏蛙

（1910 年）

独坐池塘如虎踞，绿荫树下养精神。

春来我不先开口，哪个虫儿敢作声？

多么年少气盛，同时又是多么的天真。他以为自己是"振臂一呼应者云集"的英雄，然而现实情况比想象的要艰难得多。

再来看看青年时期的毛泽东有什么变化。

——青年时问苍茫大地，谁主沉浮——一个"问"字，问天，问地，这是一种多么深情而又深沉的思考。而且问的范围也在扩大，"苍茫大地"，此"苍茫"二字不仅囊括四海（空间），又纵横古今（时间），足以见出作者胸怀之广阔。

少年时他还只是站在圈外"指点"，而现在却要身处局中主动担当。我们足以看出，作者经历了十年的困苦磨炼之后，少年时的激情还在，却变得更加理性，更加成熟了。

[PPT]

- 少年时：单纯的激情。
- 青年时：怅然之后，更理性，更成熟。

他青年时期的理性与成熟其实是对个人痛苦的一种超越，也是对少年激情的升华。

现在，我们再回头看看上阕中的景，应该能发现这"万山红遍，层林尽染"之中所蕴含的是作者宽广的胸怀、乐观的态度。"鹰击长空，鱼翔浅底"之中又无不体现着作者蓬勃之激情，而这"万类霜天竞自由"的场景又何尝不是作者心灵获得超越的真实写照呢？

[PPT]

- 看万山红遍，层林尽染；
- 漫江碧透，百舸争流。
- 鹰击长空，鱼翔浅底，
- 万类霜天竞自由。

四、总结（背景音乐）

同学们，我们通过这节课的学习，基本上明白了毛泽东在少年时期所焕发出来的一种单纯的热情，也明白了 1925 年毛泽东内心的孤独与惆怅，以及在他惆怅之后所呈现出来的理性与成熟。

他的惆怅是因为他的正确主张得不到认同和实现，是因为国家的命运和民族的未来还没有一个明确的方向。但是 1925 年，毛泽东在孤立无援的处境下，依然在坚持探寻中国革命的出路。这是一种伟大的坚持，这种坚持所体现的正是一种愈挫愈勇、昂扬向上的精神。

从少年到青年，这十年的困苦磨炼，让毛泽东在怅然之后有了更为理性的思考，让他从少年的单纯走向了青年的成熟，让他实现了人生的双重超越：不仅摆脱了个人的困境，更升华了少年时的激情。

正是因为有了这种超越，才让他能够祛除个人的痛苦，以更加饱满的激情面对残酷的现实；也正是因为有了这种超越，才让他能够在"独立寒秋"之时看到"万山红遍，层林尽染"的壮阔美景，更能从这些壮阔的美景中发现"万类霜天竞自由"的境界。而这种"万类霜天竞自由"的场景恰恰是毛泽东心灵获得超越的真实写照。

"苍茫大地，谁（我）主沉浮"——这是一句天地英雄的豪言壮语，它所体现的正是儒家救世济民、当仁不让的责任意识，以及敢于担当、舍我其谁的英雄气概。

其实也正是因为有了这种责任意识和英雄气概，毛泽东才会在惆怅之时丝毫不减少年时的锐气。心灵的超越和内心对于自由的渴望，让他对国家、对民族的情感变得更加的浓烈。

正所谓：

> 万山红遍层林染，
>
> 大地苍茫唤英雄。
>
> 惆怅不减少年志，
>
> 心怀自由情更浓。
>
> ——读《沁园春·长沙》

好，同学们，现在让我们带着这样的理解，再来齐读这首词，再次整体感受毛泽东慷慨激昂的英雄气概。

［齐诵］（背景音乐）

五、板书设计

苍茫大地，谁（我）主沉浮

茶馆（第一幕）

任 萍

西城区戏剧单元研究展示课教学设计

教学目标：

1. 学生学会分析戏剧语言的深层内涵，读出潜台词，提高鉴赏文学语言的能力。

2. 教师引导学生从纷繁的现象中认识社会本质，领悟作者的创作意图，提升学生的思维品质。

教学重点：

1. 分析人物对话的微妙含义，鉴赏个性化的戏剧语言，读出关键语句的潜台词，从而揣摩语言背后深层的心理动机。

2. 理出纷繁的事件和人物关系中的内在逻辑，透过现象认识本质，进一步理解老舍先生"埋葬旧时代"的创作意图。

教学难点：

理出纷繁的事件和人物关系中的内在逻辑，透过现象认识本质，进一步理解老舍先生"埋葬旧时代"的创作意图。

教学课时：

1课时。

教学方法：

文本细读法和问题探究法相结合。

教学步骤：

【导入】（1分钟）

老舍先生于1957年发表的《茶馆》是第一个走出国门的话剧，被誉为"东方舞台上的奇迹"。这部话剧的结构很独特，它是"卷轴画"式的，用三幕剧分别反映了三个时代：戊戌变法后的清末、袁世凯死后的民国初年和抗日战争后的国民党统治时期。课本节选的第一幕写的正是戊戌变法后的清末，周恩来总理曾建议改为辛亥革命前夕，但老舍先生坚决不同意。他为什么要写这样一个时代？用意何在？今天，我们就从戏剧语言入手，读出戏剧的潜台词，进而透过纷繁的现象认识社会本质，领悟老舍的深意。

一、探究（一）：为什么常四爷会说"大清国要完"？（10分钟）

（过渡：我们看，这间茶馆很有特色，各处都贴着"莫谈国事"的纸条，大家也都噤若寒蝉，可是有一个人很特别，他只因为说了一句有关国事的话就被抓了起来，他是谁？他说了什么？）

［板书：大清国要完］

这句话在当时是很危险的，作为旗人，又是茶馆常客，常四爷为何会毫无顾忌地说出这句话呢？哪几方面的原因导致他有了这声喟叹？请概括。

（学生讨论总结，教师加以点拨）

主观原因：性格使然——耿直正义，爱国。

客观原因：

1. 洋人势力的全面入侵。

二德子的欺内惧外，马五爷的不可一世，刘麻子推销外国货。

（1）面对二德子的欺内惧外：

常四爷　要抖威风，跟洋人干去，洋人厉害！英法联军烧了圆明园，尊家吃着官饷，可没见您去冲锋打仗！

二德子　甭说打洋人不打，我先管教管教你！（要动手）

明确：面对洋人势力的入侵，国内却一盘散沙，二德子狗仗人势，欺内惧外，说明常四爷对洋人的愤慨及对官府不闻不问态度的批判。

（2）面对马五爷的不可一世：

常四爷　（往原处走）哼，我就不佩服吃洋饭的！

明确：对洋奴当道的憎恨，对卖国贼的鄙视。

（3）面对刘麻子的推销外国货：

刘麻子　您二位真早班儿！（掏出鼻烟壶，倒烟）您试试这个！刚装来的，地道英国造，又细又纯！

常四爷　唉！连鼻烟也得从外洋来！这得往外流多少银子啊！

……

常四爷　我这儿正咂摸这个味儿：咱们一个人身上有多少洋玩艺儿啊！老刘，就看你身上吧：洋鼻烟，洋表，洋缎大衫，洋布裤褂……

刘麻子　洋东西可是真漂亮呢！我要是穿一身土布，像个乡下脑壳，谁还理我呀！

常四爷　我老觉乎着咱们的大缎子，川绸，更体面！

明确：对国内的经济和文化被帝国主义摧残和碾压的痛心和无奈。

2. 传统经济的崩溃。

卖儿卖女的惨状，人不如鸽的哀叹，国民的愚昧麻木。

（1）卖儿卖女的惨状：

康六　那不是因为乡下种地的都没法子混了吗？一家大小要是一天能吃上一顿粥，我要还想卖女儿，我就不是人！

……

刘麻子　找遍了你们全村儿，找得出十两银子找不出？在乡下，五斤白面就换个孩子，你不是不知道！

……

常四爷　乡下是怎么了？会弄得这么卖儿卖女的！

刘麻子　谁知道！要不怎么说，就是一条狗也得托生在北京城里嘛！

明确：对贫苦人民的生活十分关心但又深为困惑，对说媒拉纤人的痛恨，对国家现状的忧虑。

（2）人不如鸽的哀叹：

今天又有一起打群架的，据说是为了争一只家鸽，惹起非用武力解决不可的纠纷。假若真打起来，非出人命不可。

老人　（喝了茶）多谢！八十二了，没人管！这年月呀，人还不如一只鸽子呢！唉！（慢慢走出去）

明确：人们会为了一只鸽子拿刀动杖，大张旗鼓地找打手，而老人的生活惨状却无人过问，显示出无聊畸形的社会现实。

3. 国民的愚昧麻木。

打群架的无聊消遣；茶客们的看客心理；黄胖子的虚伪耍威。

小结：看似纷乱的事件背后是有内在逻辑的：一方面是洋奴嚣张，洋货盛行以及洋人势力的壮大；另一方面是民不聊生，鬻儿卖女，经济瘫痪的惨状，还有国民热闹地麻木着。正因为看到这些现象，认识到社会的本质，常四爷才说出"大清国要完"。最终，众人对乡妇小妞的冷漠无情和秦仲义的一句"轰出去"激怒了四爷，而王利发说"这路事儿太多了，太多了！谁也管不了"，说明了底层人民生活惨状之普遍。没人管，也管不了，这使常四爷感到又愤慨、又无奈，于是这声喟叹情不自禁且意味深长："我看哪，大清国要完！"

二、探究（二）：谁能挽救"要完的大清国"？（20分钟）

1. "秦仲义"们

先读出"秦庞斗嘴"的潜台词，再分析秦仲义是否能挽救大清国。（重点赏析）

（欧阳予倩说："潜台词就是台词所包含的深一层的意思，也就是那词句的本质，也就是台词所表达的人物的内心活动。"其实潜台词就是人物的心里话，因此学生们需要揣摩人物的心理状态，读出相应的语气语调。让学生先一句一句品味人物语言，悟出弦外之音、言外之意，再读出来，并解释如此读的原因，然后再读再品。）

庞太监　哟！秦二爷！

【开头以何种语气、语调打招呼更符合人物心理？】

（早几年他绝不会主动打招呼，但目前他作为顽固派的人物因变法失败、其腐朽统治得以继续而掩饰不住得意神态，意在炫耀、挑衅。）

秦仲义　庞老爷！这两天您心里安顿了吧？

【这句话应该用什么语气读？重音应该放在哪？——不惧的语气。重音放在"这两天"上。】

（先是礼数周到，继而假装关心庞老爷的心情状态，表面是应酬和讨好，实则不服气，加以暗讽。"这两天"是说你只是暂时安稳，前些日子你也惶惶然，别太得意。）

庞太监　那还用说吗？天下太平了，圣旨下来，谭嗣同问斩！告诉您，谁敢改祖宗的章程，谁就掉脑袋！

【为何不直接回答安顿或不安顿，而说了这么长一段话？用意何在？】

（意在威胁。庞太监不说安顿，一个"那还用说吗"表示应答和回击，派头十足，以"谭嗣同问斩"炫耀保守派的胜利。随后又提出警告，放狠话，言外之意是谁敢支持维新派，下场将会和谭嗣同一样。）

秦仲义　我早就知道！

【他知道什么？反映出他怎样的心态？】

（一方面是知道变法会掉脑袋；另一方面是早知道自上而下的变法难以成功，还是实业救国才是良策。秦仲义接受警告却不畏惧。）

庞太监　您聪明，二爷，要不然您怎么发财呢！

【这是在夸他吗？该怎么读？】

（"您聪明"的意思是算你识相。庞太监见警告无效，退一步以经济实力为借口进攻。）

秦仲义　我那点财产，不值一提！

庞太监　太客气了吧？您看，全北京城谁不知道秦二爷！您比作官的还厉害呢！听说呀，好些财主都讲维新！

【怎么读？为什么这里再次提及"维新"？】

（庞太监对秦仲义故意抬高，实则不服，他想表达的是"我应该比你厉害"，但也不得不承认秦的经济实力，最后与维新联系，旁敲侧击地威胁，警告中含杀机，直指软肋。）

秦仲义　不能这么说，我那点威风在您的面前可就施展不出来了！哈哈哈！

【这句话和笑反映了秦仲义的什么心态？】

（庞太监步步紧逼，先以生命威胁，再以财产威胁，后以地位威胁，而秦仲义在变法遭镇压的情况下也不敢正面接招，并没有接"维新"的话，这是他最老实的一句话，我懂，我不敢，但又不服输，只好以大笑来结束这样唇枪舌剑的对话，笑声中满含无奈。）

庞太监　说得好，咱们就八仙过海，各显其能吧！哈哈哈！

秦仲义　改天过去给您请安，再见！（下）

庞太监　（自言自语）哼，凭这么个小财主也敢跟我逗嘴皮子，年头真是改了！

【这段真心话反映了庞太监的什么心态？】

（发自内心的愤恨之言，表明庞太监还是自认为高高在上，在他眼里秦仲义这样的资本家根本不算什么。一方面表明庞太监对自己的地位遭到挑战感到不满，另一方面也可见他们决不允许形势发生变化。）

明确：秦仲义代表主张实业救国的新兴资产阶级，庞太监代表腐败的大清国，他们的斗争实质上反映的是成长中的民族资产阶级和行将就木的封建王朝势力的对垒，是维新派与保守派之间的矛盾。二人话里有话，庞太监的内在逻辑就是威胁、炫耀，虽然秦仲义内心不服，但嘴上不得不服，毕竟维新派的努力遭到了保守封建势力的镇压。这说明新兴的民族资产阶级被腐朽顽固的封建势力遏制，无力与之抗争。

追问：为什么他无法力挽狂澜呢？

单枪匹马的孤立无援。

内外夹击的困难处境。

结论：民族资本的孱弱——无力可救。

2．"谭嗣同"们

读"茶客谈话"，分析维新变法者是否能挽救大清国。

茶客甲　谭嗣同是谁？

茶客乙　好像听说过！反正犯了大罪，要不，怎么会问斩呀！

茶客丙　这两三个月了，有些作官的，念书的，乱折腾乱闹，咱们怎能知道他们搞的什么鬼呀！

茶客丁　得！不管怎么说，我的铁杆庄稼又保住了！姓谭的，还有那个康有为，不是说叫旗兵不关钱粮，去自谋生计吗？心眼多毒！

茶客丙　一份钱粮倒叫上头克扣去一大半，咱们也不好过！

茶客丁　那总比没有强啊！<u>好死不如赖活着，叫我去自己谋生，非死不可！</u>

明确：他们胆小怯懦，苟且偷生，对变法者不理解，也不了解他们的主张，以为是在扰乱他们的生活秩序；他们目光短浅，只在乎眼前利益，懒惰颓废，只要铁杆庄稼保住，哪怕钱粮被克扣一大半也不愿反抗，更不愿奋斗，奉行"好死不如赖活着"的寄生哲学，认为让他们"自谋生计"是心狠手毒。所以变法脱离群众，更无法唤醒这帮愚昧麻木的群众，他们不仅无法救国，反而会蛀空清朝。因此谭嗣同白白牺牲，他说"不有死者，无以召后起"，他死得如此悲壮，却未能起到丝毫的唤醒作用，反遭憎恨，这亦是变法者的悲哀。

结论：政治改良的失败——无药可救。

三、大清国必然要完——将，你完啦！（5分钟）

（过渡：面对这样一个内忧外患，了无生机的大清国，民族资本家付出所有财产，维新变法者付出年轻的生命，可面对这样的政府和人民，皆是徒劳。所以，才有了结尾处的"将，你完啦！"）

结尾"将，你完啦！"一句的含义是什么？

一语三关，既是指棋局，又象征着腐朽的清王朝，还暗示与之相关的所有人的命运（受害者、施害者、改良实业的挽救者），甚至是其他两幕的隐形结尾。这句话和"大清国要完"一句遥相呼应，振聋发聩，形成阵阵回音，飘荡在茶馆的上空。

"闹来闹去，大清国到底是亡了，该亡！我是旗人，可是我得说公道话！"

老舍《谈〈茶馆〉》："那时候的政治黑暗，国弱民贫，洋人侵略势力越来越大，洋货源源而来（包括大量鸦片烟），弄得农村破产，卖儿卖女。有些知识分子见此情形，就想变变法，改改良，劝皇帝维新。也有的想办实业，富国裕民。可是，统治阶级中的顽固派不肯改良，反把维新派的头脑杀了几个，把改良的办法一概打倒。戏中的第一幕，正说的是顽固派得势以后，连太监都想娶老婆了，而乡下人依然卖儿卖女，特务们也更加厉害，随便抓人问罪。"

［板书：埋葬］

四、总结（4分钟）

1. 读出潜台词。
2. 由纷繁复杂到条理清晰。
3. 由现象到本质。

老舍《"五四"给了我什么》："反封建使我体会到<u>人的尊严</u>，人不该作礼教的奴隶；反帝国主义使我感到<u>中国人的尊严</u>，中国人不该再作洋奴。这两种认识就是我后来写作的基本思想与情感。"

"大清国要完"不仅是常四爷一句深沉的感喟，更是清王朝历史命运的真实写照。在那样行将腐朽的时代，改良变法不通，实业救国不行，顺民哲学破产，这是一出觉醒而看不到出路的悲剧，让人笑完以后感觉到透心的凉。老舍在《茶馆》中想拾起人的尊严和中国人的尊严，就必须要埋葬旧时代的一切。我们要透过现象看到本质，看到旧时代灭亡的根源所在，进而看到作者的用意。

┃作业设计┃

1. 请大家根据我们学习《茶馆》第一幕得到的三点启示，自学第二幕和第三幕，最后任选一个角度，写一篇关于《茶馆》的总评文章，不少于800字。

2. 组建戏剧表演组，分成三小组分别表演三幕中的精彩片段。

乡 土 本 色

赵晓双

北京版新课标语文教材教学参考书教学设计示例

教学目标：

1. 精读文本，引导学生了解中国乡村的基本特点，了解村落的内部构成，了解中国乡村不同于外国乡村的原因，从而能够正确地认识乡村和乡村人。

2. 让学生体会文中的乡土情结，并引导学生拓展思路，了解其他文学作品中的乡土内容，广泛地理解"乡土情结"的含义。

教学重点：

整体感知文章的主要内容，理解本文以及其他文学作品中的"乡土情结"。

教学难点：

对乡土情结的理解。

教学方法：

问题探究。

教学课时：

2 课时。

预习作业：

1. 熟读课文。

2. 思考何谓"乡土本色"。

教学过程：

一、作家作品介绍（问题导引）

大家好，今天大家一起来学习费孝通先生的一篇文章《乡土本色》。

我们先对作家作品做一个简单的了解。

费孝通，江苏吴江人，是著名的社会学家、人类学家、民族学家，中国社会学和人类学的奠基人。他的博士论文《江村经济》被他的老师——英国著名社会人类学家马林诺夫斯基称为"人类学实地调查和理论工作发展中的一个里程碑"。在国外，费孝通以《江村经济》闻名；但在国内，费孝通最受欢迎的一本著作是《乡土中国》。

那么，《乡土中国》到底是一本什么样的书呢？

《乡土中国》一书写于 20 世纪 40 年代，是一本通俗易懂的社会学著作，共收集了《乡土本色》《文字下乡》《差序格局》等 14 篇论文，是费孝通 20 世纪 40 年代后期在西南联大和云南大学所讲"乡村社会学"课程的部分内容。费孝通先生在自己的《乡土中国·重刊序言》中提到："我借'乡村社会学'这讲台来追究中国乡村社会的特点。"那么中国乡村社会到底有什么特点？以往，我们很少会读到社会学文章，我想，我们也许可以借助《乡土中国》的开篇之作《乡土本色》，也就是这一篇课文，来略窥一二吧。

二、过渡

课文的精读提示说到：你是生活在"乡土基层"吗？你熟识的人中有来自这"乡土基层"的吗？你阅读过的文学作品中，又有谁在这"乡土基层"呢？人们说，我们都来自乡间。这话一点不假，作为中国人，我们都是刚刚从乡间走出来的呀！也许一代，也许两代、三代。读读费孝通先生这篇论文，我们才能了解自己的根基，自己的本色。

接下来，我们就阅读课文，来探寻乡土的本色。

三、"土气"

在阅读的过程中，我们发现作者提出了一个词语"土气"。作者在文中说到："我们说乡下人土气，虽则似乎带着几分藐视的意味，但这个土字却用得很好。"

（一）你是如何理解"土气"这一词语的？

请学生自由地发表意见。（应该会有以下看法）

（1）"土气"是指衣着的不时髦、不入时。相反的一个词是"洋气"，指穿着的时髦、时尚等。

（2）"土气"应该有思想上古板、保守的意思。

（3）"土气"是一个含有贬义色彩的词。

（二）"土气"在文本中到底应该如何解读？

其实，之后作者也多次提到"土气"，我们一起来看看：

（1）"城里人可以用土气来藐视乡下人，但是乡下，'土'是他们的命根。"

（2）"而种地的人却搬不动地，长在土里的庄稼行动不得，侍候庄稼的老农也因之像是半身插入了土里，土气是因为不流动而发生的。"

（3）"这自是'土气'的一种特色。因为只有直接有赖于泥土的生活才会像植物一般地在一个地方生下根，这些生了根在一个小地方的人，才能在悠长的时间中，从容地去摸熟每个人的生活，像母亲对于她的儿女一般。"

（4）"陌生人所组成的现代社会是无法用乡土社会的习俗来应付的。于是，'土气'成了骂人的词汇，'乡'也不再是衣锦荣归的去处了。"

通过阅读文本，我们发现，现代观念中，一般人理解的"土气"是不时尚、不入流的，但在本文中，在费孝通的文字中，"土气"却另有含义。"土"字体现了人与土地的关系，"气"是人由内而外散发的一种感觉、气质。那么，这种气质到底是怎么形成的呢？接下来，我们来探讨另外一个问题。

四、土与人的关系

师生通过探讨"在文中，土与人之间有什么样的关系"来理解本文的"土气"到底是什么意思。教师引导学生从物质和精神两个层面来思考"土与人的关系"。让学生在精读课文的基础上，找出关于土与人关系的句子，在学生讨论的基础上，大概可以得出以下结论：

（一）物质层面

1．谋生

"在乡下住，种地是最普通的谋生办法。"

"据说凡是从这个农业老家里迁移到四围边地上去的子弟，也老是很忠实地守着这直接向土里去讨生活的传统。"

"靠种地谋生的人才明白泥土的可贵。"

"直接靠农业来谋生的人是粘着在土地上的。"

2．居住

"以农为生的人，世代定居是常态，迁移是变态。"

"人口在增加，一块地上只要几代的繁殖，人口就到了饱和点；过剩的人口自得宣泄出外，负起锄头去另辟新地。可是老根是不常动的。"

"中国农民聚村而居的原因大致说来有下列几点：一、每家所耕的面积小，所谓小农经营，所以聚在一起住，住宅和农场不会距离得过分远。二、需要水利的地方，他们有合作的需要，在一起住，合作起来比较方便。……四、土地平等继承的原则下，兄弟分别继承祖上的遗业，使人口在一地方一代一代地积起来，成为相当大的村落。"

"乡土社会在地方性的限制下成了生于斯、死于斯的社会。常态的生活是终老是乡。"

3．医疗（辅助）

"假如水土不服，老是想家时，可以把红纸包裹的东西煮一点汤吃。这是一包灶上的泥土。——我在《一曲难忘》的电影里看到了东欧农业国家的波兰也有着类似的风俗。"

（二）精神层面

1．感情寄托

"你们中原去的人，到了这最适宜于放牧的草原上，依旧锄地播种，一家家划着小小的一方地，种植起来；真像是向土里一钻，看不到其他利用这片地的方法了。"

"远在西伯利亚，中国人住下了，不管天气如何，还是要下些种子，试试看能不能种地。"

2．信仰

"在数量上占着最高地位的神，无疑的是'土地'。'土地'这位最近于人性的神，老夫老妻白首偕老的一对，管着乡间一切的闲事。他们象征着可贵的泥土。"

"假如水土不服，老是想家时，可以把红纸包裹的东西煮一点汤吃。这是一包灶上的泥土。"

3. 熟悉

"常态的生活是终老是乡。……在人和人的关系上也就发生了一种特色，每个孩子都是在人家眼中看着长大的，在孩子眼里周围的人也是从小就看惯的。这是一个'熟悉'的社会，没有陌生人的社会。"

"生活上被土地所围住的乡民，他们平素所接触的是生而与俱的人物，正像我们的父母兄弟一般，并不是由于我们选择得来的关系，而是无须选择，甚至先我而在的一个生活环境。"

"乡土社会里从熟悉得到信任。这信任并非没有根据的，其实最可靠也没有了，因为这是规矩。"

"因为只有直接有赖于泥土的生活才会像植物一般地在一个地方生下根，这些生了根在一个小地方的人，才能在悠长的时间中，从容地去摸熟每个人的生活，像母亲对于她的儿女一般。"

"不但对人，他们对物也是'熟悉'的。"

结合物质和精神两方面，我们可以看出，土与人的关系十分密切，土地对生活在其上的人的影响非常大。也可以说，土与人息息相关，生活在土地上的人的一切都受到了这片土地的影响，因此，这些人自然而然都会带上一种特点，即"乡土性"，或者也可以用"土气"来概括。这种"土气"和"乡土性"是生活在这片土地上的人必然而拥有的属性，是他们长期生活劳作而产生的必然的结果。

我们综合以上内容，可以得出，"土气"的特点应该包括：亲近土地，依恋土地，熟悉土地，信仰土地，等等。

五、乡土情结

在明白了"土气"的形成原因与特点之后，我们需要来看看作者是如何看待这一特点的。

作者一开始就提到："我们说乡下人土气，虽则似乎带着几分藐视的意味，但这个土字却用得很好。"

我们可以看出，在这样的一篇学术论文中，作者费孝通在讲述"土气"的时候，选择的语气、透露出来的感情没有丝毫的藐视，反而是亲切的、温和的、平等的，有一种对中国乡土社会的热爱和关切。

事实上，对乡土的这种感情贯穿他的学术生涯，我们称之为"乡土情结"。那么，作者的这样情结是如何形成的呢？我们可以看看以下资料。

[资料] 费孝通先生早年留学海外，尽管他受到的是西式教育，但他不同于当时很多厌弃中国文化的知识分子，而是保持着对中国文化的热爱和对乡土的眷恋。正如美国教授阿古什（A. D. Arkush）在《费孝通传》里面写的那样："费孝通与二十世纪初期的大多

数知识分子不同，他从感情上并不否定中国文化。他是在不背弃他小时所受的传统教育的情况下，没有遇到什么困难就获得西方知识的。……他不属于参加'五四'运动的一代，但他继承了'五四'新文化运动的传统，他自然而然地接受了反封建思想。"

在费孝通的意识里，每一个中国人都有"乡土情结"，在情感上热爱自己的民族文化，也只有这样才能正确地认识和对待自己的民族文化在世界的位置。他认为，西方的先进技术可以改变中国落后的社会面貌，但这并不表示中国的传统文化也是落后的、是需要西方技术来改变的。

正是这样的"乡土情结"，使得他可以从更高的层面，理性地，同时又饱含着极为浓厚的乡土文化情结的研究态度来研究自己深爱的祖国。

由此，我们尝试着来给乡土情结下定义，可以请学生来说说。通过讨论，我们将之归结为：乡土情结是对于生养自己的土地——故乡的一种特殊的依恋的感情。这样的感情如果投射在作品中，就有可能影响作品的风格，当然，也会体现出一种特殊的文化底蕴。

六、拓展

其实这种乡土情结不仅体现在学者费孝通的学术论文中，也体现在我们了解的许多文学作品中。正如柯灵先生《乡土情结》一文中所说："每个人的心里，都有一方魂牵梦萦的土地。得意时想到它，失意时想到它。逢年逢节，触景生情，随时随地想到它。"乡土情结也许体现在"乡土"上，也许体现在"乡水""乡曲""乡人"等之中。那么，我们可以拓展开来，看看我们学习过的或者熟悉的哪些文学作品同样含有这样的乡土情结。

（1）我们学习过的汪曾祺的《故乡人》一文。作者用朴素的文字所写的"打鱼的""金大力""钓鱼的医生"，这些人质朴，诚实，热爱生活；他们纯净的灵魂，真是"一庭春雨，满架秋风"。从中，我们能够体会到作者对于乡土和故乡人的一种浓浓的深情。"钓鱼的医生"的最后结语"你好，王淡人先生"更是用平淡的语言表达了作者特别的乡土情结。汪曾祺小说多写童年、故乡，写记忆里的人和事，在浑朴自然、清淡委婉中表现和谐的意趣。他自觉吸收传统文化的营养，他的作品具有浓郁的乡土气息，为中国文学开辟了一条路径，在这个人心浮躁的时代，它确实营造了一种精神境界，一种精神向度。——人

（2）孙犁的《荷花淀》中浓浓的水乡气息以及保卫家乡的纯朴的英雄儿女之情，拥有一种特别的情致和韵味。——境

（3）提起沈从文，便不能不谈到湘西，去了湖南沅水边，也不可能不想起沈从文的作品，而他一生的传奇，也大都和湘西有关。沈从文自称为"乡下人"，在他的笔下，湘西是一个非常独特的、到处充满神秘感的地方，那里的山山水水、世俗人情，都是故事，都是诗歌，也都是图画。在其代表作《边城》中，作者仿佛是要把"农村社会所特有的那点正直素朴人情美"留住，其中包含了作者独特的乡土记忆，更有作者对于乡土深深的、化解不开的眷恋。——故事

（4）作为山地的儿子，贾平凹尽管寓居都市多年，仍时常称自己是个"乡下人"，作为一名蛰居现代都市的乡村知识分子，浓厚的乡土情结已成为贯穿其小说创作的一条重要精神线索。其《秦腔》中对秦腔的叙述，字里行间洋溢着一种眷恋。——文艺

（5）刘绍棠与大运河。刘绍棠的妻子曾彩美评价刘绍棠时激动地说："在我的心目中，刘绍棠是伟大的，超凡的。大运河的乡土乡亲养育了绍棠，绍棠没有忘本，用一生的心血创作了大运河乡土文学，奉献给大运河。他被称为'大运河之子'。他说过：'如果我的名字与大运河相连，也就不虚此生。'"——综合

再如：鲁迅文中的绍兴，老舍笔下的北平，陈忠实笔下的陕西，赵树理笔下的山西，萧红笔下的"呼兰河畔"，莫言与山东，等等。

许许多多的作家笔下都带有浓浓的乡土气息，他们用心灵描摹深深依恋的故乡，借以反映社会，反映人性等，也因而形成了独具风貌的文学作品。

由此可以看出，乡土是我们的物质家园，也是我们的精神家园。文学意义上的乡土，既是一种客观存在的形态，又是一种精神现象。作家对乡土的审视与对社会人生的体察感悟融合在一起，成就了文学的一种独特审美。

七、了解自己的本色

从《乡土本色》一文和以上所例举的文学作品来看，无论是学术论文还是文学作品，"乡土情结""乡土性""土气"深深地刻印在他们的作品和思想之中。他们通过学术论文或文学作品，或直接、或间接地传递着对乡土的深深眷恋。我想，这也就提示我们，在学习或阅读这些文章的同时，只有怀着一颗眷恋乡土的心，才能更好地学习、读懂这样的文章。也只有这样，我们才能做到精读提示中所说的"了解自己的根基，自己的本色"。

但是，文章的最后也提到，"在我们社会的激速变迁中，从乡土社会进入现代社会的过程中，我们在乡土社会中所养成的生活方式处处产生了流弊。陌生人所组成的现代社会是无法用乡土社会的习俗来应付的。于是，'土气'成了骂人的词汇，'乡'也不再是衣锦荣归的去处了"。

那么，可能有同学会问：我们为什么要了解自己的本色，这样做有什么意义？

我想借助两段话来回答这个问题。

片断1：费孝通先生在87岁高龄的时候，曾到江苏吴县做社会调查，他跟小城镇里的一家居民聊天，遇到了一位六十岁上下的老妇人，老人服饰很有特色、仪容整洁、神态安详，而当费教授请她聊天时，站在一边旁观的她反倒退回里间，连面也不肯露了。对费孝通先生来说，这是一种惨痛的感受。他认为他看到了一种文化的变迁，即当代中国人的文化自卑感，"不肯出来的意思是她要走了，文化要走了，自己觉得不能出来见人了。不是人家不要她，大家欢迎她出来，可是她自己觉得，我这一套不行了。这样一来，她真的要走了，文化要走了。不是人家要消灭你，是你自己要走了，你这文化要灭亡了。老了，老到自己没有自信心了。这不是她个人的自卑，她对她的文化没信心了。"

片断2：我们现在正生活在一个"全球化"的时代，由此产生的开放意识、全球意识已经深刻地影响了新一代年轻人的精神面貌与精神走向，这在总体上自然是有一种积极意义的；但也不能不看到，在相当一部分年轻人中间，却出现了另一种倾向，即对生养、培育自己的这块土地，其中蕴含的深厚文化，坚守其上的人民，在认识、情感，以至心理上产生了疏离感、陌生感。在我们看来，这不仅可能导致民族文化的危机，更是人自身存在的危机：一旦从泥土中拔出，就成了无根的人。正是出于这样的可以说是根本性的忧虑，我和我的朋友想发出一个呼吁："认识我们脚下的土地！"这是一个重大的教育课题，也是精神建设的大问题。

——著名学者钱理群

因此，当我们再回到"土气""乡土性"这一问题时，我们可以发现，费孝通通篇文章明白地告诉了我们：在乡土上生活、生产着的人们，自然而然就带有了乡土性和土气。因为人与土的相互依存关系，乡土情结自然产生。一个人如果拥有了这种乡土情结，就会时刻地将乡土铭记在心，因为这种感情已经融入了他的血液。因此，我们也才会去记忆这种文化，感受这种文化和享用这种文化。

八、作业设计

1. 与家中长辈聊聊，体会他们内心的乡土情结。

2. 你是如何看待乡土文化的？在学习完本文之后，请写一篇不少于800字的读后感。

浅谈《论语》

奚 畔

━━━━ 北京市数字学校远程课堂教学设计 ━━━━

教学目标：

解决学生提出的问题，引导学生探究《论语》的价值所在，从而找出古今之人必读《论语》的原因。

教学重点：

通过细读文本，探究作者用词，培养学生从文本中提出问题、解决问题的能力。

教学难点：

通过联系初中课文、本单元其他课文和相关历史背景，培养学生建构知识体系，运用所学知识解决问题的能力。

教学方法：

问题探究法和比较阅读法相结合。

教学课时：

1 课时。

预习作业：

读课文，提出问题。

教学步骤：

一、导入

今天我们要学习高中选修文化论著研读模块第二专题的《浅谈〈论语〉》。《论语》大家都耳熟能详，孔子曾说："温故而知新，可以为师矣。"我们一起回顾一下曾经学习过的内容。

你能说出曾经学过的《论语》中的名句吗？

在初中学过"学而不思则罔，思而不学则殆""有朋自远方来，不亦乐乎""三人行，必有我师焉""岁寒，然后知松柏之后凋也"……

这些都是《论语》中的经典名句，那么与《论语》这部著作有关的常识我可要考考你了。请你根据所学知识填空：

《论语》是记载孔子及其弟子言行的书。南宋时期朱熹把《论语》、《孟子》、《大学》、《中庸》集为《四书》。

孔子名丘，春秋时期鲁国人，是我国历史上著名的思想家、教育家，曾为鲁国编写史书《春秋》。

这些都是同学们需要记住的常识，如果你忘了，可以阅读本文第1～6段来积累。

二、教学环节（一）：通读全文，概括出本文的主旨，并提出问题

1．通读全文，概括出本文的主旨。

《论语》是古今之人必读之书。

在本文中，作者杨伯峻反复提到《论语》是必读书，比如这些文字："两汉时儿童最初念书，是先读识字课本。识字完毕，便读《论语》和《孝经》。《论语》是读书人必读之书。""以后的读书人，可说无人不谈《论语》。""八股命题少不得《论语》。""纵是科举废了，《论语》还是读书人经常诵读的书。"

2．那么究竟为什么必须读《论语》呢？这就是本课需要解决的重点问题。

为什么《论语》是古今读书人必读之书？

三、教学环节（二）：文本梳理

想要解决问题，我们就必须回到文本中去找答案。读懂一篇文章要先梳理清楚文章的脉络。诵读全文，划分层次，概括段意并填空。这篇文章思路非常清晰，我们不难找出。

第一部分（1～3）论语简介：1．书的内容；2．书名缘由；3．成书时间。

第二部分（4～5）价值之高：4．古人必读；5．今人必读。

第三部分（6～11）必读原因：6．孔子的生卒年；7．孔子的经历；8．孔子的思想；9．孔子的学生；10．研究贡献；11．教育方法。

第四部分（12～13）如何对待：12．今人态度；13．还之本真。

梳理之后，我们发现问题的答案主要集中在第4～13段中。

四、教学环节（三）：思考探究

我们在此基础上再来思考本课要解决的核心问题：古今之人为什么必读《论语》？我们不妨把它拆解成两个问题。

问题一：古人为什么必读《论语》？

问题二：今人为什么必读《论语》？

（一）问题一：古人为什么必读《论语》？

重读第4段，概括出三条原因。

孔子晚年就有极大的名声，赢得当时各国的赞美。当时有人说他是"人民导师"，鲁国称他为"国老"，还有人认为他是"圣者"。死后，他的学生比他做日月高得不可超越，说他"生得光荣，死得可惜"。

两汉时儿童最初念书，是先读识字课本。识字完毕，便读《论语》和《孝经》。《论语》是读书人必读之书。……以后的读书人，可说无人不谈《论语》。……这四种更成为学习入门书。

《论语》是《四书》的第一部，八股命题少不得《论语》……尤其是《论语》，便成为读书做官的敲门砖，如此经过将近六百年，足见它影响之大且深。

那么我们可以归纳出三条原因：

（1）晚年名声极大："人民导师""国老""圣者""日月"。

（2）课本：两汉人必读此书，南宋学习入门书。

（3）考试敲门砖：八股命题范围。

小结：必读《论语》的原因：孔子声望高，众人皆学。

（过渡：可是我觉得这并不够充分，声望高就是必读的原因吗？众人皆学就是必读的原因吗？）

我们再来仔细品味这段话，会发现两个有意思的事实，第一，孔子是晚年声望高；第二，众人是在汉代之后才必读《论语》的。那么问题就产生了：

1. 为什么孔子在晚年名声极大？

2. 为什么自汉代之后必读《论语》？

这可能是帮我们解决为什么必读《论语》的钥匙，需要我们深入思考探究。

1. 为什么孔子在晚年会得到极高的声望？

重新阅读第7段，会发现作者说了这样一句话：

"一生得意时少，失意时多。"

我就更加不明白了，为什么后人要必读"失意"之人的学说呢？此中必有蹊跷，我猜想：失意可能与他的思想发展有关系。我们不妨来找找看看，二者究竟有何关联？

回到课文第7段，看看能否找到些线索。

"他出生于宋国贵族……孔子出生不久，父亲死了，家庭也贫困了，不得不做各种杂活……他做过仓库保管员，也做过牲畜管理员，都很负责任……他到处学习，不懂就问，所以见闻广博。"

这一段主要在讲他的经历，这些经历的确不是那么"得意"，而作者在经历之后加上这么一句"他到处学习，不懂就问"，似乎给我们提供了一点线索。孔子一生经历了很多，生活动荡，而孔子善于学习，善于思考，积累了广博的知识。

小结：失意可以帮助他吸收各行各业的知识，他不断学习，知识也就积少成多，晚年见识广博。

其实不只这篇文章提到孔子善于学习，我们初中学过的《论语》里面也能看出他的终身学习理念。

子曰："三人行，必有我师焉。择其善者而从之，其不善者而改之。"

子曰："见贤而思齐焉，见不贤而内自省也。"

我们继续寻找失意与他的思想发展之联系。这一段里只讲了一部分孔子的经历，既然说"一生得意时少，失意时多"，我们找出孔子一生的经历来看看他究竟经历了怎样的失意。

《论语·为政》中有一段孔子的自传：

子曰："吾十有五而至于学，三十而立，四十而不惑，五十而知天命，六十而耳顺，七十而从心所欲，不逾矩。"

其中，"有"是通假字，意为"又"，"学"是做学问，"我十五岁立志于做学问，三十岁能够自立，四十岁不被外界事物所迷惑，五十岁懂得了天命，六十岁能正确对待各种言论，不觉得不顺，七十岁能随心所欲而不越出规矩。"

这是孔子对自己的评价，我找来了史料，看看他在不同的年龄段都具体在做什么。

孔子的一生

30 岁左右有些名气，受齐景公赏识，被奸人所害，逃回鲁国。

51 岁任鲁官，后升为大司寇。

55 岁不被重用，周游列国。

60 岁在郑国与弟子走失，"累累若丧家之犬"。

69 岁欲从政，不被任用。

70 岁左右子卒，颜回、子路卒。

72 岁离世。

如果我们用王国维先生《人间词话》中的人生三层境界来看孔子的一生的话，可以说"昨夜西风凋碧树。独上高楼，望尽天涯路"是孔子学习、立志阶段，孔子自传中说 15 岁有志于做学问，30 岁能够自立，基本可以对应起来。

第二重境界是"衣带渐宽终不悔，为伊消得人憔悴"，也就是为了心中的理想苦苦追寻阶段，这期间会有很多的坎坷，可能成功，可能失败。

"众里寻他千百度，蓦然回首，那人却在灯火阑珊处"，也就是悟道，学有所成阶段。文章中说他在晚年整理古籍，教授学生，他自己说六十岁能正确对待各种言论，不会觉得不顺，七十岁能随心所欲而不越出规矩。这并不是他得意了，而应该是他想开了，也得道了。

那么这么晚的成功，这么多年的磨砺，究竟有何意义呢？这些让我想到了孟子《生于忧患，死于安乐》中的一段话：

"故天将降大任于是人也，必先苦其心志，劳其筋骨，饿其体肤，空乏其身，行拂乱其所为，所以动心忍性，曾益其所不能。"

孔子一生经历了无数白眼，无数拒绝，无数失败，这些正是苦其心志、劳其筋骨的过程，而在这些失意的折磨中他才能动心忍性。

孔子自己也说过："岁寒，然后知松柏之后凋也。"只有在寒冷的时候才能看到松柏的坚毅，也就是说只有在磨难中才能看到君子的坚忍不拔。这些"失意""曾益"孔子之不能，磨炼了他的意志，让孔子在痛苦中涅槃。

小结：孔子晚年成名原因第二条：失意让他磨炼心志，变得更加坚毅、执着。

再回到这段看看还有什么线索。

"一生得意时少，失意时多，晚年便专门一面整理古籍，一面讲学传授学术。他是中国私人讲学的第一人，也是传播古代文化的第一人，中国古代文化的流传以至后来的扩大和发展，不能不归功于孔子。"

大家都知道孔子思想的核心"仁"，对后代的影响极大。《论语》中曾子说："士不可以不弘毅，任重而道远。仁以为己任，不亦重乎？死而后已，不亦远乎？"意思是作为一个士人，一个君子，必须要有宽广、坚忍的品质。

我们也可以试着从"失意"与他的核心思想"仁"的关系的角度来思考。

我们回到文本第 8 段，孔子认为的"仁"是指什么？——爱人。

爱什么人？——爱各个阶级、阶层的人，一切具有生命的人。

为何孔子有如此博爱的精神呢？

他从小吃过苦，知道仓库保管员和牲畜管理员的艰辛，懂得底层百姓的困苦，明白人民对统治者的期望，而他自己也是没落贵族，更不再需要什么阶级歧视。再看他的学生，绝大多数出自下层，因此便有了第11段中孔子教育学生不分地位高下，报酬厚薄之说了。

小结： 因为"失意"，孔子了解到各个阶级的生活，也听到各个阶级的呼声，他也懂得大众的期待——平等的仁爱。

本段小结： 我们小结一下，为什么古人必读《论语》？

《论语》凝结了孔子的人生智慧，包括做人、做学问、与人相处等内容，它是一部内涵丰富的经典著作。到这里，我们可以看出孔子将其用"失意"换来的智慧凝结在《论语》这部书中，所以我们有读之必要。

2. 我们再来解决另外一个问题，为什么自汉代之后必读《论语》？

西汉董仲舒"罢黜百家，独尊儒术"，为什么西汉统治者选择了孔子的儒家学说呢？

在《过秦论》中有这样一句话："牧民之道，务在安之而已矣。"意思是想要统治百姓，最重要的是要让百姓安定下来。

西汉初年因为刚刚经历了战乱，统治者为了安民主要采用道家"无为而治"的主张。但是，到了汉武帝时期，社会出现动荡了，"无为而治"已经无法保障社会太平，富贾豪族掠夺民财，兼并土地，激化了阶级矛盾。到汉武帝时期，农民已处在"常衣牛马之衣，而食犬彘之食"（《汉书·食货志》）的悲惨境地，不得不奋起抗争。于是，为了使百姓安定，统治者开始寻找新的解决办法。百家学说再次进入统治者的视野，该使用哪家思想呢？

先来看看汉代流行的几种学说以及各自的特点。

法家：遵守法度。强调依法治国，"以刑去刑"，不重视道德的作用。他们认为人的本性都是追求利益的，没有什么道德的标准可言，所以，就要用利益、荣誉来诱导人民去做。比如战争，如果立下战功就给予很高的赏赐，包括官职，以此来激励士兵与将领奋勇作战（这也许是秦国军队战斗力强大的原因之一）。然而由于法家比较严苛，再加上亡秦之教训，统治者有所忌惮，不敢贸然激化阶级矛盾。

墨家：兼爱无差。墨子的学说完全没有阶级之分，不利于宗法制度的建立，更不利于统治者治国。

儒家：仁爱的主张正好可以化解统治阶级与百姓的矛盾。

回到课文第8段中，孔子认为"没有'仁'，便谈不上'礼'"，看看儒家认为的仁与礼的关系。

何谓礼？礼在中国古代是社会的典章制度和道德规范。作为典章制度，它是社会政治制度的体现，是维护上层建筑以及与之相适应的人与人交往中的礼节仪式。作为道德规范，它是国家领导者和贵族等一切行为的标准。

再来看一下《论语》中孔子对于礼的态度。

子曰："人而不仁，如礼何？"

子曰："不学礼，无以立。"

三家①者以《雍》②彻。子曰："'相维辟公，天子穆穆③'，奚取于三家之堂④？"

【注释】

①三家：鲁国当政的三家：孟孙氏、叔孙氏、季孙氏。他们都是鲁桓公的后代，又称"三桓"。

②《雍》：《诗经·周颂》中的一篇。古代天子祭宗庙完毕撤去祭品时唱这首诗。

③相维辟公，天子穆穆：《雍》诗中的两句。相，助。维，语气助词，无意义。辟公，指诸侯。穆穆：庄严肃穆。

④堂：接客祭祖的地方。

【译文】

孟孙氏、叔孙氏、季孙氏三家在祭祖完毕撤去祭品时，也命乐工唱《雍》这篇诗。孔子说："'助祭的是诸侯，天子严肃静穆地在那里主祭'，怎么能用在你三家的庙堂里呢？"

再来看前一篇课文黄仁宇《孔孟》中的这段话：

孔子对"礼"非常重视。孔子虽然称赞管仲对国事有贡献，但仍毫不迟疑地攻击他器用排场超过人臣的限度。颜渊是孔子的得意门徒，他死时孔子痛哭流涕，然而孔子却根据"礼"的原则反对厚葬颜渊……

我们能看出孔子的思想特征：每个等级的人都要与自身等级之礼相符合，不能超越自身的等级。

这正合统治者之意，百姓不能越礼，利于自己的统治，也利于宗法制度的建立。

小结： 汉代之后必读《论语》，是因为孔子对于仁与礼的解读既考虑了百姓的需要——仁爱，又兼顾了统治者的担忧——等级分明。这一思想很好地解决了日益激化的阶级矛盾，又利于宗法制度的建立。一举两得。

【总结问题一】为什么古人必读《论语》？

原因一：内涵丰富。

原因二：社会需要。

（二）问题二：为什么今人必读《论语》？

阅读第5、12、13段，筛选文章信息得知，原因有三：一是继承传统，二是有研究价值，三是还它以本来面目。

其中有一句话说"我们要正确地了解《论语》，还它以本来面目，由此而正确地评价孔子，给以恰如其分的历史地位"。作者为何这样说？

本文作者杨伯峻先生是著名语言学家、学者，他所著《论语译注》影响巨大。

写作背景我们也需要了解：

晚清以后百余年来，中国从一个世界大国沦落为不堪一击的弱国，巨大的反差使批判传统文化、否定儒家思想成为国人思想的主流。这种思想表现在太平天国起义时期、"五四"时期、新中国成立初期和"文化大革命"时期。

十一届三中全会拨乱反正，指出要"整理古籍"，把祖国的宝贵文化遗产继承下来。

杨伯峻先生等学者合作撰写了一系列导论文章，重在"浅"与"导"，以期为青年学子指示门径。

结合这样的背景，我们就可以解答"为什么今人必读《论语》"这个问题了，原因是我们要重拾中国传统文化之瑰宝。

同学们，我们身上应该有一份责任，就像孔子一样，可以带领他的弟子奔波救国，可以在磨砺中笃志践行，可以有贡献于中国的文化。

▌课堂总结▏如何在文本中提炼问题，如何综合运用知识解决问题。

五、作业设计

1. 阅读《论语·学而》。

2. 撰写阅读札记。

在这里我想对阅读札记做一些说明，讲一些要求。

示例：

子曰："学而时习之，不亦说乎？有朋自远方来，不亦乐乎？人不知而不愠，不亦君子乎？"

翻译：……

启示：为什么学习要时刻复习？君子应该具备什么品质？……（200字）

常见作业问题：

（1）抄袭网络文章；

（2）只做翻译，没有自己的思考；

（3）断章取义，不联系相关知识。

我希望同学们通过这节课的学习能够学会如何阅读，如何质疑，从而运用到自己的阅读当中去。在撰写阅读札记的时候请大家用到本课所学的知识，提升自己独立思考、解决问题的能力。也希望同学们在学习这篇文章之后，真正深入地走进《论语》，去体悟《论语》中做人、做事、做学问的智慧。

秦 腔

李梨香

教学目标：

认识秦民热爱秦腔背后的原因，理解秦腔对于秦川、秦民的意义。

教学重点：

细读文本，理解作者在文字中所蕴含的深意。

教学难点：

理解作者蕴藏在文字背后的情感和认识。

教学课时：

1 课时。

教学过程：

一、导入

(一) 秦川的农民，他们为什么对秦腔如此痴迷？

学生发言：山川——戏剧；风俗——戏剧；秦腔——生活等。(很好，秦川的山川怎么影响了秦地的戏剧秦腔？这个地方的戏剧怎么体现了这个地方的生活？)

(二) 要解决这个问题我们要考虑这些关系：秦川与秦腔的关系；秦民与秦腔的关系。

二、课文分析

(一) 初步阅读过程中我们有一些困惑尚未解决。

1. 秦腔是秦川天、地、人的共鸣，这是怎样的一种共鸣？(这共鸣的实质是什么？)

2. 秦腔是秦人生活大苦中的大乐，这大乐体现在哪些方面？(这大乐的实质是什么？)

(二) 第一个问题：秦腔是秦川天、地、人的共鸣，这是怎样的一种共鸣？

1. 秦天、秦地

问：哪部分集中写秦川的天地？请读出来。

A. 读："如果是一个南方人，坐车轰轰隆隆往北走，渡过黄河，进入西岸，八百里秦川大地，原来竟是：一抹黄褐的平原；辽阔的地平线上，一处一处用木椽夹打成一尺多宽墙的土屋，粗笨而庄重；冲天而起的白杨，苦楝，紫槐，枝干粗壮如桶，叶却小似铜钱，迎风正反翻覆……你立即就会明白了：这里的地理构造竟与秦腔的旋律维妙维肖的一统！"

问：秦川的天地是旷远的，在这旷远的天地之中有什么引人注意的点？

明确：土屋、树。

问：土屋是什么样的土屋？

明确：用木椽夹打成一尺多宽墙的土屋，粗笨而庄重。

问：屋是人们居住的环境，一处一处都是这样的土屋，这说明了什么？（人们怎么不盖别墅呢？）

（学生可能会说这是风俗，那么形成这种风俗的根源是什么呢？）

明确：生活的环境很恶劣，条件很艰苦。

B. 白杨树、苦楝树、紫槐树是西北常见的树，在这里作者用了"冲天而起""粗壮如桶"这样的词语来描绘它们。

问：八百里旷远的平原上，这样的树木给你什么感觉？作者用这些树木传达了一种什么精神？

明确：顽强不屈、乐观向上、达观等。

层次小结：这旷远、贫瘠的秦川透露着一种粗犷、达观、顽强不屈的精神，这就是秦天、秦地之籁吧。

2. 秦人

读一读写秦人的部分：

再去接触一下秦人吧，活脱脱的一群秦始皇兵马俑的复出：高个，浓眉，眼和眼间隔略远，手和脚一样粗大，上身又稍稍见长于下身。当他们背着沉重的三角形状的犁铧，赶着山包一样团块组合式的秦川公牛，端着脑袋般大小的耀州瓷碗，蹲在立的卧的石碌子碌碡上吃着牛肉泡馍，你不禁又要改变起世界观了：啊，这是块多么空旷而实在的土地，在这块土地挖爬滚打的人群是多么"二愣"的民众！

注意作者的选材和用词。

A. "背着沉重的""赶着山包一样"

作者在这里极力表现秦人劳作的什么特点？

沉重、艰难。

B. "端着脑袋般大小的耀州瓷碗""蹲在立的卧的石碌子碌碡上吃着牛肉泡馍"

这是一个很常见的生活场景，秦人在辛勤劳作之后，回到家中吃饭，常常也不上桌，就是端着个脑袋般大小的碗，蹲在石碌子碌碡上吃饭，可能一边吃饭一边和村里人聊天，这时候他们应该是很轻松惬意的。

这样的一个场景表现了秦人什么精神气质？

粗犷、豪迈、达观等。

联系前文，作者在这里选取了这样一个场景，吃饭的场景——端着大碗，蹲在碌碡上吃牛肉泡馍，吃的时候估计还挺高兴，大口大口地吃，作者要表现秦人什么精神气质？

顽强不屈。

秦人是一群在沉重、艰难中，粗犷、达观、不屈地生活着的人。这就是作者所表现的秦人的精神气质。

3. 小结：秦川的天籁、地籁、人籁产生了强烈的共鸣。这共鸣不是外在的声音冲撞，而是内在精神的交织，这就是秦人在艰难中粗犷、豪迈、坚忍不屈的精神实质。秦腔就是通过大喊大叫来表达秦川天、地、人的粗犷豪迈、坚忍不屈的精神。

（三）第二个问题：秦腔是秦人生活大苦中的大乐，这大乐体现在哪些方面？

生活这么艰难、沉重，人们那么达观、坚忍地活着，秦腔在人们的生活中有什么作用呢?

学生发言……

大家列举了很多,我们看作者是怎样看的。看第四段。

1. 第四段有没有话可以概括秦腔在人们生活中的作用? 大苦中的大乐,生命的五大要素之一。

读:"农民是世上最劳苦的人,尤其是在这块平原上,生时落草在黄土炕上,死了被埋在黄土堆下;秦腔是他们大苦中的大乐,当老牛木犁疙瘩绳,在田野已经累得筋疲力尽,立在犁沟里大喊大叫来一段秦腔,那心胸肺腑,关关节节的困乏便一尽儿涤荡净了。"

讲:秦人生活是苦的。"最劳苦的人""落草"(拿草垫着)"被埋在黄土堆下",注意作者的这些用词,我想他是充满怜悯的。这些人实在是生活得很苦。秦腔是他们大苦生活中的大乐,当已经累得精疲力竭之时,大喊大叫来一段秦腔,心胸肺腑,关关节节的困乏全都涤荡净了。这秦腔就是他们的大乐。

2. "大乐"的秦腔在秦人生命中具有什么地位?

秦人的生命要素,(在这五大要素中,秦腔有什么不同? 它有什么重要地位? 秦腔是精神追求,其他的都是物质追求;它是唯一的精神追求。)生命中唯一的精神要素。

讲:人是不能没有精神的,没有精神的人在这个世界上只能说是生存,有了精神追求的人才是真正生活着。所以他们不能仅仅有"西凤"白酒、长线辣子、大叶卷烟、牛肉泡馍,还必须要有精神要素,在这便是秦腔。

3. 问:秦腔作为精神追求在生活中有哪些体现?(这就是后文要讲的)

A. 读:"他们有的是吃不完的粮食,他们缺的是高超的艺术享受,他们教育自己的子女,不会是那些文豪们讲的,幼年不是祖母讲着动人的迷丽的童话,而是一字一板传授着秦腔。他们大都不识字,但却出奇地能一本一本整套背诵出剧本,虽然那常常是之乎者也的字眼从那一圈胡子的嘴里吐出来十分别扭。"

问:秦人为什么将秦腔传授给子女?(秦腔里有什么?)

明确:用秦腔中的历史文化、人生道理等教育子女。

讲:秦腔来源于秦人的生活,秦腔中的人生道理对于他们来说才是最适合、最贴切的。

层次小结:秦腔是秦人教育子女的途径,是传承不屈精神的方式。

在如此艰苦的生活中,不识字的农民还将秦腔的人生道理一字一板地传授着,这不就是一种坚守和不屈吗?

B. 读:"有了秦腔,生活便有了乐趣,高兴了,唱'快板',高兴得是被烈性炸药爆炸了一样,要把整个身心粉碎在天空! 痛苦了,唱'慢板',揪心裂肠的唱腔却表现了多么有情有味的美来,美给了别人的享受,美也熨平了自己心中愁苦的皱纹。当他们在收获时节的土场上,在月在中天的庄院里大吼大叫唱起来的时候,那种难以想象的狂喜,激动,雄壮,与那些献身于诗歌的文人,与那些有吃有穿却总感空虚的都市人相比,常说的什么伟大的永恒的爱情是多么渺小、有限和虚弱啊!"

问:这一段写了秦腔在秦人生活中的什么作用?

明确:承载生活中的喜怒哀乐。

问:怎样承载?(分析句子)

"高兴了……整个身心粉碎在天空"——释放快乐，得到内心真正的愉悦。

"痛苦了……熨平了自己心中愁苦的皱纹"——发泄痛苦，抚平创伤，精神慰藉。

层次小结：秦腔让人们释放快乐，得到内心的真正愉悦；秦腔让人们发泄痛苦，在其中抚平心灵的愁苦，得到精神的慰藉。人们追求秦腔，就是追求最真实、最本质的情感，所以作者才会说："那种难以想象的狂喜，激动，雄壮，与那些献身于诗歌的文人，与那些有吃有穿却总感觉空虚的都市人相比，常说的伟大的永恒的爱情是多么渺小、有限和虚弱啊！"

秦腔承载了秦人生活中的各种情感，人们总是愿意并能够在秦腔的大喊大叫中得到精神的涤荡、超脱，秦腔表现了他们的粗犷，也传达了他们的达观。

4. 小结：秦腔对于秦人来说是大苦中的大乐，是生命中唯一的精神要素，承载了它们不屈的精神追求。秦人在秦腔的叫喊中涤荡了辛劳与痛苦，也表达了秦人的粗犷、达观。这就是秦腔与秦人的精神契合，和谐共鸣。

三、课堂总结

秦腔是秦川天、地、人的共鸣，我们理解了这共鸣的真实含义。我们研讨了秦腔对于大苦中生活的秦民的作用，其实就是解读了秦川、秦人和秦腔的内在联系。现在请同学们沉淀一下，思考一下，可以交流一下，再来回答这个问题。

<u>生长于秦川的秦民为什么如此地痴迷于秦腔？</u>（没时间的话可以直接总结）

秦腔就是秦川天、地、人粗犷达观、坚忍不屈的精神共鸣，是这种精神的承载，秦腔是秦民大苦生活中的大乐，是生命中的精神要素，他们坚守着秦腔中承载的真善美的精神追求，并且在大喊大叫中涤荡生命的辛劳、痛苦，喊出了自己的粗犷和达观。

作者极力写秦地的艰难，极力讴歌秦民在艰难环境中的坚忍不屈。在贾平凹心中，这坚忍不屈的精神就是八百里秦川的乡土本色。

四、作业

结合你自己的生活经验，选取某一种艺术形式，谈谈你对地方艺术与民众生活之间关系的认识。

五、板书设计

秦　腔

秦川

坚忍不屈

秦腔　　粗犷、达观

秦民

《致橡树》：两棵树的爱情

刘英瑾

北京市新课标课改现场会展示课教学设计

教学目标：

结合时代背景，对诗歌中木棉、橡树形象进行深入分析，使学生感受诗人现代女性自主意识的张扬和对独立不屈的高贵人格的追求，从而深入理解本诗的文化意义。

教学过程：

一、课堂导入

今天我们要共同学习一首爱情诗，然而这首诗讲述的却不是"我"与"你"的爱情，也不是你与他或她的爱情，而是两棵树的爱情——一株木棉和一棵橡树的爱情。下面，我先为大家朗诵一下这首诗，希望大家能够跟随我的朗诵，沉下我们平日里喧闹的内心，一同走进舒婷带给我们的两棵树的爱情世界。（配乐朗诵）

两棵树的爱情该是怎样的爱情呢？带着这样的疑惑，我们这节课要解决的问题就出现了：

（1）为什么在舒婷的爱情世界里，我必须是一株木棉，而木棉爱上的一定是她近旁的那一棵橡树？

（2）透过作者对这两棵树形象的选择和塑造，舒婷希望向读者传达怎样的思想？

二、我是一株木棉

1. 为什么我必须是一株木棉？

（1）为什么不能是凌霄花？不能是鸟儿？不能是泉源、险峰、日光、春雨？请同学们在课文中找一找这些意象各自有什么特点，分别象征了怎样的爱情模式？在这些爱情模式中，两性具有怎样的地位？并按要求完成下面的表格。

意象	特点	爱情模式	爱情中两性地位
凌霄花			
鸟儿			
泉源 险峰 日光、春雨			

表格填写提示：

意象	特点	爱情模式	爱情中两性地位
凌霄花	攀援高枝 炫耀自己	攀附他人	男性为主 女性为辅
鸟儿	痴情歌唱 重复旋律	自我缺失	
泉源 险峰 日光、春雨	送去慰藉 衬托威仪 默默滋养	一味奉献 自我牺牲	

（2）当诗人否定了上述种种意象的时候，也否定了这些爱情模式。那么诗人肯定的爱情模式是什么样的呢？为什么诗人会对木棉别有倾心？

A．请同学们根据原诗中的语句概括木棉的特点。

（提示：木棉的特点——"作为树的形象和你站在一起"。

树的形象：你是树，我也是树，追求两性平等的爱情模式。

站在一起：不是"靠在一起"，彰显女性对于个体独立的追求。）

B．透过诗人对木棉形象的塑造，归纳出诗人肯定怎样的爱情模式。

（提示：平等独立的爱情模式。）

（3）为什么诗人不同样做一棵橡树呢？做橡树不是可以更好地"作为树的形象和你站在一起"吗？

请同学们找出原文中能够展现橡树和木棉各自形象特点的语句并加以概括，同时揣摩作者这样写的目的。

（提示：橡树——"你有你的铜枝铁干／像刀，像剑，也像戟"，极富阳刚气质；木棉——"我有我的红硕花朵／像沉重的叹息"，极富女性的美与柔。通过对比，我们能再一次感受到诗人对自身女性身份的彰显。）

2．当舒婷以女性身份来张扬一种平等独立的爱情观时，她希望给读者传达一种什么意识呢？

（提示：打破男尊女卑的传统观念，要求在爱情、婚姻中拥有独立自主人格的女性主体意识。）

教师小结：表面上看，作者似乎只是在借木棉之口诉说自己的爱情，但是透过这一意象，我们能够感受到诗歌更深层次的寓意：即使在爱情这样一个常常让人忘乎所以的领域，也不能失去独立的人格。"我"是一个独立的人，"我"要与你并肩挺立。

三、你是一棵橡树

1．为什么这一株独立自尊的木棉会深深地爱上这棵橡树呢？

（提示：外形上，伟岸高大、强壮有力，极具阳刚气息；精神上，有"坚持的位置、足下的土地"，即在精神上有所坚守。）

2．有着伟岸的身躯，有着精神上的坚守，这一橡树的形象让我们看到了舒婷对她心目中理想爱人的期许。那么舒婷所描绘的理想中爱人的形象，与我们今天女孩子们选择爱人的标准是否吻合呢？

（学生自主发言。引导男、女生从各自角度畅谈理想爱情中男性的角色定位。）

3. 发言总结，深入探究。

通过同学们的发言我们不难发现，在我们理想的爱情中男性的角色还可以是有责任感的，懂得照顾家的，等等，还有女同学坦言并不希望自己的另一半毫无保留地执着于事业、坚守自己的理想。那为什么舒婷会对橡树这样的恋人别有倾心呢？

（提示：联系诗歌创作背景来思考，这首诗写于 1977 年 3 月，"文化大革命"刚刚结束。所以不难理解，舒婷是带着强烈的对"文化大革命"的记忆写下这首诗的。我们都知道，在"文化大革命"那样的时代里，人们最缺乏的恰恰就是这"坚守"二字，对理想的坚守，对事业的坚守，对正义、真理、良知、人性的坚守。当整个社会太多的人都放弃了自己的底线和良知的时候，那少数的坚守者，尽管承受着巨大的苦痛，却依然高昂着不屈的头颅，这样的伟岸人格又怎能不让诗人心生爱意，又怎能不让我们为之动容。）

那个时代，选择"坚守"不仅意味着选择忍受折磨与痛苦，有时甚至还意味着选择死亡，选择粉身碎骨。但从另一个层面上观之，选择"坚守"却也还意味着一次人生的升华。当放弃"坚守"的人们灵魂渐趋贬值的时候，那些"坚守"者们一次又一次向我们展现了一个大写的"人"应有的精神高度。

我们有理由相信，这大写的"人"的精神高度就是爱那株骄傲的木棉的理由。

4. 那么，今天同学们在选择理想爱人的时候，是不是就不需要考虑这种"坚守"精神了呢？

（提示：在任何一个时代都存在着对人性的考验，不论是来自外界的压力和诱惑，还是来自内心的虚荣和怯懦，都无时无刻不在撼动着人们坚守的决心，并不是每一个人都能在考验面前交出满意的答卷。坚守良知正义，坚守道德底线，坚守爱情承诺，看似简单的字眼，做起来却都十分不易。因此，不论在任何时代同，"坚守"的精神都值得我们由衷赞扬。）

教师小结：透过橡树这一意象，我们可以感受到舒婷在橡树——这个理想爱人的身上寄予的人格理想，那就是"坚守"，对理想、事业、良知、正义的坚守，对独立不屈的高贵人格的坚守，对大写的"人"应有的精神高度的坚守。可以说，在诗人的爱情宣言里，我们明确感受到了她对这种人格的热情礼赞。

四、"这才是伟大的爱情"

问题探究：为什么舒婷在诗歌的结尾会说"这才是伟大的爱情"？这两棵树的爱情因何而伟大？

（提示：在任何年代，坚守做人的原则与底线，坚守心中的理想与信念都是那样不易，选择坚守在某种程度上可能就意味着选择痛苦，选择孤独，甚至选择舍生取义。但即使这样，"我"依然爱着你，"我"不仅欣赏你的人格，并愿意用"我"的身躯与你一起承担痛苦，一起走过难挨的岁月，一起彰显作为"人"的精神高度，这份爱就显得弥足珍贵、炽热感人。）

推荐大家读一下巴金的散文《怀念萧珊》，去感受一下那患难与共的伟大的爱情。

五、课堂总结

爱情是一个神圣的领域，因此，真正能够撑起那伟大的爱情的也必须是两个高贵而饱满的灵魂！透过舒婷对爱情世界中男女主人公形象——木棉和橡树的选择，我们能够品读出舒婷高昂起的现代女性自主意识和对独立不屈的人格追求。在那样一个人性苏醒的年代，诗人这样的精神追求让我们可以清晰地感受到她对"人"的发现与礼赞，对"人"的饱含温情的关切。就像舒婷自己所说的："今天，人们迫切需要尊重、信任和温暖，我愿意尽可能地用诗来表现我对'人'的一种关切。"（《诗刊》1980年第10期）我想这也是为什么这首《致橡树》，尽管文辞并不华美，意象并不新奇，却依然能感动我们的原因。它为我们筑起了一个心灵的巢，让我们的精神在那里得到鼓舞和激励。

下面，我们再来齐读一下这首诗，重温一下属于这两棵树的伟大的爱情。

守财奴

郑树红

北京市数字学校远程课堂教学设计

教学目标：

1. 介绍巴尔扎克的基本情况（经历、性格特点、思想特点）及作品。

2. 分析欧也妮的形象特点，认识到她身上所具备的美德，理解巴尔扎克塑造欧也妮的用意。

3. 引导学生了解葛朗台发财、守财的具体行为，据此客观评价他的守财行为，并进一步了解巴尔扎克批判葛朗台的角度。

教学重点：

1. 巴尔扎克的生平经历对他的影响。

2. 欧也妮的形象对葛朗台的形象的衬托。

教学难点：

分析葛朗台守财的错误所在，理解巴尔扎克对他批判的立场。

教学方法：

问题探究法。

教学课时：

1 课时。

教学步骤：

一、导入（2 分钟）

同学们好，今天我们的学习从一段悼词开始：

"唉！这位惊人的、不知疲倦的作家，这位哲学家，这位思想家，这位诗人，这位天才，在同我们一起旅居在这世上的期间，经历了充满风暴和斗争的生活，这是一切伟大人物的共同命运。今天，他安息了。他走出了冲突与仇恨。在他进入坟墓的这一天，他同时也步入了荣誉的宫殿。从今以后，他将和祖国的星星一起，熠熠闪耀于我们上空的云层之上。"

这是大文豪雨果所写的悼词，这位被称为"作家、哲学家、思想家、诗人、天才"的人到底是谁呢？放眼世界谁能让雨果给予如此高度的评价呢？他就是我们这节课要走近的伟大的作家——巴尔扎克。

在这段悼词中，雨果说他"经历了充满风暴和斗争的生活"，那么我们来看看，巴尔扎克到底经历了怎样的风暴和斗争？

二、教学环节（一）：巴尔扎克介绍（12分钟）

1. 巴尔扎克的生平经历。

首先，我们来了解一下巴尔扎克的出生：

巴尔扎克出生于一个法国大革命后致富的资产阶级家庭。巴尔扎克的父亲，伯纳—佛兰苏，只是一个苦命的乡下人。但是他却以乡下人那种特有的固执和不屈不挠的劲头，混进了巴黎的生活圈子，而且渐渐如鱼得水。五十岁的时候，他已经成为高尚的、受人尊敬的市民，"上流社会"中堂堂正正的一员的老巴尔扎克又采取了一个重要行动：他给自己找了一位太太，一位有着良好的嫁妆和高贵的布尔乔亚血统的太太，他上司的女儿。他利用原来的关系，加上他太太的嫁妆做后盾，使他在经济危机来临时也无后顾之忧。他的儿子奥瑙利（即巴尔扎克）在此期间出生了，此时巴尔扎克一家正处在兴旺之际。

成功的父亲、年轻漂亮的母亲，巴尔扎克的童年生活应该是幸福的美满的，但是，巴尔扎克后来回忆这段生活，曾忿忿地说：

"我从来不曾有过母亲，从来也不知道什么叫母爱。"

"我经历了人的命运中所遭受的最可怕的童年。"

这又是怎么一回事呢？我们来看斯蒂芬·茨威格所写《巴尔扎克传》中的一段话：

"（巴尔扎克）刚一出世，她就要人立刻将他从家里送走，仿佛他是个麻风病人。那时他还没有满月。后来这个婴儿交给一个奶母——一个宪兵的妻子——看护着，直到四岁时他还和她同住一块儿。甚至在那时，尽管他父母的宅院是那么阔绰，但他的父母却不许他回家来，只允许每个星期天，他才可以回家探视一次，仿佛是他们的远房亲戚。父母从来不让他和较小的孩子一起玩，他从来没有自己的玩具，也没有得到过任何礼物。生病时亲生母亲从来不在身边，也从来不曾在她的口中听到一个有关慈爱的字眼儿。每当他试图亲昵地靠近她的膝头，想要拥抱她的时候，一声严厉的呵叱声，便毫不犹豫地打断这种亲热的尝试，就像是有碍观瞻似的。七岁那年，这个没人要的孩子，便被强行送到王多姆的一个寄宿学校去。"

关于为什么要将他送出去，有多种说法，不论哪种说法，我们所知的就是，巴尔扎克从小远离父母，而这份经历对他一生影响巨大。后来虽然在13岁时，他终于回到了自己的家，可是心里的阴影再也无法抹去。在他年满18岁之后，他就发自内心地、毅然决然地离开了那个他再也无法忍受的家庭。

1816年，17岁的巴尔扎克入法律学校学习，毕业后不顾父母反对，毅然走上文学创作道路。我们先来看一段视频（播放电影《巴尔扎克》片段）。

正如片中所演，巴尔扎克的成年生活也是一团糟。为了摆脱经济上对父母的依赖，巴尔扎克曾以各种笔名为书商撰写流行小说，来维持生计。当然，这些纯粹以赚钱为目的的商业性作品不会给他带来所期待的荣誉，后来他甚至否认这些作品出自他的手笔。随后，为了给自己的严肃创作寻求稳定的经济来源，他决定暂时弃文从商。从1825年开始，他开办过印刷厂、铸字厂，每次都以失败告终。4年的商海沉浮，让他尝够了破产、倒闭、清理、负债的苦楚。债台高筑，于是只能靠写作还债。

2. 关于巴尔扎克的创作

巴尔扎克在书房里放置了一座拿破仑塑像，在塑像的剑鞘上刻下如下字句：

"他用剑未完成的事业，我要用笔完成！"

他决定将自己的所有作品系列化，起初，他将这个庞大的作品框架命名为《社会研究》，后因受但丁《神曲》（原名直译为《神圣喜剧》）的影响改为《人间喜剧》，巴尔扎克想把人世间的一切纷争角逐、悲欢离合喻为人生大舞台上的一个个场景、一幕幕悲喜剧。为完成《人间喜剧》庞大的创作计划，他经常每天晚上6点钟上床，半夜12点起床，披上圣多明各式的僧袍，点起4支蜡烛，一口气工作16个小时，只有在早上7点时沐浴，稍作休息，出版商这时会派人过来取稿件。而在1834年11月间，他一天要写20个小时。除了写作，巴尔扎克又常兼任校稿员，一部书稿要修改六七次，大刀阔斧，直到满意为止。

巴尔扎克既不抽烟，也不酗酒，但为保证写作时清醒，巴尔扎克嗜浓咖啡如命，白天一有空，便到巴黎街头购买咖啡豆。咖啡里既不加牛奶，也不加糖，足以苦到让胃麻痹，他曾说过："我将死于3万杯咖啡。"有专家统计过，他一生大约喝了5万杯浓咖啡。可以说，这段时间，巴尔扎克过的是极端痛苦的写作生活，巴尔扎克的传记作家圣兹博里说过：

"没有谁可以说清楚他到底是在生活还是在写作。"

而这样的日子，巴尔扎克持续了近20年。创作的时候，他文思泉涌、疾笔如飞，几十万字的《高老头》三天内一气呵成，《乡村医生》花了72小时，《赛查·皮罗多盛衰记》是25小时内写成的……但是另一方面，在生活方面，他极为无能，有钱的时候挥霍无度，没钱的时候借债度日。在同书商打交道的过程中，他经常被骗，因此他一生受债务困扰，时刻受到高利贷者和出版商的追逼，经常被迫逃离住处躲债，巴尔扎克的身体从40岁之后就每况愈下，50岁之后已经重病缠身了。

1850年8月18日晚上11点半，巴尔扎克与世长辞，3天之后，在拉雪兹公墓举行葬礼，前来送葬的巴黎市民行列绵延好几条大街。葬礼上，雨果致悼词，沉痛悼念这位伟大的天才。后来法国著名雕塑家罗丹亲自为他雕塑半身像。

雨果在悼词中这样说：

"他的一生是短促的，然而也是饱满的，作品比岁月还多。""他的所有作品仅仅形成了一部书，一部有生命的、光亮的、深刻的书，我们在这里看见我们的整个现代文明的走向，带着我们说不清楚的、同现实打成一片的惊惶与恐怖。"

是的，他的生命只有短短的50余年，他的创作却是丰富的，他为我们留下了91部作品。接下来我们了解一下巴尔扎克为我们留下的这一部大作——《人间喜剧》。

1841年巴尔扎克制订了一套宏伟的创作计划，决定写137部小说。1842年巴尔扎克写了《人间喜剧·导言》，阐述他撰写这部文学巨著的宗旨，1845 年巴尔扎克又写了《人间喜剧总目》，根据这个"总目"，《人间喜剧》分为三大部分：《风俗研究》《哲理研究》《分析研究》。其中以《风俗研究》内容最为丰富，又可分成六大类：《私人生活场景》《外省生活场景》《巴黎生活场景》《政治生活场景》《军队生活场景》《乡村生活场景》。

三、教学环节（二）：欧也妮形象分析（12 分钟）

欧也妮是《欧也妮·葛朗台》中的主角，可以说，作者满含热情地塑造了这样一个形象，在欧也妮身上，有巴尔扎克的寄托，有他强烈的情感。所以，我们要结合原著，认识这位被巴尔扎克评价为"毫无瑕疵"的姑娘。

在原著中，有好几处对欧也妮肖像的描写，我摘录几处内容，大家来认识一下欧也妮：

欧也妮肖像描写——

她的脑袋很大，前额带点儿男相，可是很清秀，像斐狄阿斯的丘比特雕像。

圆脸上娇嫩红润的线条，生过天花之后变得粗糙了，幸而没有留下痘瘢，只去掉了皮肤上绒样的那一层。

她的鼻子大了一点，可是配上朱红的嘴巴倒很合适；满是纹缕的嘴唇，显出无限的深情与善意。

脖子是滚圆的。

不知道这是不是同学们心目中的欧也妮，通过这些描写，我们大体可以想象她的模样，这是一个典型的乡下少女，用作者自己的话来说，应该是一个"高大壮健"的姑娘。没有绰约的风姿，没有妩媚的神情，无论如何，我们不会将她与"美丽"联系起来。可是，作者在文中却这样说：

她虽然跟弥罗岛的爱神相仿，却有一股隽永的基督徒气息，把她的外貌变得高雅，净化，有点儿灵秀之气，为古代雕刻家没有见识过的。

她的美是一望而知的，只有艺术家才会倾倒的。

恬静、红润的脸色，光彩像一朵盛开的花。

巴尔扎克认为欧也妮是美丽的，她高雅、灵秀，像一朵盛开的花。作者为什么会这么认为呢？我们继续来了解这位姑娘。

对欧也妮来说，有一件事对她一生影响巨大，那就是她和堂弟查理的爱情。我们来看看堕入爱河的欧也妮是怎样的——

她很热烈地感到非给他做一点儿什么不可；做什么呢？不知道。天真，老实，她听凭纯朴的天性自由发挥，并没对自己的印象和情感有所顾虑。

她脚步匆忙地在那儿走，很奇怪地觉得空气比平时新鲜，阳光比平时更有生气，给她精神上添了些暖意，给了她新生命。

查理到来之前，欧也妮的日子是怎样度过的呢？每天陪着母亲，像苦工一样干繁重的针线活，却从不抱怨，一份廉价的生日礼物也会让她兴奋异常。欧也妮是那样简单，而查理的到来，让这个单纯的姑娘感受到了别样的气息。她感觉空气更新鲜，阳光更有生气，她是那样热烈地坠入了爱河，她觉得自己一定要为查理做点什么，而且，她也真的做了很多，背着父亲买白蜡烛，为查理精心准备午餐，央求拿侬做千层饼……甚至，欧也妮还干了一件非常出格的事，当听说堂弟家遭遇破产，他现在经济困难时：

欧也妮那天夜里既没想到金洋的珍贵，也没想到父亲的癖性，更没想到把父亲这样珍爱的宝物脱手是如何危险；不，她只想到堂兄弟，计算之下，——算法上自然不免有些小错——她终于发觉她的财产大概值到五千八百法郎，照一般的市价可以卖到六千法郎。

欧也妮把自己的私房钱赠给了查理，那时候她只想到了查理，根本没想到父亲的反应，而在此之前，她从未曾违拗过父亲。不过就算想到可能的后果，欧也妮仍然会这样做，因为欧也妮这样想：

"为了他，为了他，千刀万剐我也受。"

这是爱的誓言，而欧也妮也的确能够做出来，后来父亲抢夺查理托欧也妮保管的梳妆匣时：

欧也妮在手边抓到了一把刀子，当做武器。

"父亲，你的刀把金子碰掉一点，我就用这刀结果我的性命。你已经把母亲害到只剩一口气，你还要杀死你的女儿。好吧，大家拼掉算了！"

这应该是欧也妮一生中最激烈的一次表现，她为了保护查理的东西，不惜以命相胁。我们认识到了，在爱河中：欧也妮爱得真，爱得纯，爱得义无反顾。

不过，欧也妮毕竟生活在葛朗台身边，所以，对欧也妮最真的检验，莫过于看看面对金钱的她会是怎样的表现：

面对金钱的欧也妮——

在课文中，葛朗台为了讨好母女俩，拿一些钱给她们，欧也妮说：

"父亲，把钱收起来吧；我们只需要你的感情。"

葛朗台诱骗欧也妮继承权的时候，连公证人都看不下去了，

"小姐，"公证人说，"以我的责任，应当告诉你，这样你自己是一无所有了……"

可是欧也妮却说——

"嗨，上帝，"她回答，"那有什么关系！"

我们看到，欧也妮并不在意金钱，如果大家继续将小说读下去，就会知道：

继承遗产之后——

她开养老院、办教会学校、捐建图书馆、帮查理还清债务。

于是，我们终于真正认识了这个姑娘：她把钱看得轻、看得淡、看得无所谓。生活在葛朗台身边，她却一点没有受到守财奴的影响，在生活中，欧也妮极尽孝道，对母亲尽心服侍，对父亲也是鞠躬尽瘁。我们现在是不是认识到了欧也妮之美呢？

她真的像一朵盛开的花，一朵洁白的莲花，出淤泥而不染，香远益清。

而同时，我们也体会到了作者塑造这个人物形象的用意：欧也妮是整篇小说中的一抹亮色，是作者所塑造的那个金钱至上、人情淡漠的污浊社会中能给予我们慰藉的一缕阳

光。她用自己的一生证明了：人生并不是一件交易。

欧也妮成为葛朗台鲜明的对照，在赞扬欧也妮无私、善良的同时，我们会愈发鄙视葛朗台的无耻、无情。

四、教学环节（三）：对葛朗台"守财"的认识（12分钟）

接下来我们重点讨论这样一个问题：葛朗台守财错了吗？

为了弄明白这个问题，我们首先需要了解葛朗台是怎样发财的？

1. 葛朗台发家史。

让我们再次回到原著中：

他在一七八九年上是一个很富裕的箍桶匠，识得字，能写能算。共和政府在索漠地区标卖教会产业的时候，他正好四十岁，才娶了一个有钱的木板商的女儿。他拿自己的现款和女人的陪嫁，凑成两千金路易，跑到县政府。标卖监督官是一个强凶霸道的共和党人，葛朗台把丈人给的四百路易往他那里一送，就三钱不值两钱的，即使不能算正当，至少是合法地买到了县里最好的葡萄园、一座老修道院，和几块分种田。

这是关于葛朗台原始资本积累的一段描写，他用自己辛苦赚的钱和妻子的陪嫁进行投资，并为自己赢得了第一桶金。在商场上，葛朗台非常善于经营：

葛朗台先生从来不欠人家什么；又是老箍桶匠，又是种葡萄的老手，什么时候需要为自己的收成准备一千只桶，什么时候只要五百只桶，他预算得像天文学家一样准确；投机事业从没失败过一次，酒桶的市价比酒还贵的时候，他老是有酒桶出卖，他能够把酒藏起来，等每桶涨到二百法郎才抛出去，一般小地主却早已在一百法郎的时候脱手了。

此外，葛朗台的财产还有另外一个来源：

这一年上葛朗台接连得了三笔遗产，先是他丈母特·拉·古地尼埃太太的，接着是太太的外公特·拉·裴德里埃先生的，最后是葛朗台自己的外婆，香蒂埃太太的。这些遗产数目之大，没有一个人知道。三个老人爱钱如命，一生一世都在积聚金钱。

通过以上内容，我们明白了葛朗台发财的途径：

第一，善于把握商机，投资做生意；

第二，获得数量可观的遗产。

我们现在明白了，葛朗台没有违法乱纪，他一切的收获都是努力所得，是合法所得。而且他还是纳税大户，可以说为国家做出了贡献。

2. 葛朗台守财。

那么，接下来我们来了解一下，他又是怎样守财的？看看文中的描写：

【文段一】葛朗台先生从来不买肉，不买面包。每个星期，那些佃户给他送来一份足够的食物：阉鸡，母鸡，鸡子，牛油，麦子，都是抵租的。……房客之中有种菜的，葛朗台便派定他们供应蔬菜。至于水果，收获之多，可以大部分出售。烧火炉用的木材，是把田地四周的篱垣，或烂了一半的老树，砍下来，由佃户锯成一段一段的，用小车装进城。

【文段二】他老是同样的装束，从一七九一年以来始终是那副模样。笨重的鞋子，鞋带也是皮做的；四季都穿一双呢袜，一条栗色的粗呢短裤，用银箍在膝盖下面扣紧，上身穿一件方襟的闪光丝绒背心，颜色一忽儿黄一忽儿古铜色，外面罩一件衣裾宽大的栗色外套，戴一条黑领带，一顶阔边帽子。他的手套跟警察的一样结实，要用到一年零八个月。

【文段三】十一月初一，她们可以搬到壁炉旁边过冬了。只有到那一天，葛朗台才答应在堂屋里生火，到三月三十一日就得熄掉，不管春寒也不管早晚的寒气。

【文段四】全家的内衣被服都归母女俩负责，她们专心一意，像女工一样整天劳作；甚至欧也妮想替母亲绣一方挑花领，也只能腾出睡眠的时间来做，还得想出借口来骗取父亲的蜡烛。多年来女儿与拿侬用的蜡烛，吝啬鬼总是亲自分发的，正如每天早上分发面包和食物一样。

【文段五】拿侬听见他在楼梯上敲击的声音，便问："要不要帮忙？"

"不用！不用！我会对付"。老箍桶匠回答。

葛朗台一边修理虫蛀的楼梯，一边想起少年时代的事情，直着喉咙打唿哨。

可见，他生活极为俭朴，凡事总是亲力亲为，从不挥霍金钱，而且会尽可能利用各种条件力求减少日常开销。现在我要问问大家，他这样守财，错了吗？"新三年，旧三年，缝缝补补又三年"的雷锋是我们的楷模，"时人未识将军面，朴素浑如田家翁"的朱德令我们敬仰，那么，这样的葛朗台也是值得肯定的，所以从这个角度来说，他的守财没有错。

不过，事情却不是这么简单，我们必须回到文本，再看看葛朗台守财时的另外一些表现：

当侄子投靠他的时候——

老头儿看见查理手中捧着金子，不由得眼睛一亮。

"侄儿，一共值九百八十九法郎七十五生丁，"葛朗台推门进来说，"为了免得你麻烦去卖给人家，我来给你现款吧……里佛作十足算。"

当女儿把自己私房钱送给堂弟的时候——

"你这个该死的婆娘，你这条毒蛇！唉！坏东西，你知道我疼你，你就胡来。你勒死你的父亲！……我要咒你，咒你的堂兄弟，咒你的儿女！他们都不会对你有什么好结果的，听见没有？"

当妻子生病的时候——

"要不要花很多的钱？要不要吃药呢？"

"不用多少药，调养要紧。"医生不由得微微一笑。

"哎，裴日冷先生……要是我女人还有救，请你救救她，即使要我一百两百法郎也行。"

当诱骗女儿继承权的时候——

"得啦，孩子，你给了我生路，我有了命啦；不过这是你把欠我的还了我：咱们两讫了。这才叫做公平交易。人生就是一件交易。我祝福你！你是一个贤德的姑娘，孝顺爸爸的姑娘。你现在爱做什么都可以。"

这时候我们再来探讨：葛朗台守财错了吗？我们不得不说：当金钱重于一切，超越亲情、爱情，甚至为了金钱不择手段欺骗亲人，这样的守财就是错误的。

3. 巴尔扎克对葛朗台的批判。

此外，我们还必须进一步思考，作者巴尔扎克是站在什么立场批判葛朗台的？

——父亲的发家致富史

巴尔扎克的父亲在某种程度上很像葛朗台，出身贫寒，凭借自己的胆识闯入巴黎，挣得体面富裕的生活，但是却非常冷漠，不重感情。所以巴尔扎克曾度过了不堪回首的童年生活，这在巴尔扎克心中留下了不可磨灭的烙印，是他始终厌恶的生活方式。

——一生欠债还债的日子

巴尔扎克不善经营，一生都处于欠债还债的煎熬中，所以他对世人唯利是图、狂热拜金也非常不满，因此，他对葛朗台的批判也有自身经历的因素。

综上所述，判定思考葛朗台守财之对错，我们应该从多角度去思考，不能只是简单为这个人物扣帽子。

五、教学环节（四）：布置作业（2分钟）

‖作业设计‖拓展思考题

1. 温儒敏教授说过："一部好的小说，一部意蕴深刻的小说，是可以不断地被解读，不断地进行剖析，见仁见智。"对于欧也妮，有人认为作者是借她凄凉的一生来抨击资本主义的罪恶，也有人认为作者将她视为美的化身，是为了启迪众生，你怎么看呢？

2. 巴尔扎克曾说："天才的作品是用眼泪灌溉的。"请结合他的生平经历谈谈你对这句话的理解。

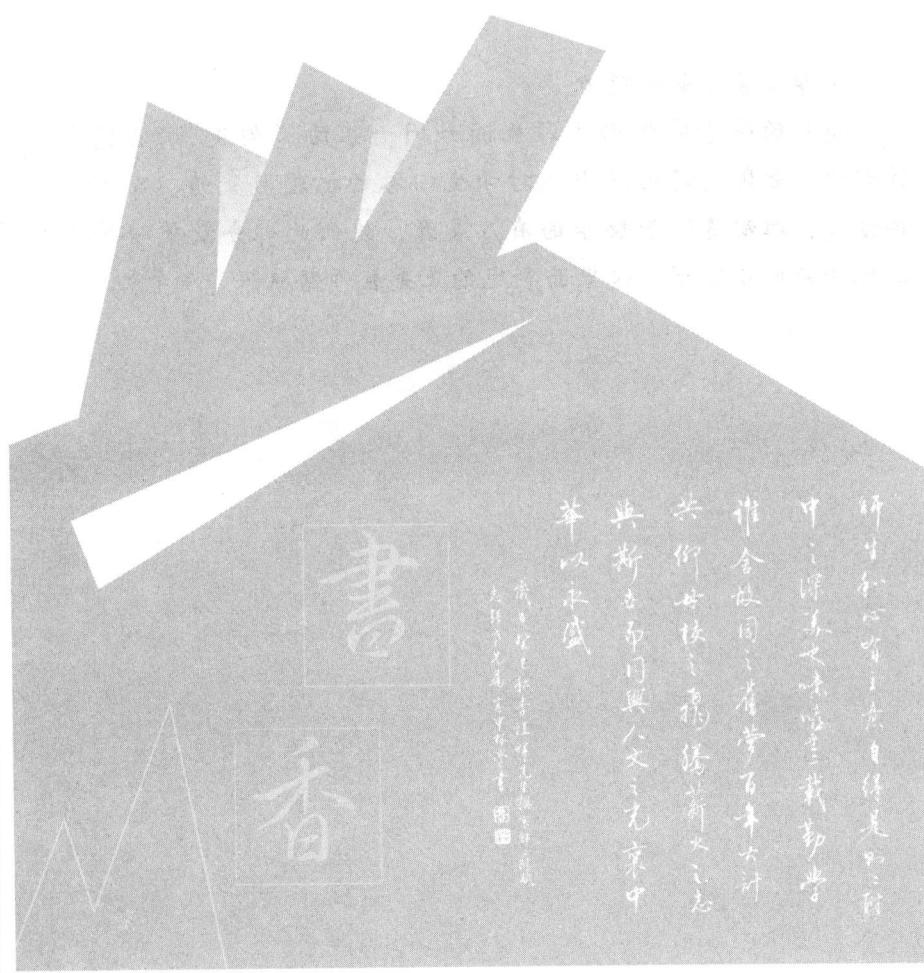

第二部分

教学实录

教学实录显驭课能力。

精彩的课堂需借助于师生间一问一答的"周旋"。在这个过程中，教师问题的提出、对学生回答的把握与反馈、新问题的生成，推动着课堂教学的有序展开，故而此部分最值得欣赏品味的是问答过程，这里面表现的正是教师驾驭课堂的能力。

《琵琶行》：涵情味道品"裂帛"

王广杰

第四届"圣陶杯"全国中青年教师课堂教学大赛一等奖课堂实录

教学目标：

1. 在全面把握诗歌内容的基础上，揣摩诗歌典型语言现象，引导学生体会人物丰富的内心世界。

2. 引导学生理解语言与情感之间的辩证关系，掌握文学语言鉴赏规律，深入体会中国古典诗歌的语言美和情感美。

教学重难点：

1. 理解"如裂帛"语言张力背后的情感因素。

2. 把握音乐描写诗句中潜藏的渐趋浓烈的情感脉络。

教学方法：

1. 诵读、谈话、讨论。

2. 用图示的方法，力求直观呈现音乐的节奏与人物的情感脉络。

教学实录：

[课前播放] 董其昌的书法《琵琶行》；林海的音乐《琵琶语》。

[导入] 诵读白居易的诗歌，初步体悟白居易诗歌之美。

师：同学们，白居易的诗歌家喻户晓，广为流传。唐代就有"童子解吟长恨曲，胡儿能唱琵琶篇"的盛况，至今我们对他的许多诗句仍然耳熟能详。我们不妨来回忆一下，我说上句，大家接下句：

野火烧不尽，（春风吹又生）。

日出江花红胜火，（春来江水绿如蓝）。

乱花渐欲迷人眼，（浅草才能没马蹄）。

师：相信大家在读这些诗句的时候，一定初步感受到了白居易的诗歌之美，今天我们学习《琵琶行》，就是要进一步赏析白居易的诗歌之美。

[板书：诗之美]

一、诵读，感悟诗歌之美

[生齐读第一段]

师点评：大家读得很流畅，但是节奏稍微有点快了。本诗开篇所写的是一个离别的场景，感情基调应该是很感伤的，所以如果把诵读的节奏放慢些，诗中的情感可能就会呈现得更为饱满一些。比如我们可以这样读："浔阳－江头－夜－送客，枫～叶－荻～花－

秋－瑟～瑟。"［师范读］

［师生合作诵读第二段］

师：感谢和我配合诵读的同学，他用他的方式演绎了白居易的诗歌之美。在刚才的诵读中，我也充分感受到这首诗的美，尤其是其中关于音乐描写的部分。音乐是有声无形的，但是白居易却能够用形象生动的语言将它描绘得惟妙惟肖。因此，这一切的美首先应归功于诗歌精妙的语言上。

［板书：语言］

［学生针对音乐描写的诗句谈感受］

发现问题：学生明显偏爱"大珠小珠落玉盘""银瓶乍破""铁骑突出"等诗句，却很少关注到"四弦一声如裂帛"一句。

二、讨论"如裂帛"背后所承载的情感意蕴

师设疑：有人认为"四弦一声如裂帛"是一处败笔。理由是前面的音乐描写大都用词精致典雅、超凡脱俗，而在"曲终"这么关键的时刻，却用这样"ci－la""如裂帛"的声音来描绘，与前面的美丽乐声不大谐调。查资料发现，许多人在谈到"大珠小珠落玉盘"等时都滔滔不绝，而到"如裂帛"就一语带过。难道"如裂帛"真的是作者的一处败笔？

［小组讨论并发言］

生1：我认为"如裂帛"并不是一处败笔，因为它和琵琶女当时的处境相关。

师：琵琶女的处境如何？

生1：琵琶女之前过得很好，现在生活落差很大。之前是"十三学得琵琶成，名属教坊第一部……"，现在是"弟走从军阿姨死，暮去朝来颜色故……"

师：这怎么就和"如裂帛"相关了呢？

生1：她之前的生活如"大珠小珠落玉盘"，现在却如"幽咽泉流冰下难"，年老色衰，无人重视，她的心情恰如"裂帛"。

生2：我认为"如裂帛"就是一处败笔。

师：谈一谈你的看法？

生2："如裂帛"用在这里，太过激烈，破坏了整个音乐的优美意境。

师：其他同学对此怎么看？

生3：我不同意刚才这位同学的观点。我觉得整首诗还是有着很优美的意境的。《红楼梦》中有"晴雯撕扇"的故事，晴雯在撕扇时也非常激烈，但那并没有破坏优美的意境。"如裂帛"中"裂"的是丝绸，而不是普通的布。

师："帛"是一种高贵的丝织品，是一种美好的、有价值的东西，而现在却被生生地撕裂了。这和琵琶女的经历有没有相似之处？

生4：有。琵琶女之前是"曲罢曾教善才服，妆成每被秋娘妒"，现在却是"门前冷落鞍马稀，老大嫁作商人妇"，她的这种悲惨经历和"裂帛"很像。

师：非常好！前面同学之所以说"如裂帛"是败笔，可能只是关注了"裂帛"的声音好不好听。但我们应该明白，音乐是用来表达情感的，不好听不等于不美。刚才同学说，"如裂帛"和琵琶女的经历相关，这很好，但是难道它仅仅和琵琶女的经历相关吗？

生5：还和白居易的经历相关。白居易现在的处境很悲惨："我从去年辞帝京，谪居卧病浔阳城……"

师：白居易16岁便以一首《赋得古原草送别》而广受赞誉，后来"十年之间，三登科第"，曾历任翰林学士、左拾遗。但元和十年（815年），却因"越职言事"而被贬为江州司马，时年43岁。宏大的社会理想、政治抱负从此化为泡影，他开始从政治的中心走向了政治的边缘，从人生的繁华走向了人生的落寞。这与"裂帛"的场景又是何等的相似！

由此看来，"裂帛"所产生的是一种高亢而凄厉的声音，它可能不大好听，但是却真实地写出了琵琶女和白居易的心声：一种对美好东西被生生撕毁的心碎感，一种对自我悲惨处境的警醒感。琵琶女"夜深忽梦少年事，梦啼妆泪红阑干"，白居易"出官二年，恬然自安，感斯人言，是夕始觉有迁谪意"。"同是天涯沦落人，相逢何必曾相识！"落难中的人最相知，"如裂帛"一句写出了普天之下人所共有的一种人生沦落感，要不怎么会"东船西舫悄无言"？怎么会"满座重闻皆掩泣"？

小结："如裂帛"可能不像"大珠小珠落玉盘"那样精致典雅，但是它与人物的心境是相调和的。因为恰当贴切，所以它能化平凡为神奇，做到"点铁成金"。因此，一个词语运用的好坏，不是看它本身是否精致典雅、超凡脱俗，而是要看它是否承载了足够丰富的情感力量。

［板书：（语言）贴切 点铁成金］

三、关注行文布局，梳理音乐背后人物的情感脉络

师：我们现在来讨论一下诗句的行文布局问题。

［板书：布局］

师：有些同学在作文时习惯于把点睛之笔放在文章的开头，以期取得先声夺人的效果，可是白居易为什么却将"如裂帛"放在了最后呢？我们试着把诗句改造一下，比如改作"曲开弹拨当心画，四弦一声如裂帛"，并将之放在音乐描写的开始处，看看行不行？

［学生讨论］

生6：放在前面不大好。之前的音乐是相对优美平和的，到"四弦一声如裂帛"处给人一种警醒之感，因此放在最后能产生戛然而止的效果。

师：音乐是经历了一个怎样的过程才达到了戛然而止的状态的？

生6：先是急促的，然后静下来，最后达到高潮。

师：我们一起来梳理一下音乐的节奏，并试着用图形来描绘一下整个音乐的变化过程。

［音乐节奏梳理并绘图］："转轴拨弦三两声"几句是调弦试音；从"大弦嘈嘈如急雨"开始进入一个小高潮；从"间关莺语花底滑"开始音乐变得舒缓起来；后来乐声停止，"别有幽愁暗恨生，此时无声胜有声"；再之后，"银瓶乍破水浆迸，铁骑突出刀枪鸣"，这是一个大高潮；到了"曲终收拨当心画，四弦一声如裂帛"就变得更加高亢激昂了。音乐到此处戛然而止，产生了余音袅袅的效果。

师：这种起伏跌宕的节奏反映了乐声的强弱变化，请同学们进一步思考，作者的情感是否也是如此高低起伏？

[梳理音乐节奏背后的人物情感脉络并绘图]："转轴拨弦三两声"几句，琵琶女调弦试音，作者听出了曲中含情，这是一个情感开始酝酿的过程；"大弦嘈嘈如急雨"几句，作者也一定是随着音乐的跳动而开始欣赏起了琵琶女的精湛技艺；到了"间关莺语花底滑"，音乐的节奏舒缓了下来，那么作者的情感呢？"滑"是触觉，作者却用它来写听觉。这是通感，而所谓的通感，就是打通了各种感官，在这里作者完全沉浸在了音乐声中。很显然，作者此时听音乐的状态比刚才更深入了一层。刚才还是在外围客观地欣赏着，现在开始渐渐地进去了，或者说是"入境"了；到了"别有幽愁暗恨生，此时无声胜有声"，音乐停止了，但作者的情感却没有停止。不仅没有停止，而且还更加浓烈了，因为他听出了曲中是含着"幽愁暗恨"的，同时曲子也勾起了他自己的伤痛回忆；再之后，"银瓶乍破水浆迸，铁骑突出刀枪鸣"，一个银瓶静静矗立，突然迸裂，一队骑兵横刀立马，戈戟相向，这种强大的阵势把作者给唤醒了；紧接着，"曲终收拨当心画，四弦一声如裂帛"，一个"如裂帛"，"ci－la"一声，情感轰然释放，那种撕心裂肺的痛感，一定是让作者痛苦到了极致。这表面上是写琴声，实质上是写心声。我们从中可以看出，音乐背后作者的情感从曲子开始到终了是一个逐渐叠加，渐趋浓烈的变化过程。当时的情境一定是：琵琶女越弹越悲伤，白居易也越听越悲伤，当情感凝聚到一定程度时，便爆炸般地轰然释放。

师：事实上，"如裂帛"一句若放在前面还真的不合适。我们想想当时的场景如何，"枫叶荻花秋瑟瑟"。可以想象，在这样一个夜晚，白居易和友人正处于"别时茫茫江浸月"之时，江面上突然传来这么"ci－la"一声，恐怕会让人心惊胆战、魂飞魄散的。可见这不合情境。再看看琵琶女又是一个怎样的人，"千呼万唤始出来，犹抱琵琶半遮面"，她是一个羞羞涩涩、悲悲切切的女子，是不大可能一上来就这么"ci－la"一声的。可见也不合身份。看来，把"四弦一声如裂帛"放在乐曲的一开始不合乎事理逻辑。那么我们反过来想，作者把它放在最后就可能是有意的、合理的安排。

小结：由此看来，本诗中"如裂帛"的使用合乎相应的事理逻辑和情感逻辑，它是人物情感发展自然而然、水到渠成的结果，而且没有另一个词能担当得起这样的情感重任。这应该是作者有意安排的，足见其行文布局的精当。

[板书：(布局) 精当　水到渠成]

朱光潜说："最好的文章，像英国小说家斯威夫特所说的，须用'最好的字句在最好的层次'。……文章的布局也就是一种阵势，每一段就是一个队伍，摆在最得力的地位才可以发生最大的效用。"(《选择与安排》)一个简单平凡的"如裂帛"，承载了琵琶女和白居易丰富的情感，因此它是"最好的字句"，而它又被安排在了"最好的层次"，所以便发挥了最大的效用，具有了最强的情感张力。

四、总结与诵读

"诗歌之美"并不是简单地体现在其所用词语本身的精致典雅上，而应体现在它的"语言贴切"与"布局精当"上。语言贴切于心境，便能做到"点铁成金"；布局安排得精当，情感的发展才能自然而然、水到渠成。而作者做出这些选择与安排的根据是什么？是"情感"。白居易有言："诗者，根情，苗言，华声，实义。"（《与元九书》）

［板书：根于情］

语言中的每一个字都是平等的，没有哪一个字天生就比另外一个字更高贵。作者之所以用这个字而不用那个字，并不是因为这个字本身有多好，而是因为这个字更贴合他当时的心境，而且他懂得把这个字安排在一个最合理的位置上。

每一个字都是一个生命细节，都承载着千钧的情感重量。我们正是通过这样一个一个的生命细节，在特定的文学语境中领悟到了作者丰富的情感。

正所谓：

语言美在选择当，

情感浓自布局精。

读出凡字百余味，

便解文学审美情。

我们应该感谢白居易，今日闻君琵琶语，让我们如听仙乐耳暂明。

［师配乐诵读前两段，再次感受白居易的诗歌之美］

五、板书设计

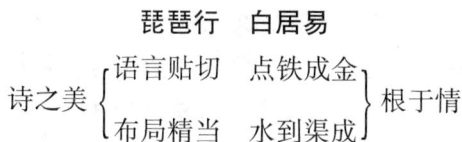

琵琶行　白居易

诗之美 ｛ 语言贴切　点铁成金 / 布局精当　水到渠成 ｝ 根于情

音乐节奏与情感脉络图

情感脉络

音乐节奏

附录　**"裂帛"一声知何似**

——《琵琶行》执教感言

我们很认同谢冕先生的观点："为了克服欣赏上的困难，要做的一件事，就是要把诗中所提供的东西'泡'出来。就是说，要把诗人由繁复的生活现象加以高度精炼的东西，还原到它原先的状态中去。要把浓缩了的东西'泡'开，这是诗歌欣赏中必经的一段'工序'。"（《重新创造的艺术天地》）课堂教学设计的关键便是找准一个点，并将之充分地

"泡"开。

《琵琶行》"凡六百一十六言",可选的点自然有很多,如"唯见江心秋月白"的以景结情之美,再如"相逢何必曾相识"的天涯沦落之恨,等等。然而一节课的时间有限,我们不能贪多,必须集中精力找准一个点并深挖之。本节课我们在统观全诗的基础上找到了一个可以生发的点——"如裂帛",我们认为它能够点中人物情感的要害,通过分析它,我们能够拎出整首诗的情感脉络。

一、为什么要聚焦"如裂帛"?

我们选择"如裂帛"作为教学点是依据对学理和学情的把握。作为一个比喻,"如裂帛"算不上精致典雅,但它却是最恰当贴切的。无论是美好东西被生生撕碎的悲惨状态,还是"ci-la"一下所产生的高亢而凄厉的声音形象,无不准确地传达出了人物(琵琶女和白居易)撕心裂肺的痛苦感和对自身处境的警醒感。然而这样的一个语言点却又是极容易被学生忽略的,甚至有人会认为这是白居易的一处败笔。课前学生调查和课上学生的发言都证实了这一点,他们似乎更偏爱那些精致典雅的词句,如"大珠小珠落玉盘""银瓶乍破水浆迸",等等。

探讨"如裂帛"的妙处时,我们顺势带领学生进入了诗歌第三、四段中有关琵琶女、白居易各叙身世的内容,学生自然而然地对"同是天涯沦落人,相逢何必曾相识"的那种悲惨的命运遭遇有了更为深刻的领悟。一个好的比喻往往集中地呈现着文学作品的审美趣味,但是当今教学中我们对比喻的关注大多只停留于概念化地理解其对事物形象生动化的表述作用上,很少能够再深入一层,触及人物的精神领域,很少关注到一个词语与作者内在情感的隐秘联系。透过"如裂帛"关注人物的内在情感,有助于学生深入透彻地理解一个比喻的真正妙处。

二、为什么要关注"行文布局"?

我们课堂教学的第二大环节是讨论"曲终收拨当心画,四弦一声如裂帛"一句的行文布局问题。关注诗句的行文布局只是一种深度阅读的教学策略,其最终目的是要通过这样一个于无疑处生疑的方式来引导学生深入思考诗句背后人物的情感发展逻辑。我们常常习惯性地认为作者的原诗是最好的,虽然这大多符合实情,但这种习惯性认知有时却并不利于我们进一步弄清作者的情感发展逻辑。我们在课上设问:能否把诗句改写为"曲开弹拨当心画,四弦一声如裂帛",并将之放置在音乐描写的开始处?这看似宕开的一笔,实则激起了学生浓厚的兴趣。学生不再只是把目光停留于某一个孤立的诗句,而是开始关注到了前后诗句放置在一起所形成的内部关系。

学生在此环节中可能产生的疑惑我们都作了充分的预设。比如学生会不自觉地把作者描写音乐的诗句与琵琶女实际弹奏的音乐混为一谈,因此我们就有必要让学生明白客观事实与主观创作之间的联系和区别。我们要让学生明白,我们现在是赏析白居易的音乐描写,而不是听琵琶女的弹奏,音乐描写实则是对音乐的二度创作。除此之外,我们还要引导学生联系当时的环境和琵琶女的身份,弄清楚文学创作往往不是架空事实,而是要做到合情理、合事理。因为合情合理,不突兀,所以情感的发展才能自然而然、水到渠成,表现在文字上才会显得那么恰到好处。此环节的学习让学生对音乐背后的情感发展脉络以及作者的创作思路都有了更为清晰的把握。

三、解诗之外，我们还能引领学生走多远？

欣赏《琵琶行》的语言文字之美是我们的首要目的，但不应是唯一目的。课堂总结时我告诉学生："语言中的每一个字都是平等的，没有哪一个字天生就比另外一个字更高贵。"讲到此处，我脑海中蓦然想到的是："世界上每一个人都是平等的，没有哪一个人天生就比另外一个人更高贵。"一个从中心走向边缘、从繁华走向落寞的人，他的心中究竟会想到些什么？每一个字都是一个生命细节，都承载着千钧的情感重量。那么每个人呢？《琵琶行》所要传达给我们的难道仅仅是一种精湛的音乐描写技艺吗？它能否在更大程度上引发我们在人生层面的共鸣？难道诗人不是写出了普天之下人所共有的那种天涯沦落之恨？难道诗人不是在"裂帛"般痛苦的同时又在隐隐地传达着他对于"裂帛"般命运的无限珍视？要不然，怎么会每每读至"曲终收拨当心画，四弦一声如裂帛"，我们都忍不住为之恻然动容？

我和同学们由此明白，文学中往往还存在着某种形而上的东西，它不仅仅与文中的人物相连，也和文外的我们每个人相关，而且相关的不只是文学艺术，还有人生中更为辽阔久远的东西。这应该是我们阅读文学作品时需要重点关注却又极容易忽略的。

裂帛一声知何似，应似心碎警醒时。曲终收拨人散尽，江心无言秋月迟。

《前赤壁赋》：揆文度理悟人生

陈立今

———— 全国百节优质课教学实录 ————

课程看点：

1. 品味鉴赏文中精彩的语言。

2. 渗透民族文化审美心理的相关知识。

3. 感悟文章中蕴含的人生哲理。

教学特色：

高密度、文化浸濡。

实录部分：

师：同学们好，上节课我们疏通了《前赤壁赋》的文字，并让同学们讨论回答了一个问题，即文章第一段营造了怎样的意境。请同学们回忆一下这个问题的答案。

生：宁静、欢快、朦胧、飘渺、自由、空灵。

师：好，宁静、欢快、朦胧、飘渺、自由、空灵。这是大家读完此段的总体感受。那么文章是通过描绘哪些典型景、物、事来表达这种意境的？

生思索并回答：文章用"清风徐来，水波不兴"的景象表达了一种宁静之美。

师：好，"清风徐来，水波不兴"，水有波纹，而不荡动起浪——这既是自然之景，也是作者物我交融的刹那间的内心宁静，苏轼似乎很喜欢描写这种水波不兴的景象，并用"靴纹"和"縠纹"来形容，如"微风万顷靴纹细，断霞半空鱼尾赤""夜阑风静縠纹平。小舟从此逝，江海寄余生"。那么，作者又是如何表现欢快、朦胧、飘渺、自由、空灵的意境的呢？

生回答，师适时总结："诵明月之诗，歌窈窕之章"表现了欢快之情；"白露横江、水光接天"表现的是朦胧、飘渺的意境，白白的雾气浮起在江面，模糊了江天的界限；"纵一苇之所如，凌万顷之茫然"给人的则是自由、空灵的感觉。

师：其实这些语句所表达的意境是你中有我，我中有你的，比如"诵明月之诗，歌窈窕之章"句就既表现了欢快，又表现了宁静，高声诵诗正反衬了月夜的宁静，还表达了自由自在、无拘无束的心境。请同学们品味一下，并思考这里的"一苇"用了什么修辞手法？

生：借喻。

师：同学们会区分借喻、明喻和暗喻吧？明喻甲像乙，暗喻甲是乙，借喻略本体。那么，用苇叶比喻小舟突出的是小舟怎样的特点？

生：小而轻盈。

师：对，小而轻盈。一片苇叶从流飘荡，任意东西，突出的是自由的境界。咱们的诗集叫《不系舟》，为什么？就是突出"自由"二字，题材自由，体裁自由，手法自由。叫《不系船》行不行？

生：不行，舟给人的感觉是小而轻盈、飘逸，有隐士的风度，而船太大了。

师：对，"舟"具有隐逸、自由的情调，如"人生在世不称意，明日散发弄扁舟""舟遥遥以轻飏，风飘飘而吹衣"；其实"舟"还经常略带哀伤的情绪："同作逐臣君更远，青山万里一孤舟""劳歌一曲解行舟，红叶青山水急流"。船给人的感觉是高大威武，设备齐全："楼船夜雪瓜洲渡"是战船，"逆风吹浪打船声"是官船，"去来江口守空船"是商人安置家眷的房船。

"一苇"能不能理解为表现了作者的孤独？

生：不能。

师：为什么？联系下一句"凌万顷之茫然"一起分析。

生讨论并回答：因为有一个"凌"字，有一种"凌驾"之势。

师：对，"凌"有一种超越的气势。"台依北斗凌高阁，笏立中天壮大荒。"好，不引申了。下一个问题：苏子是如何渲染"纵一苇之所如，凌万顷之茫然"时的悠然的？

生："浩浩乎如冯虚御风，而不知其所止；飘飘乎如遗世独立，羽化而登仙。"

师：这里用了两个典故，同学们看出了没有？

生：一个是"列子御风"，一个是"遗世独立"。

师：用典是为了更好地表达文章的主题。这两个典故表达了作者怎样的内心世界？先分析第一个典故。

生讨论回答：（略）。

师总结："夫列子御风而行，泠然善也，旬有五日而后反。彼于致福者，未数数然也"，表现的是一种顺应自然、忘记尘俗纷扰、乐天知命的思想。另一个典故是"遗世独立"，大家都会背《李夫人歌》——"北方有佳人，绝世而独立。一顾倾人城，再顾倾人国。宁不知倾城与倾国？佳人难再得！"这个"独立"是不是孤独？

生：不是，大概有点特立独行的意思。

师：不是孤独，或说不只是孤独，这里有一种卓然特立的意味，试想李夫人如果只是孤独，能"一顾倾人城，再顾倾人国"吗？"独立"一词最早大概出在《周易》，"君子以独立不惧"。《楚辞》说"苏世独立"，毛主席说"独立寒秋"，恐怕都有一种卓然特立的味道。"遗世独立"说明苏轼高傲的头颅其实始终不肯低下。这种情感在他的《定风波》中也有体现，"莫听穿林打叶声，何妨吟啸且徐行，竹杖芒鞋轻胜马。谁怕？一蓑烟雨任平生。"（师生一起背诵此词）苏轼笑对的不只是自然的烟雨，更是社会的烟雨。

有鉴于这种"月白风清""从流飘荡"的美好意境，苏子用哪两个字明确表达了自己此时的心情？

生：乐甚。

师：下面请同学们朗读第二、三段，看看这两段的感情有什么不同。

生：由"乐甚"到"愀然"。

师：课文第二段的开头是"于是饮酒乐甚"，第三段的开头是"苏子愀然"。那么是什么原因让作者由"乐"迅速地转为"愀然"呢？

生：听到了箫声呜呜然，此外唱的歌也挺哀愁的。

师：说得好。课文第二段主要提供了两个方面的转变原因，其一是"歌"，其二是"箫"。那么，为什么"歌"和"箫"会引发悲愁呢？先分析歌的内容为什么会引发愁绪。

学生讨论回答：（略）。

师总结：歌的内容是"桂棹兮兰桨，击空明兮溯流光。渺渺兮于怀，望美人兮天一方"。作者用桂棹与兰桨标榜自己的高洁，桂树是月中神树，"桂子月中落，天香云外飘"。木兰也是高洁高雅的象征，"朝饮木兰之坠露兮，夕餐秋菊之落英"。"美人"的寓意大家都清楚，咱们学过《楚辞·离骚经章句第一》，同学可查校本讲义文言精读第九，"《离骚》之文，依《诗》取兴，引类譬喻，故善鸟香草以配忠贞，恶禽臭物以比谗佞，灵修美人以媲于君"。作者空有报国之志，却远离朝廷，远离皇帝，不被信任，所以"愀然"。

歌好解，为什么听到箫声，苏子也会愀然呢？这其实涉及民族文化审美心理的问题。刚才同学其实已经说了，因为箫声"呜呜然，如怨如慕，如泣如诉"。那么，这时"客"如果吹笛行不行？

生：不好。

师：为什么？

生：笛子调比较高，声音比较亮，与悲鸣的情调不一致。

师：笛声也可以悲，但笛子音色亮丽，笛音凄切；箫声则声调悠长，一般要用悲凉甚或苍凉来形容。笛是村野化的，而箫则是书生化的，我们很难想象牛背上的牧童会吹箫。另外，笛声是民间的，箫声是仙界的。箫史与乔玉因箫结良缘，并在箫声中羽化。所以箫在中国文化中有特殊的含义——高雅、悲凉。王祥夫在《乐器的性格》一文中说："箫却要以惨淡的江天做背景，天色是将明未明的那种冷到人心上的深蓝，冷冷的，还有几粒残星在天上。雁呢，已经在天上起程了，飞向它们永远的南国，飞得很慢，这就是箫的背景，红红的满江边的芙蓉花是和它不协调的。"

师引导学生分析：说到这，可以引申一下。其实，不同的笛音也具有不同的情感色彩，长笛清雅幽怨，"长笛一声人倚楼"；短笛野性自然，"短笛无腔信口吹"；羌笛悲凉，"胡笳落泪曲，羌笛断肠歌"；玉笛哀伤响亮，"黄鹤楼中吹玉笛，江城五月落梅花"，所表达的感情因笛子的音质而不同。

师：好，言归正传，苏子愀然，因客而起，客悲的内容有几方面？

生回答并互相补充：（略）。

师总结：一悲英雄永逝，"固一世之雄也，而今安在哉"；二悲个体渺小，"寄蜉蝣于天地，渺沧海之一粟"；三悲人生短暂，"哀吾生之须臾，羡长江之无穷"；四悲壮志难酬，"挟飞仙以遨游，抱明月而长终。知不可乎骤得，托遗响于悲风"。其实列出了"客"的四悲，也就差不多明白了客为何会想起"月明星稀，乌鹊南飞"这句诗了。请同学回答这个问题。

生：因为时间是"七月既望"。月亮很亮。

师：这固然和明月夜有关，但同学们再想想这首诗的主题是什么？

生：思慕贤才。

师：对，思慕贤才。自己就是贤才，可遇不到赏识自己的明主。短暂的人生怎么发出耀眼的光亮？客的思绪也就是苏轼的思绪。其实有人考证当时船上根本没有杨士昌，一问一答是为实现"赋"的铺陈特点。

说到这，我们想想上学期刚刚学过的《念奴娇·赤壁怀古》，苏轼在那首词中是借写谁的功业来衬托自己壮志未酬的潦倒的？

生：周瑜。

师：对，周瑜。那么同学们再联系校本教材《诵读诗文选》怀古诗章节中的《永遇乐·京口北固亭怀古》等篇章思索一下，以三国人物为怀古依托的诗文多表现什么思想感情，为什么？

生讨论并回答：（略）。

师总结：这个时期的人们身上还留有汉代强劲雄阔的风范。汉代人的雄阔胸襟从汉陵上就可看出，咱们讲《两汉文化》的第一章节，霍去病死后"为冢象祁连山"；另外美术课上同学们所看到的汉代雕塑，依形就势，点染几"笔"，意境全出，也反映着汉人这种雄阔胸襟。汉人认为自己所处为地中央，天上有河汉，地上有汉水。"汉"字本身就是"国之大水"的意思，因此汉人有"一览众山小"的心态，渴望建立功名。三国紧承两汉，是个动荡的时代，也是个英雄辈出的年代，尽管有人胜利，有人失败，但"天地英雄气，千秋尚凛然"。所以，大致可以这样说，以三国为切入点的怀古诗在慨叹古人雄伟功业的同时，更多的是抒发诗人壮志难酬的愤懑。

说到这，提示大家一个问题，怀古诗篇多选取一个平台，即南朝或六朝。南朝：宋、齐、梁、陈，"南朝四百八十寺，多少楼台烟雨中"；六朝：宋、齐、梁、陈，再加上东晋东吴，"六朝文物草连空，天淡云闲今古同"。有兴趣的同学思考一下，以南朝或六朝为怀古依托的诗文多是抒发怎样的心理感受？

再次言归正传，苏轼是如何开导"客"的，"客"为何最终"喜而笑"了？

生：（沉默）。

师：再具体点，苏轼首先选取了哪两种自然景物来阐释自己对人生的感悟的？

生：水与月。

师：讨论的哲学问题的是什么？

生：变与不变。

师：苏轼分别以水、月为喻，讨论了如何从变与不变两方面辩证地看待自然与自身。那么，水与月变化的情态是什么？不变的情态是什么？是针对什么问题而说的？

生：（略）。

师引领学生分析：逝者如斯，江水奔流到海不复还，人不能两次踏入同一条河流，这是变；江水滔滔不绝，亘古如斯，这是不变。"月有阴晴圆缺"是变，"江月年年只相似"是不变。如果从变化的角度看，天地间万事万物都在变动，连一眨眼的工夫都不停止；如果从不变的角度看，则事物和人类都是永恒的。这实际上是针对客的"人生短暂"而言的。苏子实际上告诉我们要辩证地看待人生长短问题。"自其不变者而观之，则物与我皆无尽也"，不要慨叹人生苦短，物我同一，生死同一，人生的意义可以永恒。

师：请同学们思索，从"且夫"开始，又是针对"客"的什么言论而谈的？

生：人生的壮志难酬。

师引领学生分析：对，这其实是针对人生的壮志难酬、人生的得失取舍而言的。对人生价值不强索求，随时发现生活中的美好，以积极的心态享受生活，这与苏轼在《超然台记》中表现的思想有相通之处——"凡物皆有可观。苟有可观，皆有可乐，非必怪奇伟丽者也。哺糟啜醨，皆可以醉；果蔬草木，皆可以饱。"一切事物都能带给人乐趣，一切处境中都能自得其乐，关键是人能不能摆脱自身的欲望。物欲无穷，人心不足蛇吞象，则常悲少乐。苏轼在《宝绘堂记》中提出了"寓意于物"与"留意于物"两种处世境界。他说："君子可以寓意于物，而不可以留意于物。寓意于物，虽微物足以为乐，虽尤物不足以为病。留意于物，虽微物足以为病，虽尤物不足以为乐。""寓意于物"是指人对物的审美关系，人在对物的观照中获得一种审美自由的快感；"留意于物"则是指人与物的功利关系，人怀着占有的欲望对待外物，结果会因物欲无穷引来无限烦恼。苏子寓意于物而不留意于物，才能在潦倒坎坷之际，感受到江风明月是"造物者之无尽藏也"，客接受了苏子的观点，才会"喜而笑"，两人才能"相与枕藉乎舟中，不知东方之既白"。

师总结：苏子与"客"关于变与不变的对话是文学史上的千古绝唱，苏子是乐观的、豁达的。他参透了人与自然的关系，知道无论贫富贵贱，均不能改其规律。正因为如此，他被贬杭州爱杭州，"我本无家更安往，故乡无此好湖山"；被贬黄州爱黄州，月夜泛舟，"举酒属客，诵明月之诗，歌窈窕之章"；被贬惠州爱惠州，"日啖荔枝三百颗，不辞长作岭南人"；被贬海南爱海南，"九死南荒吾不恨，兹游奇绝冠平生"。人活一世，可能经常要在夹缝中讨生活，艰难之时能想到黄州时的苏子，这恐怕也是学习这课的一大收获吧。

布置作业。

1. 读《后赤壁赋》，比较二者在景物选取、写作手法和主题方面的异同。

2. 阅读补充讲义《苏轼在黄州时的诗文艺术》，用文字为黄州时的苏子"画像"。不少于800字。

3. 推荐阅读林语堂的《苏东坡传》。

《聂小倩》：多元有界探幽微

任 萍

北京市优秀课堂教学设计一等奖教学实录

课程看点：

1. 微课在语文课堂中的有效运用。

2. 把握中国古典小说主题的方法和原则。

3. 体悟作品中蕴含的"正义、信任和爱"的力量。

教学特色：

多元主题解读、方法论指导、文本细读。

实录部分：

师：《聂小倩》是《聊斋志异》中的经典篇章，之前通过对微课《聂小倩的自我拯救》的学习，我们梳理了基本情节，并对人物形象进行了探讨，从中我们发现微课的意义不仅在于理解内容，更重要的是激发我们的问题意识，从而做到"微而不微"，认同的地方继续深化，质疑的地方展开论证，引发联想的地方就归纳总结。今天我们将遵循这个路径继续微课的学习，学会提炼、概括主题，明晰作者写这样一个故事来塑造人物的用意是什么。我们看看蒲松龄写了一个怎样的故事。

生：女鬼聂小倩，色财相诱宁采臣遭拒，为其正义所感，助其转危为安并求归葬。后因采臣信守诺言而感动，愿以身相许。入宁家后，小倩尽心侍奉、勤恳无怨，最终感动宁母，与采臣结合。

师：（投影）　宁生入住兰若寺　　妇媪月夜谈小倩

　　　　　　色财相诱均遭拒　　兰溪主仆夜暴亡

　　　　　　小倩相救求归葬　　夜叉来袭被剑伤

　　　　　　宁生安葬倩请归　　宁母允妹却拒留

　　　　　　夜伴读书情难舍　　尽心侍奉成眷属

　　　　　　妖物来袭被降伏　　生儿仕进终团圆

我尝试用以上文字来概述情节，这里的主要人物是谁？

生：小倩。

师：那主要事件是什么？

生：小倩由鬼变人，并找到幸福归宿的故事。（板书：鬼——人）

师：蒲松龄为什么要写这样一个故事？他想要通过这个故事表达什么呢？下面，我们一起学习郑老师的另一个微课，听听她的学生有哪些有代表性的观点。

（播放微课视频并把五种观点投影出来）

主题微探之一：对封建宿命论思想的宣扬。

主题微探之二：高度赞扬聂小倩勇敢抗争、改变自身命运的精神。

主题微探之三：对传统美德的宣扬，同时表现善有善报、恶有恶报的思想。

主题微探之四：反映了作者以及他所代表的当时的士大夫对理想的婚姻、爱情的期待，表现了他们心目中对自由大胆的女性形象的追求。

主题微探之五：作者借这样一个故事告诉我们，怎样才能成为真正的人。

微课中的观点主要有：宿命论说，抗争精神说，善恶有报说，理想期待说，人性说。你认同上述哪个观点呢？请结合文本说明依据；若不认同，请提出自己的观点和理由。下面给大家两分钟的时间讨论一下，然后用 MOODLE 平台反馈功能对观点进行投票。

（学生讨论略）

好，时间到。我们来看一下数据，有的同学选择了两种观点，观点一没有人认同；观点二赞同者最多，有 13 位同学选择；观点三有 6 位同学赞同；观点四有 9 位同学赞同；观点五有 5 位同学赞同。那谁能说说为什么不赞同第一个观点？

生：从文本上看，"郎君注福籍，有亢宗子三，不以鬼妻而遂夺也"，文中只有这一句话与宿命论有关，而且说的只是宁采臣，但整篇文章的主要人物是聂小倩，且故事本身讲的也是小倩反转了自己的命运。如果真想宣扬宿命论，那我觉得应该铺垫一下，让小倩变成人的过程也体现出宿命论，那才会更好地凸显主旨，但文中并没有说，所以通篇来看，这个观点不符合作者想表达的内涵。

师：说得很好。她提到两点原因：其一是这种观点择一局部而非抓主要矛盾；其二是微课中提及"她用大反转的结局印证了那句名言：命运是掌握在自己手中的"。这本身是一种对命运的反抗，又怎么说是宿命呢？在她的发言中，我们捕捉到她在把握主题时的一个原则：要统观全文。（板书）

那我们就按顺序看看，第二个观点可以自成一个帮派，有没有代表来说说你为何认同观点二？

生：我认同观点二，有两个理由。首先，统观全文，故事主角是聂小倩，故事讲的是她从隐忍到救采臣到请求安葬再到入宁家修成正果。我觉得蒲松龄就是在表达小倩通过一步步抗争才有了最后的美好结局。其次，结合作者经历，他屡考不中，通过这个故事来表达自己的期望，以此激励自己。

师：很好。她主要是从"作者对人物的态度"来看的。（板书）那大家是否认同这位同学的看法？为什么？

生：我不太认同。我认为宁采臣也是个很重要的人物，我支持观点三。宁采臣是因为高尚的品德感动了燕赤霞才得到革囊，小倩也是学习了佛经服侍宁母才变成了人。而且我们将采臣、小倩的结局同兰溪生、夜叉的结局进行对比，也可以发现，文章宣扬了善恶有报的思想。

师：所以你是从作者的创作思想和情节的安排上来立论的。（板书）

生：我反对这个观点。小倩做鬼时也伤害了很多人，她的善也只是对宁采臣和宁母，而兰溪生主仆只是好色好财，并非大恶，观点三这样评定善恶，较为牵强。

师：其他同学对以上两位的观点怎么看，你觉得谁对？你支持谁？

生：我支持观点二。我是从作者个人和全文的角度来看的，因为这篇文章的思路就是小倩由被束缚的鬼变为自由之身，所以观点二可以贯穿全文。我来反驳一下观点三，燕生是一个除恶的代表，但文中却没有对他正义除魔的行为做过多的细节描绘和凸显，因此我认为观点三没有很好地贯穿全文和突出中心。

生：我支持观点三。统观全文，作者既对小倩的大胆善良有描写，也对采臣的正义刚直有重点描摹，而观点三单说小倩则显得片面。

师：片面在哪？观点二是赞扬小倩改变自己命运。

生：我认为她不是主动改变，是性格中有善良的重要因子，所以才可能去改变。

师：看来这种改变是出于本性。还有想补充的吗？

生：刚才的几位同学基本说出了我想说的。我支持观点三对传统美德的宣扬，但我认为"善恶有报"表现得不够，传统美德只是小倩赢得采臣、宁母欢心的一种方式，但小倩性格的核心还是积极进取。刚才同学说她性格中有善良的因子，但我认为她不积极争取就无法摆脱不幸的命运。

师：她认为观点三在概括上有问题，太宽，不集中，比较笼统。蒲松龄的很多文章都有"善恶有报"的思想，那单看这篇文章，它的特色在哪里？观点三注意结果，而忽略了情节的过程特点。再看观点二，则不够精准，略窄，忽略了宁采臣对小倩的影响，可以再优化。小倩由抗争到追求，追求什么也要说清。所以，这些同学给我们一个启示：要概括恰切。（板书）

那同学们对观点四和观点五又是怎么看的呢？

生：我支持观点四。结合时代背景，明末清初是才子佳人小说兴起的时候，小倩是完美女性的化身，故而成为士大夫的追求。如文中所讲的美貌和孝顺，符合封建制度对妻子的要求。

师：这位同学刚才调动了自己的阅读经验和感受，有人同意吗？

生：这个故事就是个浪漫的爱情故事。文中的一条线索就是聂宁二人感情的发展，小倩确实是贤妻的形象，如文中第15段的描述，小倩可以说是"上得厅堂下得厨房"。我也支持观点四。

师：有不同意这两位同学看法的吗？

生：我不支持观点四，我想从三个角度说。其一，文中第7段小倩说"此汉当是铁石"，而且帮了这么多忙后采臣才仔细打量她，我认为宁采臣对女性不是很敏感，无过多对爱情的期待。其二，观点四说是表达了士大夫对婚姻爱情的期待，但从文章看小倩更处于一种主动的状态。其三，《聊斋志异》全书虽多写爱情，但每一篇都是不一样的。蒲松龄个人的婚姻情况也是一个因素，他17岁结婚，和妻子生活了56年。他的妻子并非自由大胆的女性，但他依然和她很恩爱，我觉得他守着和自己过了多年的妻子，要是还写本书表达对自由大胆女性的追求，好像不符合实际。（笑）

师：我很惊讶你对自己喜欢的细节做了如此详尽的了解。之前的同学是从时代背景的角度（板书）进行论述，而这位同学却对此进行了反驳。

生：但我觉得被压抑的理想不能说不是理想。我觉得蒲松龄和他妻子的相濡以沫完全可以不基于爱情，我们不能臆测他当时的心理，也不能以蒲松龄一个人的生活背景代替整个士大夫阶层的生活背景。

师：我发现你们都是调动了你们的外围知识，文本当中有依据吗？

生：我不支持观点四。我认为聂宁二人的感情不是突破封建束缚的爱情，因为其中包含了小倩对采臣的感恩、采臣对小倩的怜爱等，所以我认为文章表达的重心不是纯粹的爱情。我支持观点五，文章叙述的是小倩从有人形的鬼到有人的灵魂的鬼的故事。开始时她生活在一个黑暗的鬼魅世界，但她通过与命运的抗争，到后来慢慢有了人的感情，我认为作者想要表达的是真正的人是要具有人的灵魂的。

生：我同意刚才这位同学的观点，但我的想法略有不同。我对认为蒲松龄塑造的是自由大胆的女性形象这一看法非常不认同，因为封建社会提倡善和孝，所以她是依附于人的这些特征才得以在宁家生存下来，且全文讲的是鬼变成人的故事，在遇到采臣后小倩心中的善被激发出来。全文在反复描写她情感的转变—— 一点点开始有了对光明的向往和对正义的认可。一个人之所以为人，最重要的是具有人性，而非人形。

生：我补充一下，后文中对于小倩诵经和她在宁家做家务的行为描写，其实都是她在报迁冢之恩，从文本中并看不出她刻意为变成人而修炼。对观点四我有一定的修正，自由大胆这一点确实不妥，小倩是通过采臣才能实现自我拯救，有主动成分但是仍有限制。对爱情的期待这一点也不妥，因为采臣心中对封建礼教的推崇超过他对小倩的感情，如文中"斋中别无床寝，且兄妹亦宜远嫌"，到文章第 16 段他仍未突破礼教束缚，所以我觉得主题不是表现对爱情的期待。

师：这位同学对自由和爱情有自己的看法，她用自己的看法来衡量。同学们刚才在讲观点五的时候，是从什么地方得出结论的呢？情节特点（板书）。而同学不同意观点四，是立足文本来反驳的。

生：我还想说一句，无论之前小倩如何反抗，不管她是出于何种目的，最后达到了一个客观事实，她拥有了人性，由鬼变成了人。

师：同学们注意，我们在把握主题的时候，一定要先立足文本（板书），然后再考虑时代背景。但刚才很多同学还是在从外围入手，比如观点四中提及的理想婚姻、理想爱情和理想女性就是建立在时代背景上的。我们曾经学过《荷塘月色》，对"颇不宁静"也曾有从政治时代的角度去解读，而后立足文本把握"不宁静"的原因，发现可能并非如此。同时，作者的经历和身份能否代表士大夫阶层也是一个问题。另外，文中小倩除了"自由大胆"，还有谦卑自安，单就一方面来说并不妥帖。

观点五这个角度是从整个小说的情节特点来说的，可以涵盖观点二中表现出来的精神，也体现了观点三中的善恶有报的思想，还能说明观点四中对爱情的期待，概括性更强。需要注意，"怎样"更侧重方式，但本文不是说鬼变成人的技巧，而是鬼能变成人的核心要素是什么。微课中的同学用《海的女儿》的例子是从文外找依据来类比，文本依据还不够，我们可以对此进行补充、完善。下面我就在这个观点的基础上谈谈我的看法。我依然从情节特点（鬼变人）角度出发，在全文情节中选一个较为典型的事例来赏析——"夜伴读书情难舍"。

微课中说小倩由鬼变成人不仅要具有人的形象，更要具有人的灵魂（一心向善）。小倩外在的变化有两个：从不吃饭到喝稀粥，从惧怕革囊到反复审视。我认为更重要的是内在的变化：逐渐具备人的性情和品质。做恶鬼时她虽有人的情态却无人的品质，弃恶从善后她开始展现人的性情和品质：知恩图报、勇敢执着、谦卑自安。下面我们在这个情节中看看能否找出一些依据，先找一位同学给大家有感情地读一下。

生：（朗诵）日暮母畏惧之，辞使归寝，不为设床褥。女窥知母意，即竟去。过斋欲入，却退，徘徊户外，似有所惧。生呼之。女曰："室有剑气畏人。向道途中不奉见者，良以此故。"宁悟为革囊，取悬他室。女乃入，就烛下坐；移时，殊不一语。久之，问："夜读否？妾少诵《楞严经》，今强半遗忘。浼求一卷，夜暇，就兄正之。"宁诺。又坐，默然，二更向尽，不言去。宁促之。愀然曰："异域孤魂，殊怯荒墓。"宁曰："斋中别无床寝，且兄妹亦宜远嫌。"女起，容颦蹙欲啼，足儴儴而懒步，从容出门，涉阶而没。宁窃怜之，欲留宿别榻，又惧母嗔。

师：我都沉浸在她刚才优美的语调中了，这一段情节让我特别感动。《聊斋志异》全书中描写爱情的篇章占了四分之一，这样细腻的描写非常少见。这一情节充分展示了二人情感变化和内心的矛盾挣扎。我们看看其中的两处行为转变：小倩从"即竟去"到"不言去"，采臣从"呼之"到"促之"，这背后的心理动因是什么？

（学生讨论回答略）

小倩不愿离去，一是惧怕，二是不舍。不仅惧剑气和宁母，也有羞涩。二人"殊不一语"，终于小倩鼓起勇气主动求书来读，而更多的是借机多留。"不言去"是不是《楞严经》写得太好，她已经完全被书的内容吸引呢？

生：不是。也不仅是惧怕荒墓，而是一种表达眷恋的方式。

师：清代评论家冯镇峦在"不言去"处评："恋恋如飞鸟依人。"从小倩欲言又止的沉默里，不难想见其难言隐衷；从应走不走的行动中，可看出她对宁生的依恋；从她愀然神伤的话语中，可以听出哀怨凄凉的余音，看"殊怯荒墓"中"殊"什么意思？

生：副词，非常，很。

师：她的内心充满强烈的恐惧，但到了不得不走时，她紧锁双眉欲哭却忍，踟蹰彷徨欲行懒步，又委屈又孤单，却努力地保持镇定。这里可看出她具备了人表达爱恋的方式，不再是鬼式的直接，大家还记得做鬼的时候她是怎么表达的吗？

生："月夜不寐，愿修燕好。"

师：这时是真情的流露，到底是什么促使她改变的呢？

生：宁采臣的影响力。

师：文中有无依据？

生："窃怜之"而又"惧母嗔"。

师："怜"怎么理解？

生：怜惜。

师：《尔雅》中说"怜"还有"爱"的意思。这里不只是同情，更是一份爱。"窃怜之"是真实心理，"母嗔"是外在束缚，也是他对自己的道德要求，说明他发乎情止乎礼，有爱有节，为人正派（板书）；在小倩欲进还退时，宁采臣主动邀请，并将革囊拿走，毫无戒备之心，充分地信任（板书）；后宁看似无情地说："斋中别无床寝，且兄妹亦宜远嫌"。刚才同学朗诵时处理得很好，不是严词拒绝，而是有些无奈。宁采臣将拒绝小倩的原因都归为客观因素，且明明有榻却说无床，又撒了小谎。所以"窃怜之"正是由怜生爱，渐生情愫。（板书）

正因有了这一情节，才未让后半部分沦为家庭伦理的教科书。他们的爱不是占有，而是付出；不是以自我为中心，而是时时考虑对方的感受；不是放纵，而是有礼有节；不是绝对的平等独立，而是包含报恩和同情。能让小倩忍受一切委屈孤单的正是这深藏于内心的爱恋，这份爱也使得她对人间的幸福生活产生了向往，但她并未去强求抱怨，而是任劳任怨，理智地追求幸福。在"母阴有纳女意"后才积极安抚宁母，为了幸福长久，她克服内心恐惧，成了一个敢于借助燕生赠予的剑袋同妖物进行斗争的角色，这也是她消除自身鬼气的最后一步，说明在这种"正义、信任和爱"的力量面前，再恐怖的恶势力也不过是"清水数斗而已"。

再统观全文，这一主题也体现在很多情节中，如"小倩相救求归葬"，是她命运和性格的转折点，她由害人开始助人，促成这一改变的就是宁采臣的正义；再如"宁生安葬倩请归"，宁生一诺千金的言行体现出他对小倩的信任，促使小倩勇敢地选择"请从归"的报恩方式。由此我们概括出这个主题——【"正义、信任和爱使鬼变成人"（板书）】。这个"变成人"不是指真正意义上脱离鬼身，而特指具备人的性情和品质，这不仅是外在力量的感召，也是她通过自身努力获得人性的过程。正如鲁迅在《中国小说史略》中所述："明末志怪群书，大抵简略，又多荒怪，诞而不情，《聊斋志异》独于详尽之外，示以平常，使花妖狐魅，多具人情，和易可亲，忘为异类，而又偶见鹘突，知复非人。"

从本文可以看出，《聊斋志异》的特色就在于塑造的花妖狐魅不是异类，而是具有平常人情的形象，她们身上体现的人独特优秀的性情和品质，能使鬼克服看似无法逾越的障碍而变成可亲可近的人，从而战胜邪恶，改变命运，获得眷顾。这就是我对观点五的补充和对观点二的优化。

总结这节课，我们得出了把握小说主题的方法和原则。方法是：分析情节特点；把握作者对人物的态度；探究作者的创作思想与追求；了解时代背景。其中前两点是可以从文本中读出来的，后两点是可以用来印证观点的。原则是：立足文本，统观全文，概括恰切，多元有界。莫要无限衍生作品的意义，莫把误读当多元。什么是主题，就是作者的创作动机和寄托的思想情感。对主题的探讨就是对文本的探源。把握小说主题，要看哪个主题更能体现本篇小说的特色，并要有充分的文本依据。

阅读是一个与文本对话的过程，这其中有两个维度：一是从作者创作的层面出发，立足于文本，揣摩作者的写作意图；二是从读者接受的层面出发，立足于时代进行理解评价。我们应看到蒲松龄描写的人物在封建礼教的束缚中勇敢执着，体现出了超越时代的品格和个性。我们今天总在强调追求自由和幸福，很多时候是过度和极端的，过于自我而不考虑他人，而小倩的追求过程也给我们以启发：有礼有节，利人利己，这种美德和精神更有借鉴意义。

（布置作业）请结合本课所学"把握小说主题的方法和原则"，阅读《婴宁》，并观看微课《聂小倩与婴宁》，结合文本分析主题，将内容发至 MOODLE 平台。

《窗》：平淡之中见哲思

张怀光

课程看点：

1. 通过拓展延伸，提升学生在比较中把握事物特质的能力。

2. 感悟文章中蕴含的人生哲理。

教学特色：

深入浅出，幽默风趣，引导学生从日常事物中感悟人生哲理。

实录部分：

师：上节课，我们梳理了文章的脉络，这节课我们继续学习钱钟书先生的《窗》。这篇文章是单独描写一个事物，还是通过比较来突出事物自身的特点？

生（齐）：比较。

师：谁和谁的比较？

生（齐）：门和窗。

师：比较不是瞎比，比较要有原则。咱们看一下PPT，黑格尔曾经说过："假如一个人能看出当前即显而易见的差别，譬如，能区别一支笔与一头骆驼，我们不会说这个人有了不起的聪明。同样，另一方面，一个人能比较两个近似的东西，如橡树与槐树，或寺院与教堂，而知其相似，我们也不能说他有很高的比较能力。我们所要求的，是要能看出异中之同和同中之异。"门和窗作为同一座房子上最基本的两个事物，肯定有很多相同点，也有很多不同点。下面咱们就开始根据这样一个脉络（PPT），来看上节课学习的效果怎么样。先说"同"，这个比较简单。门和窗有什么相同的功能？

生1：都可以作为进出的一个洞穴……

师：洞穴？好像不太准确。

生1：进出的通道。

师：书上用的是"进出口"。紧接着作者就突出了门和窗的根本区别。

生2：如果说门表示欲望，那么窗表示占有。第三段又说，门和窗代表人类不同的进化阶段。门给回家的人一种保护；窗呢，收入光明和空气，使我们白天不必到户外。

师：你说的后面那部分，应该属于我问的这句话——"分别代表哪个进化阶段"。如果说根本区别，可以用文中的一句话概括："门许我们追求，表示欲望，窗子许我们占领，表示享受。"这个欲望，你认为是物质欲望，还是精神欲望？

生2：物质的。

师：你能举个例子吗？

生2：开门表示物质的欲望。

师：开门就是物质的，开窗就是精神的，这样的理解似乎太简单了。能不能根据现实生活或历史人物来分析一下？你想一想，当时陶渊明离开家门去做彭泽令，为了什么？为了有饭吃。还记得咱们在《归去来兮辞并序》里面学的吗？他是这样说的："余家贫，耕植不足以自给。"后面又说："家叔以余贫苦，遂见用于小邑。"他是为了温饱，为了求得一些米才去做官的。再想想，现实生活中，有很多人到北京务工，这些来北京务工的外地人员，他们是为了什么？为了追求什么？

生2：有个良好的环境，能够养活自己。

师：这是一个最起码的生存的需求。从这个意义上来说，我们跟他们一样。那么窗呢？

生2：窗的话，我们打开窗，来接收外面的事物。

师：来接收外面的事物，来欣赏窗外的景色。我们说窗是表示精神的，你能不能也举个例子？

生2：还是以陶渊明为例。他有句话"倚南窗以寄傲"。

师："倚南窗以寄傲"，来寄托自己傲世的情怀、傲世的雄才，这肯定是精神层面的。好，请坐。而且，课文中还举了另外一个关于陶渊明的例子，他说"夏月虚闲，高卧北窗之下，清风飒至，自谓羲皇上人"。感觉像神仙一样，非常美。陶渊明归隐以后，他的享受主要是一种精神上的享受。

下面，我们再看一下具体的进化阶段。昨天，咱们也明确这个问题了：门代表需要，窗子代表着奢侈。咱们再细分一下，从三个角度具体比较奢侈和需要有什么不一样。第一个角度，有门无窗的屋子和有门有窗的屋子，对人而言，分别代表什么？

生3：有门无窗的屋子"只像鸟窠兽窟，准备人回来过夜的。"

师：也就是一个过夜的地方。能不能换一个词，说得更为准确一些？屋子是一个住所，是一个栖身之所。那么，有了窗子以后，屋子就不仅仅是一个屋子了，是什么？

生3："我们从早到晚思想、工作、娱乐、演出人生悲喜剧的场子。"

师：是一个上演人生悲喜剧的场子。好，请坐。这是没有窗子的屋子和有窗子的屋子之间的区别。再看第二个角度，我们开门和开窗的时候，分别是什么样的心情？咱们先设想一下，如果室外有人敲门，会有很多种情况。比如，可能是有人来借债的，还可能是有人来讨债的，还可能是邮差送来远方亲人的消息，还有可能是外面有人想冲进来。这种情况下，作者的观点，门开，还是不开？

生4：作者说，门的开关是由不得自己的。

师：由不得自己，意味着必须开。那么，人开门的时候是一种什么样的心情呢？

生4：既有疑惧，又想知道的矛盾心情。

师：又想知道，书上用的是哪个词？

生4：希冀。

师：希冀，带着疑惧的希冀。有些害怕，但是同时还是想知道外面的状况是什么，不得不开。那么，开窗的时候，人们又是一种什么样的心情？早晨起来，我必须开窗子吗？

生4：不是。可以根据自己的心情定。

师：能不能举些例子，什么情况下开窗。

生4：比如说外面天气很好。

师：天气很好，晴空白云，远山近水，尽入眼底，是吧？

生4：是的。

师：另外，什么情况下，咱们不开窗呢？

生4：阴天下雨。

师：阴天下雨，沙尘暴之类的。咱们就可以把窗子关上，甚至把窗帘拉上。也就是说，开不开窗，完全取决于自己。能不能用一个词概括这种精神？

生4：自由。

师：自由。好，请坐。是自由，是一种完全的自由，完全取决于自己。下面，看第三个角度，关门和关窗的目的分别是什么？想一下，关门的目的是什么？晚上睡觉肯定要关门，为了什么？为了保护自己，保护家人。那么关窗的目的呢？这就涉及另外一个问题：人会在什么样的情形下关窗？体会一下。书上有相应的表达。

生5："假使窗外的人声物态太嘈杂了，关了窗好让灵魂自由地去探胜，安静地默想。"就是说给自己一定的思想空间。

师：也就是说，关门的目的主要是让自己生存下去，让自己安全地活下去。那么，关窗的目的，主要是精神层面的，让灵魂自由地探胜。好，请坐。咱们比较完这三个角度后，哪位同学可以概括出这三个角度的共性？有窗之屋是上演人生悲喜剧的场子，开窗的心情是完全自由的心情，关窗的目的是让灵魂自由地探胜。人在有窗之屋这个舞台上可以做哪些事？

生6：偏向于精神。

师：精神上的限制，还是自由？

生6：自由。

师：（PPT）能不能展开说？原文中说，人可以在这个舞台上，在这个场子上做什么？

生6：我们从早到晚思想、工作、娱乐、演出人生悲喜剧。

师：思想、工作、娱乐、演出人生悲喜剧，想做什么就做什么。相反，在没有窗子的时候，这个屋子只不过是人避风雨、过夜的地方。好，请坐。这个窗呢，我觉得有这样一种特点，"自由"（板书）。那么，跟"自由"相对的词是什么？

生（齐）：束缚。

师：束缚。有门之屋，如果没有这个门，屋子就不是屋子。开门的心情是"带疑惧的希冀"，不能不开，你感觉不得已，自己做不了主，自己不能支配。关门的目的是保护自己和家人的人身安全。这些都是必需的，不得已的。我们说"束缚"（板书），当然也可以说是羁绊这样的词。大家看一下，文章的题目是《窗》，作者在门和窗之间做了怎样的选择？

生（齐）：舍弃门，选择窗。

师：舍弃门，追求窗，这样来理解吗？

生7：门是必需的，窗是追求。

师：门是必需的，也就是意味着我们首先要有门。有了门，我们还应该追求一种高水平的、"窗"的境界。如果在这里加两个动词应该怎么加？

生7：舍弃物质——

师：人活在世上，肯定要受到一些物质的束缚，比如说你们每天都要吃饭。那么，你能说舍弃、摆脱吗？舍弃、摆脱这些物质的东西？"舍弃"这个词合适不合适？比如我说，舍弃门，追求窗，舍弃门的生活，追求窗的生活，我这个房子不要门，只要窗，这样说可以吗？（生7：不行）。应该有门，在门的基础上，开一扇窗，这里的窗是超越。这里应该加什么样的动词？如果不好说，先说这个，精神自由。

生7：追求。

师：追求精神自由。追求精神自由是建立在什么基础之上的？我不要物质基础了吗？

生7：超越。

师：超越。好，请坐。超越物质的束缚，追求精神的自由。我们可以换一个更形象化的表达。我给你们试着写了一个。大家注意填两个关联词。我在另一个班讲课的时候，他们毫不犹豫地告诉我："人生<u>不是</u>需要一扇门，<u>而是</u>需要一扇窗。"

生（齐）：不行。应该用"不仅……而且"。

师：对，应该是"不仅……而且"，或者"不但……还"。至此，文章的主旨咱们点明了。下面，做一个排序的题，将门、窗子、窗帘、屋子四种事物按出现先后顺序排列。

生8：屋子、门，然后是窗子、窗帘。

师：好，请坐。大家看一下，你们认可吗？

生：不认可。

师：屋子和门，意味着先出现屋子，后出现门，有了屋子没有门？怎么理解？

生9：屋子和门是并列的。

师：屋子和门是并列的，屋子和门是同时出现的。好，请坐。这样来说，应该这样理解更合适：有屋子，同时就有了门，有了门，我们又开了几扇窗子，但我们不能总是让窗子开着，有的时候还要关上窗静一静，甚至拉上窗帘。下面，我想找一个同学，结合这四种具体的事物，谈谈你理解的课文大意。

生 10：人生离不开一定的物质基础，就像屋子必须有门一样。但是我们不能满足于物质的追求，还要追求精神的自由，就像一个屋子除了门以外还需要开几扇窗。这个"窗帘"我说不太好，觉得它不应该是指一种东西，而应该是一种措施，或者是一种思考问题的方式。

师：一种思维方式？很好。人在追求精神自由的过程中，可能遇到些什么？比如我们打开窗子，如果我们的屋子，也就是我们的教室，紧靠着马路，外面有 22 路车来回报站，非常嘈杂，这时候，外界环境会干扰我们的心灵，我们就会有一些取舍。

生 10：舍弃外界的喧嚣和嘈杂，让自己独立地思考和判断。

师：保持自己人格的独立，保持一份自我，是这个意思吗？

生 10：是。

师：好，请坐。屋子少不了门，就好像人离不开物质需求是一样的。人在满足了物质需求以后，还应该追求精神自由。人在追求精神自由的过程中，可能会不免受到喧嚣嘈杂的外界干扰。这时候，我们就要关上窗，拉上窗帘，让自己保持一份自我，保持一份独立思考的能力。简单来说，咱们要学会自己做主，不能人云亦云、鹦鹉学舌。

能够从非常平凡的日常事物中汲取很大的人生智慧，可见钱钟书先生是一个很有智慧的人。但是，我觉得更难能可贵的还不在于他的智慧，而在于他能用这种智慧来指导自己的人生，来提高自己的人生境界。我们看一下钱钟书先生的夫人杨绛女士是怎样评价他们一家人的生活的。"我们与世无求，与人无争。"（出示 PPT）与世无求，应该是没有物质和名利的需求，而且跟他人没有纷争，所以他才能过上无尤、无忧的生活，非常洒脱，非常淡泊，非常宁静，境界非常高。下面，咱们来一个拓展，大家看一下，我让你们比较的是杯子和碗。（出示 PPT）杯子和碗也是日常生活中常见的两种事物。大海碗里面盛的是羊肉泡馍，杯子里面盛的是葡萄酒。个头大小不一样，里面盛的东西也不一样。为了让你们更好地比较，我还给你们找了四幅图片，大家看一看。相同点咱们就直接说出来，这个不太难，它们都是盛食物的器皿（出示 PPT）。给大家五分钟，从外形、所盛的东西、举杯和端碗的目的这三个角度讨论碗和杯子的区别。四个人一组。

生讨论。

师：好，同学们停一下。看一下，杯子的外形。这个外形包含的范围稍微广一些，包括它的做工、质地、材料等。碗和杯子的形状有没有显著的不同？

生 11：碗的形状基本上是圆的。杯子的形状，常见的有直筒的、带把儿的，形状各异。

师：嗯，古人有觥、樽，都是酒杯，形状差别比较大。从做工上来说呢？比如说西北那个吃面食的大海碗，它的做工怎么样？和喝酒的杯子能比吗？

生 11：碗要粗糙一些。

师：碗要粗糙一些，杯子呢？做工怎么样？

生11：杯子，比较精细，有的时候还雕刻花纹。

师：比较精细，有的时候还要雕刻一些花纹，做出一些情趣来。好，请坐。一般来说是这样的，咱们比较的是一般情况，不是特殊情况。碗呢，相对来说，形状要单一一些，做工很一般。杯子呢，相对来说，做工要精致很多。那么，杯中的物与碗中的物有什么差别？碗是来盛什么的？

生12：碗盛汤，盛水，盛饭。

师：碗盛汤，盛水，盛饭。有同学说，碗可以盛红烧肉，可以盛大碗面，等等。这样说来，碗盛的东西似乎比杯子盛的东西更丰富。他所说的红烧肉、大碗面，大家能不能概括一下？

生（齐）：吃的。

师：能用一个词概括吗？

生12：饭。

师：饭。仅仅用碗来盛饭吗？你刚才说的水，还有液体的，我们喝的液体有什么？吃饭的时候喝的。

生（齐）：汤。

师：汤，还有各种各样的粥。杯子里面呢？

生12：酒、咖啡、水。

师：它们还是有一些交叉的。但是总的来说，它们所盛的东西还是不一样的。你看，碗中所盛的饭、粥，都是满足人的基本生存需要的东西；杯中盛的酒、咖啡、茶，不再是一般的生存意义上需要的东西，对满足人精神需求有一定的帮助。好，请坐。咱们看一看端碗和举杯。端碗的目的是什么？端碗是为了吃饭，那么举杯是为了什么？

生13：举杯一般是在宴会上，比如生日宴会、婚宴、寿宴之上，为了庆祝。另外，举杯的场合相对来说都是比较正式的，人们举杯的时候往往会注意自己的动作、举止。端碗感觉有些随意，举杯要比端碗优雅。

师：对，优雅许多。李白说"举杯邀明月，对影成三人"，这时候举杯是为了什么？喝酒是为了什么？你看，李白这首诗的题目是《月下独酌》，一个人喝酒，说白了就他自己，你觉得还有什么情感？

生13：忧愁。

师：忧愁、落寞、孤独。我们刚刚学过陶渊明的《归去来兮辞并序》，他写到室内生活有这么几句话："携幼入室，有酒盈樽。"后面怎么说的？

师生（齐）：引壶觞以自酌，眄庭柯以怡颜。

师：这样的时候他抒发了怎样的情感？你看这时候，"眄庭柯以怡颜"，"怡颜"，让自己喜笑颜开。这是什么样的情感？高兴。那么，人喝酒，仅仅是为了宣泄个人情绪吗？有时候咱们也要和别人碰杯。这时候是为了什么？

生13：交流。

师：交流感情，交际。好，请坐。关于这一点呢，王羲之在《兰亭集序》中有这样的描写（出示 PPT），大家看一下。"群贤毕至，少长咸集""虽无丝竹管弦之盛，一觞一咏，亦足以畅叙幽情"。"觞"本来的意思是"酒杯"，在这里的意思是喝酒，"一觞一咏"，意思就是喝喝酒、作作诗，很雅致。在这种交际场合，喝酒是满足知己之间心灵对话的需求。下面，再仿照刚才钱钟书先生的思路，你们认为杯子和碗的根本区别是什么？

生14：碗中物是生活的必需品，杯中物是更高的精神追求。

师：也就是说，杯子有奢侈的含义在里面。

生14：差不多吧。

师：好，请坐。有没有同学有异议？我们说，碗是用来盛汤、盛菜的，有没有我们非常熟悉的例外情况？

生15：像《水浒传》。

师：《水浒传》里好汉们喝酒是用什么喝？

生15：用碗喝。

师：说个最典型的例子，就说武松吧。武松在打虎之前喝了十八碗，他是用碗盛酒的，而且喝了十八碗。为什么不用酒杯呢？

生15：因为他是一个特别豪迈的人物。

师：这个人性格非常豪爽，嗜酒如命。

生15：酒杯属于非常精致的东西。

师：一点一点喝，感觉不过瘾。他在喝十八碗酒之前有一个背景，能不能给大家介绍一下？

生15：他好像告别某个人后来到山东的。

师：他在河北的柴进柴大官人庄上，和宋江告别以后，从河北沧州到山东阳谷地界，走了三四天，而且是正值中午时分，来到一个饭店，门前招旗上写着"三碗不过冈"。

生15：武松当时应该比较劳累，喝酒只是为了解乏。

师：喝酒是为了解乏，和一般人喝水一样，是满足自己身体的一种需要。后来，他有没有用杯子喝过酒？武松有的时候也用杯子喝酒的。记得吗？哪位同学看过《水浒传》？帮她补充一下。

生沉默。

师：没人说，我说了。同学们的古典文学知识还需要恶补。后来武松被发送到河南孟州以后，张都监设计陷害他。他在八月十五晚上邀武松出来喝酒赏月。大家看一下，八月十五中秋夜，喝酒赏月，这个时候就讲究一种情调，他们喝酒的时候就不再用碗了，而是用杯子。虽然武松喝酒的时候用过碗，也用过杯子，但是他用碗和用杯子的时候，场合、目的是不一样的。喝酒用碗，是满足自己解除劳累的一种需求；用杯子呢，是陪他的上司喝酒，不能太放肆了，应该注意言谈举止。这个碗，还可以用来盛什么？

生16：大碗茶。

师：关于大碗茶，你了解多少？

生16：我就知道它是一种茶，好像不是特别贵。

师：不是特别贵？多少钱一碗？你知道吗？

生笑。

师：特别便宜。2分钱，2分钱就可以买一碗。怎么样理解这2分钱一碗的大碗茶？

生16：可能这个茶和水差不多，解渴用的。

师：很好。最初，人们摆摊卖大碗茶，就是满足路人暑天解渴这样一种需求。那么，现在咱们再花2分钱买一碗大碗茶，又是为了什么呢？

生16：休闲、解渴。

师：还是为了解渴。很多外地人到前门以后，都要买大碗茶喝，而且，很大方地拿出一毛钱，说："不用找了。"

生笑。

师：感受一种文化，体验一段历史。好，请坐。大家看，虽然有例外，虽然碗可以用来盛茶，用来盛酒，但是咱们都可以按照需求和奢侈度来区分。大碗茶最初是满足一些人解渴的需求，现在人们喝大碗茶，主要是一种艺术的体验。钱钟书在比较了门和窗以后，得出了人生的感悟，那么，同学们比较了杯子和碗以后，得出了什么感悟呢？

生17：就是"超越碗的生活，过杯子的生活"。

师：超越碗的生活，过杯子的生活。就是说，人生不仅需要一个碗，还需要几个杯子。这样感觉就没有诗意了。你的意思我能明白，先用几个形容词概括一下你的发现。碗给你一种什么样的整体感觉？

生17：单一、单调。

师：很单一，很单调。那你不用碗吃饭得了？不行，它又是必需的。那个单调，实际可以换一个褒义的形容词。缺乏变化，如果从褒义的方面、肯定的角度来看，是什么？

生17：保守。

师：是保守吗？你坐下再想一想。哪位同学想出来了？

生18：我觉得比较质朴。

师：比较质朴，比较朴素。相比之下，杯子给你的感觉呢？

生18：杯子更接近精神层面，更为高雅、精致。

师：更高雅一些，更雅致一些，更个性化一些。好，请坐。我刚才试着用比较形象的、富有诗意的话给你们总结了一下："人生不仅需要一扇门，还需要几扇窗。"现在，给你们两分钟的时间，请试着写一下。最好不要带杯子、碗，这样写起来，感觉没有诗意。

生写。

师：你说一说你写的。

生19：我写的是："人生要如野花，朴素而自有一番天然之雅；人生更要如芙蓉，高洁而聚集一身灵秀之气。"

师：好，非常好！

生鼓掌。

师：我也试着写了一下，"生活需要白开水的平淡，同时也需要美酒的醇香。"在满足了最基本的生活需求以后，我们还要有高雅的情趣、高雅的审美趣味。

同学们，我们既然要锻炼比较的能力，干脆再来一个练习，这是要求课下完成的。比较镜子和玻璃。大家看一下，镜子和玻璃的区别与杯子和碗的区别是不一样的。你能说镜子出现得晚，玻璃出现得早吗？我们中国最早什么时候出现镜子的？

生：很早。

师：中国最早的镜子是用什么做的？

生：铜。

师："以铜为镜，可以正衣冠；以史为镜，可以知兴替；以人为镜，可以明得失。"这是李世民说的话。大家想一下，我们主要是用玻璃和镜子来干什么？透过玻璃来向窗外观看，来观察外部世界；对镜自照，主要是为了看自己，看自己美不美，包括外貌之美和心灵之美。要求不少于500字，下周一交，写在周记本上。

好，下课！

《当你老了》：英汉互参品意象

奚 畔　王 健

国家级科研课题"普通高中文科实验班课程改革"研究课教学实录

课程看点：

1. 鉴赏英文诗中的意象。

2. 感悟中英文诗歌中意象的区别。

3. 深入体会《当你老了》这首诗。

教学特色：

中英双语授课，中英文化互相参照。

实录部分：

英语老师：Morning! In this period，we are going to have a special experience in which Dacia and I will lead you into the wonderland of poetry．We will appreciate the famous love poem "When You Are Old"．Shall we begin?

生：Yes.

语文老师：我们一直在学中国古典诗歌，我们知道解读诗人感情的关键在于品读意象，意象是什么？

生：意象是带有特殊意思的物。

生：意象是带有情感的景。

生：有一些意象是约定俗成的。

语文老师：我们最近学了很多古典爱情诗，中国古诗中经常用来象征爱情的意象有哪些？Grace，中国诗中有意象，英文诗中也有意象吗？能举几个例子吗？

英语老师：Actually，in English poetry this kind of poem is called imagery poems，where the poet shows with his words a picture in our mind rather than telling us what he feels．These pictures created or suggested by the poet are called "images"．To make it simple，we can call images "word-pictures"．Understanding the use of images means understanding the essential meaning of the poem and it's one of the great pleasures of reading poems．Have you ever read some English love poems? What images do poets use to talk about love or their beloved ones?

生：Rose.

语文老师：通过 Grace 的介绍，我发现 images 与中国古诗中所说的意象有相似处——都是间接地表达诗人的感情，但二者又不同——英文诗的意象除了 rose 这类意象之外，还可以是诗人为你描绘一幅画面，动用你的各种感官去感受诗人抒发的感情。我们来看看这首诗与众多爱情诗的不同，它的意象有什么特点？

语文老师：请一位同学有感情地朗诵这首诗，这首诗表达了一种怎样的感情？

生：爱情。

生：叶芝的爱。

语文老师：进一步走进这首诗，按时间顺序分为三部分，第一部分为前两行。诗人描绘了一个什么样的意象？

生：一个老人，正在睡觉。

生：老人很困倦，坐在炉火旁看着一部诗集。

语文老师：问题产生了，诗人描写爱情都会用一些非常美好的意象，如中文诗歌中的鸳鸯、红豆，英文诗歌中的玫瑰、乐曲等。诗人写这首诗时仅仅 29 岁，叶芝为什么在诗歌的开始描绘一个老太太在炉火旁昏昏欲睡这样的一幅画面呢？

生：这不是叶芝的爱人吧？

生：我觉得这个是她的爱人，只不过是老的时候。

生：是想象吧？想象老了。

语文老师：说得好，叶芝运用了想象，写爱人年迈之时看着自己为她写的诗集。Grace，这种意象选取非常独特，我很好奇，"头白了、睡思昏沉、打盹"这些用英语如何表达？

英语老师：（讲解这些词用英文如何表达：grey，full of sleep，nodding）

语文老师：第二部分从"慢慢读"到"皱纹"，主要写的是回忆。"回想"两句写出了一个什么样的 Maud Gonne？

生：美丽的。

语文老师：从哪些句子能够看出？

生："你过去眼神的柔和"，看出她很温柔、美丽。

语文老师：既然是美丽，如何理解"浓重的阴影"？

生：是不是心情不太好？给人一种阴郁的感觉？

生：我觉得不是，它们指什么？

生：是不是她的眼睛很黑？

生：我觉得是眼影吧？化妆比较浓。

语文老师：我们看这句"回想"的是什么？眼神指的是眼睛的神态。那么浓重的阴影呢？就是那浓浓的睫毛了。这一句写的依旧是她的美丽。这么美丽的 Gonne 是通过哪个意象表现的？

生：眼睛。

语文老师：刻画她的美丽目的是要表达什么感情呢？

生：叶芝对她的爱，太爱她了。

语文老师：这种爱是用什么手法表现的呢？往下读，来找一找。

生：用了对比，"多少人"爱她的美貌，而我爱她的灵魂，"朝圣者"是形容她心灵的圣洁虔诚。

语文老师：这样写有什么作用呢？

生：突出，突出我爱你爱得更深。

生：对，我连你老了、丑了还依旧爱你。

英语老师：（带领学生解读"眼神的柔和""浓重的阴影""青春欢畅""朝圣者的灵魂""痛苦的皱纹"这些词如何用英语表达：dream of the soft look，shadows deep，glad grace，pilgrim soul，sorrows of your changing face）

语文老师：第三部分"垂下头来……"。老妇人把思绪从回忆中拉回来，这段我始终想不明白，作者想表达的是什么情感？

生：难过，因为他没有得到她。

生：好像也不是，但是我说不好。

生：又回到现实了，回到老太太了。

语文老师："凄然"是指谁？谁在诉说？

生：老太太吧？

语文老师："它"指什么？

生：爱情。

语文老师：为什么说"踱着""隐藏着脸庞"？

生：拟人的手法。

语文老师：用拟人的手法要来表现什么？

生：表现爱情，爱情还在。

语文老师："隐藏着脸庞"是什么意思？

生：爱情若隐若现，我对你的爱若隐若现。

语文老师：拟人是一种非常生动的手法，可以帮我们刻画诗歌意象，你能用英语把拟人的妙处表达出来吗？

英语老师：（讲解拟人的相关修辞，并带学生翻译相关词汇：glowing bars，Murmur，paced upon，overhead，amid a crowd of stars）

英语老师：（四个人一组，试着翻译本诗，每组翻译一段）

［学生展示］

英语老师：（简单点评，听英文原诗配乐朗诵，布置作业下课）

语文老师：今天我们学习了意象 images，在我们的现当代诗中，也有很多类似的英文诗意象，比如戴望舒的《雨巷》中那"丁香一样的/结着愁怨的姑娘"。通过今天的学习，我们可以进一步体会中英文诗中意象的异同。

第三部分

说课稿

说课稿见思维品质。

好的说课稿能呈现出教师的思维路径。说课中，教师说的是自己对内容的安排，对教法的选择，对课堂的预设，对学情的分析，这一切都须有本可依，故而此部分最值得深思的便是其所依之"本"，从中我们能听出教师的思维逻辑。

《诗经·卫风·氓》：传唱千载的婚恋悲歌

李煜晖

北京市青年教师基本功大赛说课稿

氓之蚩蚩，抱布贸丝。匪来贸丝，来即我谋。送子涉淇，
至于顿丘。匪我愆期，子无良媒。将子无怒，秋以为期。
乘彼垝垣，以望复关。不见复关，泣涕涟涟。既见复关，
载笑载言。尔卜尔筮，体无咎言。以尔车来，以我贿迁。
桑之未落，其叶沃若。于嗟鸠兮，无食桑葚！于嗟女兮，
无与士耽！士之耽兮，犹可说也。女之耽兮，不可说也！
桑之落矣，其黄而陨。自我徂尔，三岁食贫。淇水汤汤，
渐车帷裳。女也不爽，士贰其行。士也罔极，二三其德。
三岁为妇，靡室劳矣。夙兴夜寐，靡有朝矣。言既遂矣，
至于暴矣。兄弟不知，咥其笑矣。静言思之，躬自悼矣。
及尔偕老，老使我怨。淇则有岸，隰则有泮。总角之宴，
言笑晏晏。信誓旦旦，不思其反。反是不思，亦已焉哉！

一、指导思想和理论依据

1. 教学内容：挖掘经典诗歌传承价值，满足学生发展需求

《普通高中语文课程标准》的课程目标强调，通过高中语文课程的学习，学生应该在"发现·创新"方面获得发展，能够用历史眼光和现代观念审视古代作品的内容和思想倾向，提出自己的看法；学生应该在"感受·鉴赏"方面获得发展，能够通过品味文学作品的语言，感受其艺术魅力。

《诗经·卫风·氓》（简称《氓》）是一篇兼具思想性和艺术性的佳作。该诗创作于距今两千多年前的春秋时期，通过一位被损害、被抛弃的妇女的自述，生动再现了她从恋爱、结婚直到被抛弃的完整过程，堪称我国诗歌史上出现最早、艺术成就最高的一首"弃妇诗"。然而，在漫长的封建社会，受儒家思想和礼教观念的影响，该诗被定为"淫奔之词"，论者以痛斥女子的轻浮放荡为己任，如朱熹《诗集传》所言："此淫妇为人所弃，而自叙其事，以道其悔恨之意也。"近代以来，读者出于对女主人公的同情，又将该诗简单解读为"痴情女子负心汉"的典型故事，把"氓"看作无耻的爱情骗子，进而义愤填膺地谴责男子的负心薄幸。

实际上，作为早期现实主义的优秀诗篇，《氓》具有丰厚的传承价值。从思想内容上看，《氓》是历久弥新的"婚恋启示录"。女主人公的不幸遭遇不正是婚恋悲剧的真实写照吗？为什么美好的爱情不能获得美好的婚姻？为什么夙兴夜寐的操劳却换来负心薄幸？如

何看待婚恋中的男女差异？如何在恋爱和婚姻中做出理性的抉择？对身心发展渐趋成熟，处在人生观和价值观形成的重要时期的高中学生而言，这首传唱千载的婚恋悲歌所蕴含的内容是丰富而多元的。从艺术手法上看，《氓》是取之不尽的"文学教科书"。该诗以"赋"为主，兼用"比、兴"，自然贴切，灵活多变，达到了形式和内容的完美统一，是对《诗经》美学原则的生动诠释。尤其是"赋"的手法，直陈其事却富于波澜，与其自觉运用多种表现手法（对比、叠词、以乐写哀、虚词的表情达意、呼告、顶真）和表达方式（记叙、描写、抒情、议论兼备）是密不可分的。其高超的抒情艺术对提高学生的鉴赏能力和写作水平大有裨益。

基于上述分析，我在《氓》的教学中确立了以下指导思想：把鉴赏《氓》的婚恋启迪和抒情艺术作为重点、难点，深入挖掘其传承价值，满足学生在"感受·鉴赏""发现·创新"两方面的发展需求。

2. 教学方法：围绕核心知识设置问题，培养学生探究能力

为完成该教学任务，笔者从学生的实际情况出发，依据《普通高中语文课程标准》"注重培养学生的探究能力"的基本理念，确定了本课教学方法：围绕"婚恋"主题和"赋、比、兴"手法两个核心，通过任务驱动和以问题为导向的教学策略，设置有针对性的学习任务和环环相扣的问题，激发学生的探究意识和兴趣，引导学生积极主动地进行探索，达成教学目标。

二、教学背景

教材背景：《氓》是北京市高中课程改革实验版语文教材必修二第一单元教学篇目。该单元选入从《诗经》至宋词共19首古代诗歌。作为现实主义诗篇的滥觞，《诗经》在本单元教学中极其重要。而相比《伐檀》《国殇》，《氓》叙事完整，形象鲜明，意蕴丰富，典型体现了《诗经》"赋、比、兴"的表现手法，是教学的重中之重。

学情背景：笔者任教于我校文科实验班，该班学生文言功底扎实，阅读积累较丰厚，对"诗经六义"等文学知识已有了较好掌握。因此，教师在课前布置自学任务，请学生阅读注解、查找资料，自学解决语言文字方面的阅读障碍，同时背诵全诗，思考诗歌主题和抒情特色，为深入鉴赏诗歌做准备。

三、教学目标

1. 学生能够梳理文本，感受人物形象内心世界，探究和发现婚恋悲剧的原因。

2. 学生能够品味语言，鉴赏"赋、比、兴"表现手法的运用技巧和艺术效果。

3. 在感受和鉴赏过程中，学生的探究能力得到培养，婚恋观受到启迪。

四、教学过程设计和说明

（一）诵读课文，导入课题（2分钟）

组织学生诵读课文，进入情境。

导入课题：这是春秋时代流传在河南淇水河畔的一首民歌。女主人公用诗的语言讲述

了自己真诚追求爱情，婚后却被无情抛弃的人生悲剧，千载之下，读来仍令人掩卷深思。她在恋爱和婚姻中究竟经历了怎样的心路历程？她的悲剧给后人以怎样的启迪呢？下面我们来共同领略这首动人的抒情乐章。

（二）设任务，理情节脉络（8分钟）

任务设计：阅读全诗，梳理女主人公在婚恋的不同阶段对"氓"的称谓变化，并结合前后文分析其中的情感变化。

设计说明：

引导学生以人称变化为线索，体会女主人公的情感变化，梳理诗歌情节脉络，为逐层鉴赏、探究作铺垫。学生讨论回答，教师总结。

1. 恋爱（第1、2章）：氓—子—复关—尔

氓之蚩蚩，抱布贸丝。（外来男子，通称为"氓"）

送子涉淇，至于顿丘。（初涉爱河，敬爱之称）

不见复关，泣涕涟涟。（借代修辞，称心上人）

尔卜尔筮，体无咎言。以尔车来，以我贿迁。（将嫁未嫁，亲热昵称）

2. 婚后（第3、4章）：士—尔—士

于嗟女兮，无与士耽！（男子通称，与"女"相对）

自我徂尔，三岁食贫。（感情疏远，夫妻对称）

女也不爽，士贰其行。士也罔极，二三其德。（与"女"相对，语带责备）

3. 决裂（第5、6章）：尔—其

及尔偕老，老使我怨。（感情破裂，语带悲愤）

信誓旦旦，不思其反。（第二人称，恩断义绝）

（三）提问题，析情感技巧（30分钟）

设计说明：围绕"恋爱""婚后""决裂"的情节脉络，设计环环相扣的三组问题，引导学生与文本展开对话，分析人物性格，探究婚变原因，鉴赏"赋、比、兴"的表现手法。

第1组——谈情说爱（8分钟）

问题1：纵观全诗，远道而来的"氓"是如何获得姑娘芳心的呢？

说明：氓之蚩蚩——印象良好　来即我谋——求婚主动

言笑晏晏——讨人欢喜　信誓旦旦——海誓山盟

鉴赏重点："赋"的手法——叠词（例：蚩蚩）

问题2：诗人通过叙述女主人公的行为，表现了她怎样的爱情心理？试做简要分析。

说明："氓"走时，她深情相送，依依不舍，婉言安慰，私订终身，诗人用跳跃性的语言写出了初恋女子的爱慕依恋之情。分别后她翘首企盼，伤心泪流；见面后她笑逐颜开，诗人用形象的特写和强烈的对比写出了姑娘的思念和痴情。

鉴赏重点："赋"的手法——语言剪裁、形象特写、对比手法。

问题3：作为一首"弃妇诗"，诗人为什么用长达两章的篇幅来描写姑娘的爱恋与痴情呢？

说明：以表男子背信弃义，有负深情。以明女子情感落差，内心伤痛：爱越深，伤越

重；情愈浓，心愈痛。

鉴赏重点：布局谋篇，前后呼应。

第 2 组——谈婚论嫁（12 分钟）

问题 1：在描写婚后生活时，诗人表现手法发生了变化。请说明下列三组诗句运用了什么表现手法，其表达内容是什么，效果如何？

①桑之未落，其叶沃若。桑之落矣，其黄而陨。

②于嗟鸠兮，无食桑葚！于嗟女兮，无与士耽！

③淇水汤汤，渐车帷裳。女也不爽，士贰其行。

说明：第①组，"比"的手法，其内容有"喻貌说""男情说""两情说"等，言之成理即可。

鉴赏重点："比"的模糊性和多义性。

第②组，"兴"的手法，欲言一物先以他物引出，表现新婚的甜蜜和事后的反思，对女子提出忠告。

鉴赏重点："起、兴"勾连相属，一气贯注。

第③组，该句可从"赋、比、兴"任何一个角度来解读，言之成理即可。赋：直陈其事，女子被赶回娘家，路过淇水。"比、兴"皆有，比喻婚姻起了波澜，引出后文"士贰其行"。"送子涉淇"，淇水是爱情之河。"淇水汤汤"，淇水是情变之兆。后文"淇则有岸，隰则有泮"，淇水又成痛苦之河。

鉴赏重点：《诗经》"就近设喻"的美学原则。"淇水""帷裳"包括前文的"桑""鸠"，都是主人公重要或熟识的生活内容。就近设喻，自然恰切，使文章富于生活气息。

问题 2：两人自由恋爱，新婚生活又如此甜蜜，为什么会发生"婚变"呢？对此，有人认为"氓"是处心积虑的感情骗子，求婚之时就居心不良；也有人说"氓"是婚后随着时间推移逐渐改变的，其变化原因是多方面的。你同意哪种观点？请说明理由。

说明：认为"氓"是处心积虑的感情骗子于理不合。因为人在社会生活中是不断变化的，我们不能因为婚后的变心而否认婚前的爱情，更不能因为家贫就断言"氓"是骗财骗色的阴谋家。从"士贰其行""二三其德""言笑晏晏""信誓旦旦"等可见，女主人公控诉的是婚后多年男子的变心，并没有否认当年的真情。而婚变原因是多方面的。(1) 处境变化：婚后男女处境不同，女人人老珠黄，男人"言既遂矣"，生活好转，色衰爱弛，另结新欢。(2) 人品问题："氓"缺乏专一的婚恋态度和婚姻责任感。(3) 男女差异：首先是性格差异。女子温顺，从一开始就将婚恋主动权交给男方，而忽略了"氓"暴躁易怒的性格。其次是观念差异。钱钟书《管锥编》引斯大尔夫人言："爱情于男只是生涯中一段插话，而于女则是生命之全书。"女人把婚姻作为爱情的延续，用恋爱的标准要求婚姻，所以对男子不再沉迷（耽）感到不满。男人把婚姻作为新生活的开始，视婚姻为爱情长跑的终点，不再用心经营感情。最后是角色差异。古代社会，男人可以三妻四妾，女人只能始终如一，这种不对等的道德定位，为男子变心提供了宽松的舆论环境。综上所述，笔者认为《氓》是一个真正的婚恋悲剧，具有相当的普遍性和深刻性。学生言之成理即可。

第 3 组——诉苦言悲（10 分钟）

问题 1：面对"氓"的移情别恋，诗人没有细说变心的具体内容，却讲述了女子多年（"三岁"实为多年）的贫苦生活和"夙兴夜寐"的操劳，有人说这是为了表现女主人公的坚贞和勤劳，你是否同意？请说明理由。

说明：表现勤劳坚贞是客观效果，痛斥负心薄幸是主要目的。

鉴赏重点：虚词的表情达意。连用六个"矣"，自述伤痛：该付出的都付出了，不该遭受的都遭受了。

问题 2：女主人公被抛弃后回到娘家，没有得到只言片语的安慰，却遭到兄弟无情的嘲笑（"兄弟不知，咥其笑矣"），只能独自悲伤。请结合前后文，推断兄弟为什么要嘲笑她。

说明：①幸灾乐祸："以私许始，以被弃终，初不自重，卒被人轻，旁观其事，诚足齿冷。"（钱钟书语）②男性视角：小题大做，无事生非。

问题 3：经历一番人生悲苦之后，女主人公对这段感情有了怎样的认识？据此谈谈你对这一人物形象的整体评价。

说明：①女主人公的认识：清醒——"及尔偕老，老使我怨"；坚定——"反是不思，亦已焉哉"。②小结形象特质：女主人公经历了从少女到女人不断成熟的过程，敢爱敢恨，坚定清醒。尤其面对感情破裂，她不哀恳，不乞怜，不后悔，不纠缠，表现出女性自我意识的觉醒。

鉴赏重点："赋"的手法——回忆往事，以乐写哀。

（四）作总结，评传承价值（2 分钟）

教师总结：《氓》综合运用"赋、比、兴"的表现手法，塑造了抒情主人公生动鲜活的艺术形象，她的婚恋悲剧给后人以深刻的启迪。一言以蔽之：

[板书：婚恋悲歌长警醒，赋比兴里寄深情。]

（五）诵读课文，布置作业（3 分钟）

1. 在深入鉴赏的基础上，组织学生有感情地诵读诗文。

2. 布置作业，延伸思考，训练语言表达能力。

爱情与婚姻既是文学作品的永恒主题，也是每个人生活的重要内容。请以"恋爱中的理智与情感"或"婚恋中的男女差异"为话题，结合文学作品或当下的社会生活，写一段 500 字左右的短文，谈谈你的认识。

《寡人之于国也》：此"民"非彼"民"

刘睿睿

北京市"京教杯"青年教师教学基本功比赛一等奖说课稿

各位评委老师：

大家好！我是西城区北京师大二附中的刘睿睿。今天我说课的题目是："《寡人之于国也》：此'民'非彼'民'"。

请各位老师批评指正！

下面我将从以下五个部分进行介绍：教学背景分析、教学指导思想与理论依据、教学目标、教学过程和总结。

一、教学背景分析

（一）学段分析

《寡人之于国也》是北京师大二附中校本教材必修五第四单元"古典说理论世文"的篇目。

（二）教材分析

《寡人之于国也》中的"说"与"理"均十分精彩，集中反映了孟子高超的论辩能力和"仁政"思想。

（三）学情分析

1. 年级开设阅读课，学生已阅读自学《孟子译注》一书，并对孟子其人、其思想有了一定的了解。

2. 该班为理科数字化实验班，学生思维活跃，善于发现问题，在预习时对本课提出若干问题。

其中最具代表性的三个问题是：

（1）用"以五十步笑百步"想说明什么问题？（梁××）

（2）文章由"河内凶"的问题开始，可是孟子给出的答案并没有正面回答治灾的方案，选择这一篇论述并不是很完美的文章，是出于什么考虑呢？（张××）

（3）孟子提出的方案大有让国家休养生息之意，但在战争时期，他的方案是否可行？如果不可行，为什么还提？（康××）

简单分析一下这三个问题。

第一个问题是不清楚"以五十步笑百步"与梁惠王治理国家之间有什么关系。

第二个问题是没抓住二人谈话的核心问题，而且先入为主地站在梁惠王的立场上，质疑孟子答非所问。

第三个问题是质疑孟子"王道"思想的可行性。

解决前两个问题，需要对文本进行深入解读。首先，明确二人谈话的核心问题是什么（梁惠王提出的"民不加多"问题，即"老百姓如何更多"的问题）。其次，要明确二人在该问题上的分歧点到底是什么。最后，要明确孟子说梁惠王"以五十步笑百步"的理由是什么。其中最核心的问题便是，二人在该问题上的分歧点是什么。

解决第三个问题，要追问为什么孟子要去做一件"不可行"的事情。

这些问题分析将是我整节课设计的切入点。

二、教学指导思想与理论依据

根据《北京市中小学语文学科教学改进意见》：

语文学科应充分发挥在立德树人方面的重要作用，重视对国学经典文化的学习，积极引导学生感悟中华优秀传统文化的精神内涵；全面提高独立思考和批判性思维能力。

根据《普通高中语文课程标准》：

课程总目标：高中语文课程根据立德树人的基本要求，以全面提高学生的语文素养为目标，使学生通过阅读与鉴赏、表达与交流、梳理与探究的语文学习活动，在语言建构与运用、思维发展与提升、审美鉴赏与创造、文化传承与理解几个方面都获得进一步的发展。

三、教学目标

（一）知识与能力目标

通过文本解读法，提高学生深度解读文本的能力。

通过对比质疑法，从否定到否定之否定，提高学生的独立思考能力和批判性思维能力。

（二）过程与方法目标

1. 抓住核心问题"民不加多"整合设计。

2. 运用微课、MOODLE 学习平台等手段辅助教学。

（三）情感态度价值观目标

理解孟子思想的价值和意义，激发学生对"亚圣"的仰望之情。

教学重点：

通过比较梁惠王与孟子对"民"认识的不同，引导学生体悟孟子以民为本的仁政思想。

教学难点：

结合战国时代背景，发掘"亚圣"的思想价值和意义。

四、教学过程

本课大体分为五个环节。

第一环节：对比孟子和梁惠王的三次会面，由全文的核心问题"民不加多"切入。

第二环节：解读文章第五到第七段，学习孟子以民为本的仁政思想。

第三环节：通过质疑梁惠王，比较梁惠王与孟子对"民"认识的不同，发现二人的观点分歧的根本所在："此民非彼民"。

第四环节：播放有关战国背景和孟子经历的微课视频，引出对孟子的疑问。通过投票、讨论、再投票的方式，理解"亚圣"之"圣"字体现在何处。

第五环节：布置作业，体悟孟子的人生境界。

下面重点介绍我是如何破解预习提问中最核心的问题的。

（一）文本解读，教之据

此"民"非彼"民"——《寡人之于国也》中的观点分歧。

1. 辨"民"义，现分歧。

在对全文研读之后，可发现梁惠王与孟子对"民"的认识是完全不同的。"民"于梁惠王只是工具【板书】。梁惠王所追求的"民加多"，其背景是"惠王数被于军旅"（屡次遭受军事上的失败）（《史记·魏世家》），其真正目的是"利吾国"（《孟子·梁惠王章句上》），文中的"王好战""违农时""失其时""夺其时"便是证据，梁惠王心中装的"民"主要是那些可供利用的青壮年，范围是有限的。

而"民"于孟子是根本【板书】，他关注的"民"范围广、概念清，"五十者""七十者""黎民"，涵盖了所有的百姓，是"全民"。孟子所追求的"天下之民至"是在梁惠王所说"民加多"的基础上"加全、加好"。

2. 析"道"理，明圣心。

为了能准确分辨二人对"民"的不同理解，真正理解孟子的仁政思想，必须对"王道之始"与"王道之成"两段进行深入解读。"王道之始"与"王道之成"的递进关系是这样的：

"王道之始"中多为否定句，看似均为措施，字里行间却都在揭发统治者的贪婪、掠夺、剥削及对百姓生产生活的无尽破坏。"王道之始"意在让统治者改变过去，不要再搞破坏了，从而满足百姓基本的生存丧死需求。

"王道之成"中多用条件句，意在让统治者做建设性的工作。如制定保民、惠民政策，帮助百姓实现自给自足。在富民的同时又教民，物质文明与精神文明一起抓。

基于这样的分析，我在教学过程的第三、四环节有如下设计：

（1）解读文本，梳理逻辑。

①辨析"王道之始"与"王道之成"，明确孟子以民为本的圣心。

②梳理梁惠王的逻辑：偷换概念，强盗逻辑。

a. 偷换概念：将"治灾尽心"等同于"治国尽心"。观点为"寡人之于国也，尽心焉耳矣"，举例却变成了时逢岁凶，移民移粟。

b. 强盗逻辑：平时不施行仁政，不推行王道，对百姓极尽剥削掠夺之能事，只是在灾荒年月做做表面工作，就要求"民加多"。

③梳理孟子的逻辑：行王道，天下民至，岁凶不是元凶。

a. 行王道才是"治国尽心"，方能天下民至。

b. 岁凶救民不能使"民加多"，因为岁凶不是元凶，不行王道才是元凶。头痛医头，脚痛医脚，是治不了病的，必须找到病根。梁惠王与邻国之君并无本质区别，所以孟子说他"以五十步笑百步"。

（2）质疑梁惠王。

提问：梁惠王实现"民加多"的真正目的是什么？

明确：增加劳力，扩充兵员，征调百姓服役。

揭露其真面目：至此，学生会发现梁惠王并不是一只羊，而是一只披着羊皮的狼！

（二）立德树人，教之果

最后一个大问题便是孟子"王道"思想的可行性问题。孟子面对着这样一群心中只有利益的诸侯，说着这样一套民本思想，有用吗？岂不是对牛弹琴！学生有质疑的想法很正常，但要引领学生追问为什么孟子要去做一件"不可行"的事情。

这里要介入"事实判断"和"价值判断"两个概念。所谓"事实判断"是在客观上判断某事物"做了"还是"没做"。所谓"价值判断"，就是在价值上判断某事物"好"还是"不好"。二者切不可混淆。

在本文中属于"事实判断"的是：梁惠王"采用了"还是"没有采用"孟子的建议，是"做和不做"的问题。属于"价值判断"的是：孟子的建议是"对"还是"错"，是"好和坏"的问题。

的确，从"事实判断"的角度看，孟子的仁政学说在战国时代是没有市场的。司马迁更是道出世人对孟子的真正评价："迂远而阔于事情。"我们可以质疑孟子，但我们更应该从"价值判断"的角度看到：孟子生于战国，死于战国，他一生都没有见过真正的和平。但生存在战国之井的孟子，并没有成为井底之蛙，而是跳出无力改变的历史环境，站在高处，俯视苍生。他苦口婆心，辗转前行，执着坚守……面对梁惠王"于国""尽心"的表白，孟子不是不知道梁惠王所想，只是不愿意迎合他的不义之战罢了。"亚圣"说："民为贵，社稷次之，君为轻。"他敢于藐视神圣君权，敢于直言不讳，骂桀纣是"一夫"，骂五霸及今之诸侯是"罪人"，骂大臣是"民贼"，骂把人民推向战争是"殃民"……

所以说，被认为"迂远而阔于事情"又如何？这种"迂远"，不正是"亚圣"之"圣"吗？那便是"当今之世，舍我其谁"的敢于担当，是"善养吾浩然之气"的"赤子之心"，是"知其不可而为之"的执着坚守！而儒家的这些精神，正是中华文明几千年来保持向善力量的源泉。鲁迅先生说："无穷的远方，无数的人们，都和我有关。"孟子仰视百姓，仰视真理，我们仰望孟子。

当今社会价值观十分多元，学生往往混淆"价值判断"和"事实判断"这两个概念。语文教师应帮助学生保持清醒头脑，坚守正确价值观，真正做到"立德树人"，这需要我们的语文课堂发挥作用。

相关设计如下：

质疑孟子（体悟仁政思想的意义和价值）。

（1）以微课、学生预习提问导入。

（2）评价—讨论—再评价（MOODLE 学习平台投票）。

引领学生通过相互交流和思想碰撞的方式，认识到孟子民本思想的意义和价值。

预设——生成

五、总结

最后，我用几句话来总结这堂课的教学思路：

预习提问知学情——切入点

文本解读辨民义——落实点

两次质疑巧对比——思维点

体悟圣心传文化——收束点

当然，本课在设计和实施中仍有不足之处，恳请各位评委老师批评指正，谢谢！

《庖丁解牛》：问道

李煜晖

此说课稿为北京市级公开课说课稿

教学背景分析：

课程背景分析

课文《庖丁解牛》是北京市高中课程改革实验版教材选修二的专题三中精读课文《庄子寓言四则》的第1则，教学时长一般为两课时（80分钟）。《普通高中语文课程标准》关于本单元教学总要求是：（1）应指导学生阅读论著，调查和梳理材料，增强文化意识，学习探究文化问题的方法，提高认识和分析文化现象的能力，吸收优秀文化的营养，参与先进文化的传播。（2）阅读文化论著，重在领会精神，抓住重点，对其中的主要内容或观点进行讨论，不必面面俱到。对著作中的疑难问题，应引导学生自行钻研、互相探讨，必要时教师可作适当的讲解。（3）应积极开发和利用本地文化资源，引导学生联系生活实际和社会现象考察文化问题，进行分析和解释，提出自己的见解，通过口头、文字、图表、图片等多种形式展示考察成果。（4）引导专题探究，重在培养学生的探究意识和探究能力，让学生体验探究的过程，学习探究的方法。所追求的探究结果应该切合实际，不要盲目拔高目标。基于上述背景，笔者根据《普通高中语文课程标准》的教学要求，审视课文《庖丁解牛》具体情况，分析如下。

1. 帮助学生"吸收道家文化的营养"是本课教学的核心任务。

《庖丁解牛》节选自《庄子·养生主》一文，是一则脍炙人口的寓言。《庖丁解牛》既是文学名作，也包含重要的哲学思想："依乎天理""因其固然"（顺其自然）。这一思想上承《齐物论》，下启《人间世》，蕴含着道家的心灵体悟和智慧之光，对后世影响深远。即以狭义上的"养生之道"而论，在中国历史上，无论封建帝王、达官显贵，还是诗人学者、竹林隐逸，都有一套自己的深受庄子影响的养生之道。文学史上，嵇康、阮籍、陶渊明、李白、苏轼、曹雪芹等都在作品中对此做过阐释，甚至身体力行。时至今日，人们对于养生之道依然热衷，电视、网络等媒体相关报道比比皆是，日常生活中相关话题屡见不鲜，"养生"是一个值得深入研究的文化现象和社会现象。同时，庄子的"道"具有普适性，在养生之道的基础上推而广之，可以让学生探求万事万物的自然之理和解决之道，从而深入理解"道法自然"的哲学思想。《普通高中语文课程标准》要求"提高认识和分析文化现象的能力，吸收优秀文化的营养""引导学生联系生活实际和社会现象考察文化问题，进行分析和解释"。因此，在教学目标的设定上，教师在梳理文脉、鉴赏作品文学性的基础上，帮助学生"吸收道家文化的营养"应是教学的核心任务。

2. 本课适宜采用以问题为导向的教学策略。

课文《庖丁解牛》具有如下特点：（1）生僻字词和语法现象较多。（2）文风保持了庄子的一贯特点——"汪洋辟阖，仪态万方"，学生的注意力容易被作者潇洒飘逸、如行云流水般的文学语言所吸引，影响对哲理要点的整合和把握。（3）课文通过寓言来说理，点到即止，需要学生运用联想，结合生活经验进行体悟。这些对于学生深入理解课文构成了一定障碍。本着《普通高中语文课程标准》要求的"阅读文化论著，重在领会精神，抓住重点，对其中的主要内容或观点进行讨论，不必面面俱到"的原则，第一个特点可以让学生自主钻研，通过自学解决字、词、句、翻译等基础性内容，其中重要的字、词、语法教师课上点到即可。而要解决余下两个问题，就必须采取适宜的教学策略。

从文本内容上看，课文《庖丁解牛》有两个必须解决的基本问题：第一个基本问题是庖丁解牛之后，文惠君问庖丁的问题："技盖至此乎？"其实，《庄子》一书中有好多类似庖丁的神人，比如"运斤成风"的匠人、"疴偻承蜩"的老者，等等。但是，高超的技艺只是庄子用来吸引读者眼球的"障眼法"，每项神奇的技艺背后都隐藏着的"道"才是重点。那么"道"对庖丁的成长起了怎样的作用？庖丁的"解牛之道"是什么？有哪些具体表现？这些都是必须解决的具体问题。第二个基本问题还是与文惠君有关，听了庖丁的自述，他说："吾闻庖丁之言，得养生焉。"表面看来，解牛和"养生"风马牛不相及，那么他是怎么得到"养生之道"呢？尤其在我们没有通篇阅读《养生主》的前提下，这个结论实在很突兀，也正好可以留给学生来讨论和解答。明白了这两个问题，也就明白了"道"的原理和在养生中的具体运用，这样一来，第三个问题也就呼之欲出了：除了养生，学生可不可以结合生活实际，谈谈自己在其他方面的理解和运用？这个问题也满足《普通高中语文课程标准》"引导学生联系生活实际和社会现象考察文化问题，进行分析和解释，提出自己的见解"的要求。

基于以上分析，本课可以采用"以问题为导向的教学策略"，借鉴"问题连续体"理论，引导学生联系实际生活，用现代人的视角进行多角度、多元化的解读。因为问题的核心是"道"，故命名本课为"《庖丁解牛》：问道"。

3. 为确保学习有效性，"讲授法"在本课教学中必不可少。

《普通高中语文课程标准》要求，"对著作中的疑难问题，应引导学生自行钻研、互相探讨，必要时教师可作适当的讲解"。这篇课文中的疑难问题还是很多的，这主要是由于对道家思想的领悟，特别受到人生阅历和学养的限制。首先，缺少人生阅历，就体会不到处世的艰难，体会不到处世艰难，就不大好理解老庄思想里面"安时处顺"的处世哲学的必要性。其次，当前的高中语文教学中，讲社会主流意识形态多，讲儒家思想多，讲道家思想少，《老子》甚至没有被选为课文。我们习惯强调"有为"，强调对学生"修身齐家治国平天下"的人格教育和理想教育，似乎忽略了个体生命的"逍遥游"，淡漠了道法自然的哲学思想，学生对道家思想的知识储备和认识准备是相对不足的。因此，讲授法在本课中是非常必要的。这种教师通过口头语言向学生描绘情境、叙述事实、解释概念、论证原理和阐明规律的教学方法不是简单的知识灌输，而是一种高级的思维活动，是师生的心灵互动和精神碰撞，对《庖丁解牛》这类疑难较多、学生自身储备不足的课文的教学，显得尤为重要。因此，我们在教学中应该将学生的自主探究和教师讲授相结合，不宜偏废。

学生背景分析

本课为高二下学期第三模块教学内容，应授课班级为笔者任教的高二（10）班。该班为我校文科实验班（由于教学进度的原因，实际授课班级可能为其他文科实验班）。由于文科实验班学生是提前招生的、具有较为浓厚的文科学习兴趣和较强学习能力的学生，加之培养过程中特别重视学生自主学习能力的培养和大量阅读的指导，学生求知欲强，思维比较活跃，知识功底比较扎实，具备深入学习和探究文化论著的前提条件。因此，教学目标的高度、教学内容的密度、问题设计的难度可以分别加以提升、强化和加深。授课前，学生自学了课文的重点实词、虚词和特殊句式，基本达到了对课文进行较为准确的翻译的水平。

教学目标：

1. 归纳梳理课文内容，掌握重要语法现象，鉴赏庄子文学语言的魅力。

2. 通过探究庖丁技艺高超的原因，分析庖丁解牛的方法，感受庖丁解牛的境界，深入领会"顺其自然"的道家哲学。

3. 引导学生运用道家的哲学智慧认识和解决现实生活中的问题，培养学生的思维品质和迁移能力。

教学重点：

1. 深入领会"顺其自然"的哲学思想。

2. 引导学生运用道家的哲学智慧认识和解决现实生活中的问题。

教学策略和方法：

1. 利用以问题为导向的教学策略，设计环环相扣的问题，启发学生思考。

2. 坚持"双主体互动式"教学原则，将教师讲授和学生自主探究相结合。

教学用具：

黑板、粉笔、电脑、投影等。

教学流程：

导语设计

庄子的文章有两个基本特点：一是具有很强的文学性，对此鲁迅先生评价道："汪洋辟阖，仪态万方，晚周诸子之作，莫能先也。"（鲁迅《汉文学史纲要》）二是具有很强的哲理性，而且说理的方式很特别，喜欢用"寓言"来说理。用庄子自己的话说就是"寓言十九"（《庄子·寓言》）。课文《庖丁解牛》就是这样一则脍炙人口的寓言。它出自《庄子·养生主》，通过庖丁为文惠君解牛的故事，运用极富文学色彩的语言，阐释了庄子的哲学思想。下面就让我们一起来学习这篇文章。

先来看题目——庖丁解牛。"庖"是职业，主人公是一位厨师；"丁"是他的名；"解"包含两个步骤，一是宰杀，活牛变死牛，二是分解，整牛变散牛；"牛"就是牛，但是牛的地位在古代和今天是不一样的。在农耕社会，牛的地位比今天要高很多，因为它是重要的生产资料。所以宰杀牛是一件比较大的事情，往往祭祀或有尊贵的客人到来时才杀牛。正因如此，庖丁解牛，文惠君（《孟子见梁惠王》中的梁惠王）才会亲往观看。这一看不要紧，就有了意外的发现：庖丁解牛的技艺实在是太高超了。下面我们就来一起欣赏一下庖丁解牛技艺之妙，请看课文。

设计说明：导语具有三项基本功能：引入课题，介绍背景知识，激起学生学习兴趣。本课导语从庄子文章特点说起，按照从一般到特殊的规律，在介绍背景知识的同时引入课文，开宗明义，对文题做了简要解读，并设置悬念，激发学生兴趣，自然过渡到对解牛技艺的鉴赏。

赏技艺之美

问题设计1

这一段是《庄子》里面很著名的关于高超技艺的描写。大家一看到这段话，总会情不自禁地说庖丁解牛的技术很高妙。请谈谈你的真实感受，你从中感觉到庖丁解牛技艺高超了吗？高超在何处？

问题解决

预计学生会文学表现力的角度，从动作、声音、节奏等方面做出回答。首先，教师谈自身真实感受。其次，教师将引用南怀瑾先生的解说帮助学生理解。最后，联系生活中其他鲜活的实例，使学生做到真正理解。

庄子一定是学过杀牛的，至少曾经站在那里观察了很久。乡下杀牛你们看过没有？我在乡下长大，看过杀猪杀牛，真热闹，比戏还好看。"手之所触"，这个牛一拉来，把绳子一转，转到鼻子旁边，手在牛背上一拍，试试筋骨。"肩之所倚"，绳子一拉牛，然后他的肩膀往牛身上一靠，就像柔道摔跤一样把牛靠到地上去了。牛就跪下来了。"足之所履"，右脚一抬，就踩在牛身上，"膝之所踦"，膝盖顶到牛身上一个穴道，后来我研究晓得，牛身上那个穴道和人体一样，一被顶到浑身发麻，"砉然向然，奏刀騞然，莫不中音：合于《桑林》之舞，乃中《经首》之会"，这几句描写他的那个技术，那个刀啊，从皮套里头一拿出来，一刀下去，干脆利索，牛哼都不哼一声，一条老命就回家了。刀在牛身上游走，那声音好听极了，动作潇洒得很，好像在跳舞一样。这是解牛么？简直就是音乐舞蹈晚会嘛！

问解牛之道

问题设计2

文惠君看了庖丁解牛后，发出感慨："嘻，善哉！技盖至此乎？"的确，请问庖丁解牛技艺如此高超，根本原因是什么？

预设答案

在于庖丁对于道的追求——"臣之所好者，道也；进乎技矣"。"道"是"文眼"，后文的叙述都是从不同方面对"道"进行阐释。

问题设计3

"道"和"技"有什么区别？

预设答案

道进乎技：道是抽象的，技是具体的；道追求境界，技追求方法；道靠感悟，技靠学习；道是超越的，技是功利的……言之成理即可，本题不在得出答案，而在于通过"道"与"技"的比较，帮助学生领悟"道"的内涵。

问题设计 4

庖丁洞悉解牛之道，达到了神奇的境界，那么，他的解牛之道究竟是什么呢？

预设答案

解牛之道——依乎天理，因其固然。

问题分解

（1）"其"在这里指代的对象是什么？——牛。

（2）"天理"是天生的样子，"固然"是本来的面貌，二者意思基本相同，对牛来说，它天生的样子是什么？请简要描述。

牛的"天理""固然"：有空隙（大郤、大窾、间），也有筋络和骨骼（肯綮、大軱、节）。

（3）庖丁是如何对待牛的"天理""固然"的呢？——"依""因"，概括而言——"顺"。

[板书：顺其自然]

问题设计 5

在解牛过程中，庖丁哪些做法体现了这种"顺其自然"的解牛之道呢？

预设答案（以绝句形式呈现）

·批大郤导大窾肯綮未尝

大处空处可进刀，可以进刀不犹豫；筋络骨骼不可进，不可进刀便回避。

·以无厚入有间游刃有余

刀刃本无厚，骨节自有间。两端皆自然，游刃有余闲。

·视为止行为迟怵然为戒

每至于族是难关，难关总是难避免。人生到此需谨慎，小心应对方自然。

·手提刀眼四望善刀而藏

提刀四顾立，功成须养气。心中有自然，手中无利器。

问题设计 6

这些做法和表现不仅体现出了"顺其自然"的道理，也告诉了我们应该如何去"顺其自然"，你能简要概括吗？

预设答案（以对联形式呈现）

上联：悟大道，乘大道，大道不道

下联：知自然，顺自然，自然而然

横批：道法自然

说明：要想"顺其自然"，应先认知自然，靠的是理性；认知之后就要顺应自然，靠的是智慧；在"顺应"中要忘掉"顺应"，正所谓得意忘言，得鱼忘筌，达到自然而然的效果。

问题设计 7

理解了解牛之道的内涵和要领，这种"顺其自然"的解牛之道究竟有什么功效呢？请概括回答。

预设答案

（1）庖丁——引领成长，游刃有余。

引领成长：庖丁在道的目标引领下经历了三个境界。第一个境界我们每个人都经历过，见山是山，见水是水；第二个境界就达到化境了，具有了极强的专业眼光；第三个境界，佛法称之为"灵境"，文学艺术上叫作神来之笔，是得道的境界。重点在于讲解第三个境界，第三段描绘的高超技艺正是第三境界的外化。

境界一　见牛是牛——始臣之解牛之时，所见无非牛者。

境界二　目无全牛——三年之后，未尝见全牛也。

境界三　眼中无牛，心中有牛——方今之时，臣以神遇而不以目视，官知止而神欲行。

（2）牛——謋然已解，如土委地。（鉴赏"委"字）

（3）刀——解牛数千，新发于硎。（提问得出：刀不是神兵利器，合乎自然之道才得以常保）

小结：顺其自然，三身受益。（讲解"三身"：主体、客体、主客关系）

问题设计8

那么，不遵守自然之道，会有怎样的结果呢？

预设答案

良庖岁更刀——割也；族庖月更刀——折也。

小结：逆天而行，不得善终。（从"三身"角度分析）

牛受罪，刀受损，人受累

探养生之主

问题设计9

文惠君听了庖丁自述解牛之道，感慨道："吾闻庖丁之言，得养生焉。"请问：文惠君为什么能从解牛中得出养生之道呢？

预设答案

《庖丁解牛》是一则寓言，它的寓意是有普适性的。我们可以做如下的类推：

（1）庖丁——芸芸众生——养生之人。

（2）解——顺其自然——养生之道。（以衣食住行为例）

（3）牛——大千世界——养生之障。

（4）刀——新发于硎——养生之效。

其实，顺其自然的道理不仅适用于解牛，也不仅适用于养生，万事万物都是适用的。譬如写文章，苏东坡的文章"如行云流水，初无定质，但常行于所当行，常止于所不可不止"，这就是顺其自然；譬如教书，孔子"因材施教"，这就是顺其自然；譬如做官，陶渊明合则留，不合则去，这就是顺其自然；譬如做学问，厚积薄发，水到渠成，这就是顺其自然。顺其自然，万物可解。

板书：[万物可解]

思运用之妙

问题设计 10

庄子距今已有两千三百多年，可当代人处世之难非但未减，反而困惑多多：我们叫苦叫累，疲于奔命，心力交瘁，未老先衰。同时，社会上难解的问题也越来越多。既然"顺其自然，万物可解"，那么，请结合生活实际，选择某个个人困惑或者社会问题，运用"顺其自然"的思想，谈谈你的解决之道。

预设答案

这是一个开放性很强的问题，学生要先谈困惑或者社会问题，分析问题的"自然"之理，然后探寻顺应之道。个人困惑，比如语文的学习、亲子关系、朋友关系、青少年恋爱等方面的困惑；社会问题，比如教育中拔苗助长、千篇一律等问题。教师可以先做示范来启发。启发时可举写文章、做学问、搞教育、交朋友等例子。

［板书：运用之妙，存乎一心］

参考书目

郭象注，成玄英疏，《庄子注疏》，中华书局，2011 年

郭庆藩《庄子集释》，中华书局，2013 年

南怀瑾讲述《庄子諵譁》，上海人民出版社，2007 年

《鸿门宴》：探究留白品形象

奚 畔

————— 北京市西城区区级公开课说课稿 —————

各位评委老师好！

我是来自西城区北京师大二附中的奚畔。我使用北京版教材，说课题目为"《鸿门宴》：探究留白品形象"，请各位老师批评指正。

一、教学背景分析

（一）学段分析

《鸿门宴》在北京市高中课程改革实验版教材选修一的专题二"《史记》与《汉书》"中，之前学生已经学习了"《左传》与《战国策》"专题，对先秦历史散文中用彰显人物个性的故事作为叙事方式这一特点有了初步了解。这一专题的主题是：通过《史记》与《汉书》，学习如何以丰富饱满的人物形象反映历史事件的本质。因此，除了学习文言知识，读懂故事情节之外，还要学习文章的内容编排与人物性格命运的关系。

（二）学情分析

1. 教学对象：社科班，该班学生特征是善于深入探究文本，积极参与合作讨论，能够对社会问题的本质有一定的思考。

2. 学生的知识背景及能力背景：本班学生通过高一的文言积累，已经能够读懂文章内容，梳理情节，浅显地总结人物形象，并可以对文本提出质疑，具备一定的讨论探究能力。

3. 学生的问题：通过学生作业，我发现学生的主要问题集中在——《鸿门宴》节选自《项羽本纪》，为什么对原为主角的项羽却叙述甚少？

（三）教材分析

1. 司马迁的创作特点：他善用留白，有详略地对历史事件进行裁剪，更好地突出人物的个性特征，反映事件的本质。

2. 《鸿门宴》的精彩之处：作者通过详略布局，使众多人物置身于激烈的矛盾冲突之中，生动地刻画出性格鲜明的人物形象。情节起伏跌宕，扣人心弦。

二、教学目标定位

目标：掌握叙事中的留白艺术，从而探究留白处与人物形象及命运的联系。

三、教学重难点

教学重点：

对留白处丰富内容的探究。

教学难点：

1. 掌握探究方法：整体把握细节在前后文中的关联，运用细节对比法探究人物特征。
2. 揣摩留白艺术在叙事中的作用。

四、教学指导思想与理论依据

1. 知识与能力：探究留白艺术与人物塑造的关系。
2. 过程与方法：掌握阅读史书的方法，揣摩留白艺术在叙事中的作用。
3. 情感态度价值观：在探究文本的过程中品味司马迁叙事艺术的魅力。

五、教学辅助手段

本课采用幻灯片作业展示、分小组讨论、小组代表交流展示等教学方式。

板书如黑板所示。

六、教学过程

本课大体分为六个环节。

第一环节：用学生提出的问题作为引入，展示学生发现的两处留白。（3分钟）

第二环节：教师指出另一处看似无关的留白处，带领学生详细研读文本，通过联系前文细节，补充留白处的内容，从而习得本课的第一种探究方法。（7分钟）

第三环节：教师布置分组讨论，令学生联系前后文细节补充两处留白的内容。（10分钟）

第四环节：小组研读结果交流，教师引导学生运用前后文对照联系法与细节对比法，进一步深入探讨两处留白背后的人物形象，以及形象与其命运的联系。（15分钟）

第五环节：总结探究留白处的内容，体会留白作为叙事手法对人物形象塑造起到的效果。（3分钟）

第六环节：布置作业，把留白艺术运用到写作片段中。（2分钟）

这里重点介绍第三、四环节。

学生发现的两处留白为：

（1）于是项伯复夜去，至军中，具以沛公言报项王，因言曰："沛公不先破关中，公岂敢入乎？今人有大功而击之，不义也。不如因善遇之。"＿＿＿＿＿＿项王许诺。

我主要引导学生利用前后文将刘邦与项羽的做法进行对比，从而使他们意识到这里的留白实际上是为了更好地表现项羽的性格特征，并引导他们概括出符合项王性格的内容。

（2）项王曰："沛公安在？"良曰："闻大王有意督过之，脱身独去，已至军矣。"＿＿＿＿＿＿项王则受璧，置之坐上。

这里重点介绍第二处的教学设计。

学生会按照常理填出空白处的内容：项王追悔莫及，但在这里看到"项王则受璧，置之坐上"，项王似乎并没有震怒或者后悔，作者在这里完全没有描写，直接进入下一个情节。这是一个值得推敲的空白。

为了验证此答案是否成立，我会抛出一个问题——项王为什么后悔？学生会有很多种主观猜测，此时我会引导他们关注文本中叙述的一个细节——"项伯翼蔽沛公"，项王却并未阻拦，并让学生在文中找到项王不阻拦的原因。这样做的目的是让学生落实第二环节中的"联系前后文细节"的探究方法。

学生会得出结论：项王听信了沛公的话，原因是项王的反应表现为"此沛公左司马曹无伤言之。不然，籍何以至此？"

我会紧接着抛出学生在预习作业中提出的另一个问题——樊哙之言与沛公之言大致相同，为何重复叙述？连续发问的第一个目的是不断提出疑问，调动学生的思考，鼓励善于发问的同学，并用同伴激发法调动学生参与讨论的热情。第二个目的是引出探究的第二个方法：细节对比法，引导学生通过这种方法读出事件发展变化的过程，并通过此过程揣摩空白处人物的心理。

对比樊哙与沛公的两次解释，可发现二人都在戳项王之软肋，樊哙之言更是切中项王唯恐成为亡秦之续的心理。由此，学生便可得出"杀刘邦会使项王陷入不义之境"的结论。这个结论符合前后文的逻辑，也比较符合人物的心理。我再追问一句，项羽是否还想杀掉刘邦？答案为否。那么"项王追悔莫及"的答案是不可能成立的。这之后，再让学生在空白处概括出合乎人物心理的内容。

之后我请学生总结：本文的留白艺术对项羽形象的刻画有何作用？

学生能够得出结论：对项羽的留白和对刘邦的详叙形成对比，更显示出项羽与刘邦性格的不同；对项伯的详叙使项羽的形象得到补充映衬，使得项羽的性格在项伯处得到展现。

最后教师总结，留白艺术不仅可以使读者更细致地揣摩文章细节，还可以使人物互相映衬，使情节详略精当，使叙事更生动，更能激发读者的想象。这样的结论便可以解决学生质疑最多之处——《鸿门宴》节选自《项羽本纪》，对项羽虽然叙述甚少，但项羽的人物刻画却极其丰满，这正如刘熙载所评价说："太史公文，疏与密皆诣其极。"

探究留白的叙事艺术对社科班学生有何帮助？

（1）阅读上的帮助在于掌握阅读史书的方法——学生通过前后文对照联系法、细节对比法更好地把握人物特征，更好地探究事件本质，深入思考历史事件发展的必然性。

（2）写作上的帮助在于学生有范文可依，可以在作文时运用留白法塑造人物，处理详略。

恳请各位评委老师批评指正，谢谢！

《鸿门宴》：叙事之中寓情怀

刘英瑾

北京师大二附中青年教师说课比赛优秀说课稿

一、教学背景

（一）学段背景和教材特点

《鸿门宴》是北京市高中课程改革实验版语文教材选修一专题二"《史记》与《汉书》"的第一篇课文。在初中阶段，学生通过《陈涉世家》等课文对司马迁和《史记》有了初步的了解与认识。在整个高中学段，学生除了高一时从写人记事散文的角度关注过司马迁的《游侠列传》之外，这是第一次，在史传文学的背景下重新审视司马迁《史记》中的作品。那么，我们就需要把《鸿门宴》的教学放置在史传文学的整体背景之下进行。

审视我国古代史传文学从《春秋》到《左传》再到《史记》的发展之路，可以清晰地梳理出一条中国古代叙事文学的发展脉络。这条发展脉络在我看来有两条发展路径，一是叙事层面的从简约到繁复的发展演变，二是史家从记事的自觉到立言的自觉的转变。当叙事的手法越来越多样化，史家的个人理性精神也得到了进一步的张扬和表现。而司马迁《史记·项羽本纪》中的《鸿门宴》刚好是这种文学性的叙事手法和史家个人理性精神的完美结合。所以教师通过《鸿门宴》叙事艺术的教学，让学生在感知文章艺术魅力的基础上，进一步体味一代史学家、文学家司马迁的思想情怀，将是本课教学的重点。

（二）学情背景

高二学生已经具备基本的文言文阅读能力，并且能够初步自行梳理情节发展，概括人物形象。但是学生独立进入文本细节进行深层分析的能力还有待提升，发现问题的敏感性还有待加强。因此，在本课的教学中，我将在课前布置自学任务，请学生通过阅读注解，自学解决语言文字方面的阅读障碍。同时要求学生课下在疏通文意的基础上，梳理课文情节，为课堂上深入思考并体悟文章在叙事、写人上的高妙之处做准备。

二、教学目标和教学重点、难点

（一）教学目标

1. 学生能够品鉴司马迁叙事艺术的高妙之处，并对其叙事艺术的特点进行总结和归纳。

2. 学生能够正确理解史书中文学性的叙事手法与史书实录精神的关系，体会历史本质真实的含义，并进一步感知司马迁的情怀。

3. 在感受和鉴赏过程中，使学生的<u>文本细读能力、自主探究能力</u>得到进一步的提升。

（二）教学重点、难点

1. 本课的重点是对文学性的叙事手法与史书实录精神关系的揭示。

2. 本课的难点主要在于对历史本质真实的认识。

三、教学指导思想与理论依据

《普通高中语文课程标准》的课程目标强调，通过高中语文课程的学习，学生应该在"积累·整合"方面获得发展，能够通过所学课文加强语文积累，体会其基本精神和丰富内涵，为形成一定的传统文化底蕴奠定基础；学生应该在"感受·鉴赏"方面获得发展，能够通过品味叙事艺术，体会人物形象，感受文学作品的艺术魅力；学生应该在"思考·领悟"方面获得发展，与文本展开对话，领悟其丰富内涵，理解古代文学的内容价值，从中汲取民族智慧。

四、教学过程

本课大致分为以下四个环节：

（一）课前预习。通过阅读注解，学生自学解决语言文字方面的阅读障碍，并在疏通文意的基础上，梳理课文情节，初步感知人物形象。

（二）品鉴叙事艺术。借日本学者斋藤正谦的话启发学生品鉴司马迁"叙事入神处"。

"读一部《史记》，如直接当时人，亲睹其事，亲闻其语，使人乍喜乍愕，乍惧乍泣，不能自已，是子长叙事入神处。"

——《史记会注考证》引《拙堂文话》

（三）深入探究《史记》中文学性的叙事手法与史书实录精神的关系。教师通过对刘邦和项羽语言的对比，使学生体会到这些极具个性的语言描写是充分表现人物各自性格必不可少的一环，从而理解何谓历史本质的真实，并感知司马迁在项羽这个悲情人物身上所寄寓的情怀。

（四）课堂小结和课后作业。

这里重点介绍第三个环节。

在对司马迁的叙事艺术进行初步品鉴，并对其艺术特点进行总结之后，我向学生抛出这样一个问题：

《史记》属于史书，史书讲求实录，可司马迁所描写表现的这些语言、神态、动作可能属于实录吗？如果不是实录的话，是否有悖于史家实录的精神呢？

这个问题对于绝大多数的学生来说会有意外之感，他们不知道该如何回答，即使回答也可能流于空泛。为了让学生对这个问题有一层更深入的剖析，我设计了一个任务环节。

对比文中刘邦和项羽的语言，从两人的语言特点，分析两人的性格特质。

对比两人的语言后不难发现：

刘邦：心思缜密、老谋深算。

多询问——"为之奈何？""且为之奈何？"

语言长而舒缓——"吾入关，秋毫不敢有所近，籍吏民，封府库，而待将军。所以遣将守关者，备他盗之出入与非常也。日夜望将军至，岂敢反乎！愿伯具言臣之不敢倍德也。"

项羽：胸无城府、心直口快。

多决断——"旦日飨士卒，为击破沛公军！"

语气短而急促——"壮士！——赐之卮酒！""赐之彘肩。""壮士！能复饮乎？"

围绕着对刘邦、项羽对话及性格的分析，为了解决这一环节讨论的问题，我又抛出了三层追问，逐层地引导学生深入思考。

问题1：司马迁所表现出的刘邦和项羽各自的性格特点是否真实？如果不做如此详尽的语言描写，对两人性格的表现是否有影响？

问题2：在历史散文的叙事中，什么叫"真实"？

点拨与提示：历史散文所要求的真实并非细节的真实，而是历史本质的真实。所谓历史本质真实，一是历史事实真实，二是对历史的评价态度真诚。基于当时鸿门宴刘项交锋是历史真实，作者在讲述史实细节时，包含了他的历史观与情感态度，这些细节自然不可能完全真实，但正是这些细节，使作者的历史观与情感态度更加突出感人，让干瘪的历史记录气血丰盈，表现出了作者作为史家的思考与情怀。

问题3：那么司马迁着力表现项羽性格中"胸无城府"的特点，其用意何在？

点拨与提示：楚汉之争，楚何以败？汉何以胜？项羽之败，并非偶然，更并非他自己所认为的"天命"，而是他那份近乎"天真"的性格。司马迁想告诉我们，项羽带着他的那份"天真"妄图在险恶的政治旋涡中获胜，只能逞一时之勇武，最终必然无法逃脱灭亡的命运，因为他的性情决定了他只能是一个失败的政客。这是司马迁对政治与人心的思考。

在政治的舞台上，"真"与"胜"无法并存，这又何尝不是司马迁对世道的体察？当他为李陵直言而身遭宫刑，家贫无以自赎，而平日亲故无人相帮之时，司马迁对"真"的感触不可谓不深。可能也正是项羽身上这份可贵的"真"，让项羽有很多受到非议的缺点，尽管如此，司马迁仍然用满怀敬意的笔触去书写他，甚至将其放入本纪，与历代帝王同享尊荣。

本环节小结：当我们把所有这些思考串联起来之后，我们再回到最初的问题，你还能觉得司马迁写得不真实吗？何谓真实？但凡书写出来的历史本身就是一种叙事。因此所谓的真实，不能停留在对细枝末节的考据上，而是要关注史家是否把握住了历史本质的真实。而在这一点上，司马迁无疑做到了。

所以，司马迁并非捏造史实，他借助想象，利用生动的描写和独具匠心的剪裁让叙事更加生动具体，让干瘪的历史记录气血丰盈，从而能够更有效地表现历史的本质，表现自己作为史家的思考与情怀，所以某些细节虽并非完全写实，但无悖于史家的精神。

最后，我会对本课进行一个简短的总结，司马迁通过极具表现力的形神描写、极具个性的人物语言、极具戏剧性的情节设置，极好地体现了其"叙事入神处"。而通过这些神来之笔，我们才能够更有效地洞悉历史的本质，感知史家的思考与情怀，获得人生的智慧与启迪。

为了更好地体现学以致用的理念，我为学生布置了一个预习练笔作业：

自读《信陵君窃符救赵》，结合本节课所讲内容和方法，品鉴这篇课文的"叙事入神处"，并思考这篇课文表现了司马迁怎样的历史思考与人文情怀。写一篇不少于600字的文章。

五、教学辅助手段及板书

补充资料、幻灯片等多种教学辅助手段。

板书如黑板所示。

《鸿门宴》：重复叙事探内心

赵晓双

北京市级示范校青年教师说课比赛一等奖说课稿

各位评委老师：

大家好！我是北京师大二附中语文组的赵晓双。我的说课题目是"《鸿门宴》：重复叙事探内心"，请各位专家批评指正。

一、指导思想

（一）基于《普通高中语文课程标准》的目标要求，培养学生积极的鉴赏态度，引导学生在鉴赏中深入思考，从而领会叙事中的智慧。

（二）依据新课程的教学理念，以学定教，在学生问题的基础上生发出问题，进而引导学生自主解决问题。

（三）叙事情节就是人物性格发展史。

二、教学背景

（一）学段背景

《鸿门宴》是北京市高中课程改革实验版语文选修教材第二专题的文章。第一专题的《左传》和《战国策》已经让学生对史传文学描写人物有了一定的了解。本单元的主要任务就落在引导学生鉴赏史传文学在叙事中对人物形象的刻画。

（二）学情背景

高二的学生拥有了一定的文言积累，对于文字并不艰涩、故事性很强的《鸿门宴》能够自己通读知其大意。但是，学生在预习过程中反馈出一个问题，即从鉴赏的角度赏析文言文的能力还有待加强。

（三）文本分析

《鸿门宴》虽然只是《项羽本纪》中的一个片段，但却是《史记》中非常著名的一段文字。文章生动地刻画了几组个性鲜明的人物形象，突出了刘邦和项羽的性格特点。在这样一个关键事件的叙述过程中，司马迁成功地将人物的性格特点嵌入其中，让人物的性格在情节中自然生长出来。

三、教学目标

（一）教学重点

引导学生品味和鉴赏叙事特点，让学生体会《鸿门宴》在叙事过程中的艺术加工方法，使学生对"自觉"的艺术创作有一定的理解和领悟。

（二）教学难点

学生体会作者为什么要这样安排情节，体会细处的情节设计对文章情节推动的作用，以及情节中的人物性格是如何体现的。

四、教学过程

本课大体分为四个环节：

1. 落实字词：学生课下通读课文，结合课下注释，理解文章大意。老师引导梳理课文，落实重点实词和虚词。

2. 初步分析人物形象：汉楚两军阵营中人物两两相对，如项羽对刘邦、范增对张良、项庄对樊哙、曹无伤对项伯，学生通过比较，简单地了解人物的性格特点。（说课重点）

3. 分析情节，挖掘人物内心：学生通过关注一个情节的多次出现，分析作者如此特殊安排的缘由和目的，进而更加深入地分析项羽的内心。（重点）

4. 引导学生自主挖掘作品中的其他鉴赏点并加以赏析。

（一）导入

通过前面的学习，我们掌握了《鸿门宴》的文言知识，基本了解了人物的性格特点。但是作为著名的历史性和文学性兼长的史传类文学作品，《鸿门宴》是如何做到既保持历史的真实，又富含文学艺术性的呢？对此，学生仍然感到疑惑。那么，带着这样的问题，我们要去看看司马迁在叙事的过程中是如何成功地运用技巧来达成这一效果的。

（二）抛出问题，引导学生思考讨论

1. 我先抛出一个问题引导学生思考：沛公入关后做了些什么？

学生能够很容易找出来。

曹无伤："沛公欲王关中，使子婴为相，珍宝尽有之。"

范增："沛公居山东时，贪于财货，好美姬。今入关，财物无所取，妇女无所幸，此其志不在小。吾令人望其气，皆为龙虎，成五采，此天子气也。"

刘邦（面对项伯）："吾入关，秋毫不敢有所近，籍吏民，封府库，而待将军。所以遣将守关者，备他盗之出入与非常也。日夜望将军至，岂敢反乎！"

项伯："沛公不先破关中，公岂敢入乎？今人有大功而击之，不义也。"

刘邦（面对项羽）："臣与将军戮力而攻秦，将军战河北，臣战河南，然不自意能先入关破秦，得复见将军于此。"

樊哙："今沛公先破秦入咸阳，毫毛不敢有所近，封闭宫室，还军霸上，以待大王来。故遣将守关者，备他盗出入与非常也。劳苦而功高如此，未有封侯之赏，而听细说，欲诛有功之人，此亡秦之续耳。窃为大王不取也！"

由此，学生可以得出：不同的人口中说出的结果并不一致。那么继续引导学生去思考，同一件事情却有不同的表达，这中间存在怎样的问题。

2. 引导学生思考第二个问题：沛公到底是"入关"还是"破关"？资料显示，接受子婴的投降而"入关"是历史真相，用武力"破关"是假相。当然，真假的辨别关键要看文章中的听者如何判断。

3. 引出第三个问题：沛公到底是"珍宝尽有之"还是"秋毫不敢有所近"？《史记》本来是史书，应该告诉我们答案，现在却让我们犯了难。由此可以看出，这一重复的情节并不意在告诉我们历史的真相是什么，莫非有其他用途？

（三）分析情节与人物的关系

在上面三个问题的基础上，引导学生思考以下问题：司马迁在叙述这件事情上用墨如泼，用了六处语言详细地记录这件事情，为什么？这跟人物塑造有什么关系？学生小组讨论。引导学生将关注点放在情节叙述与人物的关系上。

以图呈现之：

被陈述者	陈述者	陈述内容	听者	听者反应
刘邦	曹无伤	有关"刘邦入关"	**项羽**（其中一次是说给项伯，实际也是要说给项羽听）	
	范增			
	刘邦（对项伯）			
	项伯			
	刘邦（对项羽）			
	樊哙			

从图表中可以看出，这一情节的听众只有项羽一人。那么，我引导学生去思考，每一次听到后，项羽会有怎样的心理变化，他又会如何判断？在这个过程中我会带领学生进行一次很有趣的心路历程的揣摩。

1. 曹无伤的"珍宝尽有之"和范增的"财物无所取，妇女无所幸"貌似陈述相反，但都激起了项羽的怒火。

原因在于，从前者的话中，项羽听到的是刘邦的财富和炫耀，因而大怒。从后者的话中，项羽听到的是刘邦的欲望和对他的威胁，因而大怒。但是很奇怪的是，我们看不到项羽真正的想法，反而会觉得是曹无伤和范增更想杀掉刘邦。

2. 刘邦面对项伯的"吾入关"被项伯转述给项羽时变成了"沛公不先破关中"，因而也就有了"今人有大功而击之，不义也"。而且巧妙的是，刘邦说给项羽听时也变成了"然不自意能先入关破秦"。

对于项羽而言，两次听到刘邦破秦，像是产生了内疚感，于是急急地说出了"此沛公左司马曹无伤言之"，先卖掉了自己的一个同盟。这里仍然会让我们感到奇怪，项羽的真实想法到底是什么？项羽很像是一个事不关己的看客。

3. 终于，樊哙上场了，杀气腾腾，但是语言却十分缜密，"今沛公先破秦入咸阳，毫毛不敢有所近，封闭宫室，还军霸上，以待大王来。故遣将守关者，备他盗出入与非常也。劳苦而功高如此，未有封侯之赏，而听细说，欲诛有功之人，此亡秦之续耳。窃为大王不取也！"

话语的表面像是陈述刘邦的功劳和指责项羽，但潜在的意思却是：大王（项羽）本应该赏刘邦，现在反而要罚他，并用"亡秦"来类比，把项羽抬到了一个至高无上的位置。至此，同一个情节几易其口，已经从"珍宝尽有之"变为"劳苦而功高"。只是让我们仍然感到奇怪的是，我们没有看到幡然醒悟的项羽，也没有看到坚持非杀刘邦不可的项羽，他的反应只是"未有以应"。我们真的不知道项羽是不是真的要把"看客"做到底。最后刘邦借如厕之名而归，项羽仍然没有态度。

被陈述者	陈述者	陈述内容	听者	听者反应
刘邦	曹无伤	有关 "刘邦入关"	项羽 （其中一次是说给项伯，实际也是要说给项羽听）	大怒
	范增			大怒
	刘邦（对项伯）			许诺
	项伯			出卖曹
	刘邦（对项羽）			默许
	樊哙			

带领学生分析：

项羽的"怒"体现的是他暴怒的性格，项羽的"看客"身份体现的是他的优柔寡断。暴怒和优柔寡断同时集于一个人身上，又借助同一情节呈现出来，让我们不得不佩服司马迁叙事功力的炉火纯青。

同一件事情被重复了六次，听众其实只有项羽一人。因为在整个事件中，最关键之处是：项羽是否认为刘邦威胁到自己的地位。那么，这一事件的唯一决定权在项羽手中。作者用不断的重复来试探项羽的内心，也在不断挑战项羽的判断。最终虽然项羽貌似只是一个"看客"，但却决定了形势的走向。这样的重复就具有"四两拨千斤"之功效，形象地刻画了项羽的性格。这就是叙事中重复的艺术。

"重复"架起了一座探索人物内心的桥梁（板书）

小结：在引导学生解读项羽内心的过程中，学生渐渐可以体会到，《鸿门宴》是作者司马迁精心建构的一个史实。作者既遵循了"实录"的史家精神，又塑造了项羽这一极具艺术性的人物形象。借这一极具艺术性的实录，鉴赏其重复的艺术，我们可以窥一斑而见全豹，推知司马迁的叙事匠心造就了《史记》中鲜明的艺术形象。

（四）作业布置

1. 鼓励学生在《鸿门宴》中推究司马迁的叙事技巧，并通过小组讨论得出一定的结论。

提供给学生一些思考角度，例如：

（1）情势推动情节的艺术（类似于下象棋：如一开始项羽的备战其实是将了刘邦

一军）。

（2）虚实艺术的结合（汉代艺术的美学追求：留白的运用、宴席与战争的表里相衬等）。

（3）互见法（引导学生阅读《高祖本纪》）。

五、教学辅助手段及板书

本课采用补充资料、PPT 等手段，板书如黑板所示。

六、板书设计

《鸿门宴》的叙事艺术

重复的艺术 ——————→ 人物内心

《望岳》《春望》：披诗入情品杜甫

刘睿睿

北京市西城区说课比赛一等奖说课稿

各位评委老师：

大家好！我叫刘睿睿，我说课的题目是"《望岳》《春望》：披诗入情品杜甫"。请各位专家批评指正。

一、教学背景分析

（一）课程背景

《望岳》《春望》是杜甫诗中的重要两首。高中诗文学习既要完成诵读、疏通文意的初步任务，更要满足学生深入学习的需求，做到披诗入情，注重赏析，读出志趣，品出味道。

（二）文本分析

	《望岳》	《春望》
写作背景	盛唐	渐衰中唐
诗人杜甫	青年	中年
描摹景物	雄伟磅礴的泰山	破败凄凉的国都
情感心境	豪情壮志	深沉悲痛
诗作风格	雄豪	沉郁

1. 外在形式。

（1）文体风格。《望岳》为古体诗，问句开头，主体描景，结尾直抒胸臆，喷薄而出，颇具雄豪诗风，为盛唐之音；《春望》为五律，讲求对仗平仄，景情交融，字字珠玑，字字泣血，句句含情，情感含蓄深沉，颇具沉郁诗风，见中唐之貌。

（2）所选景物典型。《望岳》中泰山参天耸立，巍峨雄伟，气势磅礴，与杜甫青年志向心境相契合；《春望》中国都沦陷，城池残破，一片断壁残垣，满目疮痍的景象，与中年杜甫内心的深沉悲痛相契合。

（3）锤炼词语。《望岳》："钟"，为"集中""钟情"之意，把大自然写得有情，对泰山情有独钟。"割"，化静态为动态，化被动为主动，写泰山能左右日光，改变天地。

《春望》：一个"破"字，让人触目惊心。一个"深"字，令人满目凄然。一个"在"字，意为山河不变，江山易主，好似李煜《虞美人》中所写"雕栏玉砌应犹在，只是朱颜改"。长安城早已"物是人非"。表面字字无情，实则字字泣血。一个"溅"字，意味着悲痛到了极点。一个"惊"字，让人触目惊心。

（4）景情关系：《望岳》为诗人即景抒怀之作，借景抒情，情景交融；《春望》为诗人触景伤怀之作，移情于物，物我一体。

2．内涵方面。

题眼"望"字统摄全诗。"望"字内涵丰富，有"眼望""心望""守望"之递进关系。《望岳》《春望》"望"到的景不同，抒发的情不同，甚至创作风格都有很大变化，需要对比品析。但变化之中始终不变的是杜甫对国家的守望之情。此外，深入赏析《春望》可以帮助学生理解后世称杜甫为"诗圣"的原因。

名句"会当凌绝顶，一览众山小"表明青年时代的杜甫胸怀高远、壮志凌云，有一股年轻人的冲劲，颇具理想主义色彩。然而当梦想照进现实，中年杜甫所经历的一切残酷地摧毁了那些梦想，凌云之志不得实现。虽然杜甫的仕途之志没有实现，但他用他那句句含情、字字泣血的诗篇，用他对国家的热爱和"守望"，为后世留下了宝贵的文学财富和精神财富。而杜甫也真正实现了"会当凌绝顶，一览众山小"的凌云壮志。

（三）学情调查分析

1．请写出你对杜甫的了解。

杜甫，字子美，自号"少陵野老"，世称杜少陵，唐代现实主义诗人，后世称杜甫为"诗圣"，他的诗被称为"诗史"。

【调查结果分析】学生对杜甫的认识更多停留在文学常识的层面，而没有深入地了解杜甫其诗，理解杜甫其人。

【备课思考】学生只"知其然"，教师应紧扣诗歌内容教学，令学生"知其所以然"。

2．请写出你尚不能掌握的字词。

《望岳》：岱宗、夫、生层云、决眦、会当、凌绝顶。

《春望》：感时、花溅泪、鸟惊心、烽火连三月、搔、簪。

3．请写出这两首诗中你最喜欢的诗句并简要说明原因。

80％喜欢"会当凌绝顶，一览众山小"。

20％喜欢"感时花溅泪，恨别鸟惊心"。

10％喜欢"烽火连三月，家书抵万金"。

8％喜欢"国破山河在，城春草木深"。

6％喜欢"造化钟神秀，阴阳割昏晓"。

6％喜欢"荡胸生层云，决眦入归鸟"。

【调查结果分析】

从数据上看，《望岳》似乎更受欢迎。80％的学生喜欢"会当凌绝顶，一览众山小"这两句，并能说出喜欢的具体理由；而对于写景的"造化钟神秀，阴阳割昏晓"，"荡胸生层云，决眦入归鸟"这四句，却不能说出喜欢的明确理由。

【备课思考】

学生赏景"无处下手"，教师教学"有法可依"。

4．试着推测编者将这两首诗以这样的顺序编在同一课中的意图。

50％能说出较合理的理由。其中20％能结合背景和诗人经历来说明。

【调查结果分析】

大部分同学"知人论世"的意识较弱，学生多只"读诗"。

【备课思考】

教师引导学生关注"知人论世"，培养学生正确科学的诗歌鉴赏思维方式。

5．请写出你需要老师帮助和提供的是什么。

（1）背景资料。

（2）更深入地理解古诗文的意思。

（3）古诗词的学习方法。

（4）作者的思想情感。

（5）杜甫人生的变化和唐代的情况。

（6）杜甫为什么会忧国忧民，为什么会有那样的情感？

【调查结果分析】

反映出学生不同层次的学习需求。

【备课思考】

教师力求满足不同层次的学习需求。力求平衡"知识方法能力"和"情感态度价值观"的关系。

（四）指导思想——课标精神

语文学科特点：工具性（语言文字）与人文性（文学文化）的统一。

语文学科要以学生为主体，在进行语言的积累，语感的训练和听、说、读、写方面的实际运用能力培养的同时，也要培养学生的文化品位、审美情趣、思维品质、人生态度和思想修养，注重潜移默化的熏陶感染，把这些内容渗透于日常的教学过程之中。

三维目标相互渗透，融为一体：

1．知识与能力

引导学生体会学习诗歌鉴赏的基本方法，培养学生正确科学的诗歌鉴赏思维方式。

2．过程与方法

教学过程的设计要适应学生的认知水平，符合学生的认知规律，关注个体差异和不同的学习需求。重视开发语文课程资源（包括文本深入解读和学情调查），精心设计教学活动，注重文化熏陶。

3．情感态度和价值观

高度重视情感、态度、价值观的正确导向。培养学生高尚的道德情操、健康的审美情趣、积极的人生态度和正确的世界观、价值观。

小结：适应学生认知水平，符合学生认知规律，培养学生积极的三观。

二、教学目标

（一）知识与能力

1. 体会学习诗歌鉴赏的基本方法，如：景情分析法、炼字法、拓展延伸法等。

2. 培养学生正确科学的诗歌鉴赏思维方式："读诗—知世—论人"。

（二）过程与方法

1. 诵读感知法。

2. 用诗歌赏析法"读诗"，用背景介绍法"知世"，用对比阅读法"论人"。

（三）情感态度和价值观

通过对比品析，使学生理解杜甫对国家始终不变的守望，激发学生对诗圣杜甫的仰望之情。

三、教学过程

本课大体分为六个环节。

第一环节：通过课前预习和学情调查，让学生初步了解诗歌内容。

第二环节：通过赏析《望岳》，理解青年时代杜甫的高远胸怀。

第三环节：通过赏析《春望》，理解中年时代杜甫的情感心境。

第四环节：对比品析，解析"望"字的内涵。

第五环节：深入探究，讨论杜甫为何被称为"诗圣"。

第六环节：布置作业，总结诗歌鉴赏方法。

四、设计特色

（一）抓题眼——"望"，整合问题，巧妙设计

	大问题提领	引出思考角度		解决问题
《望岳》之"望"	把题目"望岳"换作"看岳"，可以吗？	"望"的对象特征	景	教学重点
		"望"的情感心境	情	
		"望"的视角距离		
《春望》之"望"	题目"春望"能否改为"望春"？	"望"的对象特征	景	教学重点
		"望"的情感心境	情	

（二）"会当凌绝顶，一览众山小"一题两问异答

"会当凌绝顶，一览众山小"，杜甫实现了吗？					
	提问时间	设计意图	答案	深入思考	延伸思考	教学难点
第一次问	赏析《望岳》后	设疑过渡	没实现	生前命	课后作业	
第二次问	探究"诗圣"后	升华探究	实现了	身后名		

（三）眼望—心望—守望—诗圣：层层递进，逐步深入

仰望诗圣

				诗圣	
			④	人	
			守望		
	③		志		
		心望			
②		情			
	眼望				
①	景				

赏析景—体会情—领悟志—认识人

由浅入深，层层递进，真正读懂诗歌，真正认识诗人。

小结：杜甫是最正统儒家思想的承袭者，他怀仁心，忧国忧民，由始至终守望着国家。

虽然他的仕途之志没有实现，但他用句句含情、字字泣血的诗篇，用他对国家的热爱和"守望"，为后世留下了宝贵的文学财富和精神财富。杜甫也真正实现了"会当凌绝顶，一览众山小"的凌云壮志。

《六国论》：和苏洵来一场论辩

奚 畔

北京市西城区青年教师基本功大赛说课比赛特等奖说课稿

各位评委老师：

大家好！我叫奚畔，来自西城区北京师大二附中。今天说课的题目是"《六国论》：和苏洵来一场论辩"，请各位专家批评指正！

一、教学背景分析

（一）学段分析

《六国论》这篇课文在北京师大二附中校本教材高一语文第二模块。在此之前，学生已学完"论说政见文言"单元中的《过秦论》《阿房宫赋》《六国论》（已分析完写作目的、经典之原因）。并学完了《古文观止》中《左传》《国语》《战国策》三个单元。学生对战国末期的人物、事件以及相关的经典文章有了一定了解。

本单元的主题是"论说政见文言"。本单元中学生将学习论说文的基本要素与论说文的写作方法。除了分析名作中的论证结构之外，另一项重要任务是拓展学生的思维深度，提升其议论文写作能力。

（二）学情分析

本班学生是数字化特色班，正在开展 IPAD、MOODLE 网络平台、微课、思维导图、小组合作式学习教学模式研究。

学生在学习《六国论》时产生疑惑，认为"论点立不住""前后文不合逻辑""太片面了""六国灭亡不是因为这个"，等等，并在 MOODLE 平台上以小组为单位与苏洵展开论辩。学生的文章引经据典，论据充分，但问题是学生未针对《六国论》中的论据、论证进行辩驳，而是在表态"我不同意"之后，便另起炉灶，谈起各国的灭亡史。

因此，本专题教学设计致力于指导学生写作驳论文。

（三）教材分析

《六国论》一文历来享有盛誉，但学者们曾质疑本文论证的严密性，教学中学生也产生质疑。这正是鼓励质疑，提倡多元解读经典，探寻议论方法的好时机。

二、教学目标定位

1. 教师通过对多篇文章的综合、对比和分析，提升学生合理质疑、充分论证前人观点的能力，从而拓展学生的思维深度。

2. 解决前期微课教学及学生习作中的"驳论文该如何驳"的问题，从而使学生提升驳论文写作能力。

三、教学重难点

教学重点：学习驳论文如何进行驳斥。

教学难点：（1）通过文章对比，学生归纳出驳论文的写作重点；（2）通过史料对比阅读，学生深入剖析《六国论》中的论证漏洞。

四、教学指导思想与理论依据

（一）课标精神

"知识和能力"目标：学习驳论文的写作方法。

"过程和方法"目标：引导学生通过对比和探究，深入理解"驳"的概念。

"情感态度和价值观"目标：在肯定经典的同时大胆质疑，严谨求证。

（二）指导思想

本专题课程是基于《北京市中小学语文学科教学改进意见》中"利用专题教学拓展阅读视野"的指导思想，通过任务驱动的方式，引导学生大量阅读，将战国历史、地理等作为语文学习的依托；通过小组合作，借助网络平台，促进学生相互交流，思想碰撞；通过课上深入讨论，加强学生反思、批判的意识。

五、教学辅助手段

本课采用微课教学、MOODLE网络平台、IPAD补充资料、思维导图等多种教学辅助手段，板书是学生的研讨结果。

怎么驳 { 抓差异——围绕一点
看事例——准确、有力
走逻辑——合理 }

六、教学过程

本课大体分为五个环节。

第一环节：利用微课、网络平台完成驳论文写作、互评、投票。

第二环节：利用思维导图，总结《谏逐客书》和习作的论证结构。

（以下是本节课内容）

第三环节：将《谏逐客书》与本组习作进行对比研讨，反思本组文章的论证问题。

第四环节：深入研讨，分析《六国论》中的论证漏洞。

第五环节：结合课上方法，布置写作作业。

这里重点介绍第三、四环节的设计意图及教学反思。

（一）第三环节：对比探究——李斯教我如何驳

设计意图：本环节旨在解决学生习作中的"驳论文该如何驳"的问题。学生习作中的问题是：未针对《六国论》中的论证、论据进行辩驳，而是在表态"我不同意"之后，便另起炉灶，谈起各国的灭亡史。可见，学生不能区分驳论与立论。

我先让学生利用思维导图软件，画出《谏逐客书》和本组习作的论证结构图。再在课堂组织小组研讨——对比两张结构图，探讨自己的驳论与李斯的驳论有何不同。对比之下，学生会直观地发现自己并未"驳斥"，且观点分散。

这便是学生自主探究的过程。小组研讨之后每组请一个代表总结研讨结果，目的是加强学生之间的交流和碰撞。

教学反思：这个环节设计充分调动了学生学习的主动性，课堂上每个小组的研讨都非常认真。组内学生各抒己见。讨论初期，学生只是停留在论据使用层面，但随着教师不断地引导，学生开始关注论点与论证的关系。

小组代表发言总结时，学生基本能够说出自己文章的问题，即"未驳""论点不集中"。此时，亮点出现了，第一小组发言时总结本组应该选择一个点进行详细阐述，我追问道："如果我这么写，论点为：六国破灭不是因为'赂秦'，而是因为国君昏庸。进而我以各个国家国君昏庸为例进行论述，是否完成了驳论？"

此刻，第五小组的同学不同意，说："我们组就是这样写的，是有问题的。原因是贿赂秦国与国君昏庸并未发生交锋，这是并列的两个观点。你抛弃一个而论另一个，并未完成'驳'的工作。"其他小组的同学相继点头。

通过生生互动，学生明确了"驳"的概念。

本环节总结时，亮点又出现了。第三小组的同学曾参加过辩论赛，他利用辩论赛的知识为大家总结了驳斥的要义："抓差异——双方观点分歧之处；看事例——论据使用是否有误；走逻辑——论证逻辑是否清晰合理。"他的发言为"我们该如何驳"指明了方向。

（二）第四环节：深入探究——我们如何驳苏洵

设计意图：本环节旨在通过对多篇文章的综合、对比和分析，提升学生合理质疑、充分论证前人观点的能力，从而拓展学生的思维深度。

在之前的微课与网络平台讨论中，我布置了思考作业：请你找找《六国论》中的论证漏洞。我也搜集整理了大量的史料和学术论文，经过筛选，选出学者质疑较多、有代表性的五句话，供学生课上探讨。此环节的目的是鼓励学生独立思考，并为下节课上的示范、启发、落实作铺垫。

课前我为学生整理出一套阅读材料，包括战国地图、秦灭六国形势图、《史记·六国年表》等历史地理资料；《触龙说赵太后》《信陵君窃符救赵》《荆轲刺秦王》《李牧传》《毛遂自荐》等经典文章节选；《〈六国论〉——建立在沙滩上的大厦》《谬误多多的〈六国论〉》等学者文章节选。这样做目的是加大学生的阅读量，拓宽学生眼界，帮助学生寻找文章间的关系，建立知识网络，并综合运用各种史料来对本课文章进行合理质疑和充分论证。

本部分教学分为三部分：

1. 展示学者犀利的评价——开阔学生视野，鼓励学生质疑。

2. 分析学者的驳论片段——示范应该"怎么驳"。

3. 学生运用阅读材料驳斥文中的五句话——深入解读《六国论》，实践本课所学的驳论方法。

教学反思：用学者的驳论片段进行示范取得了非常好的效果。首先，学生可以很直观地学习驳论的过程，而非仅仅停留在概念上。其次，学生发言时有了模仿意识，用类似的论证结构进行分析，发言有理有据，条分缕析。

在本环节这几个问题的探讨中，学生能够充分运用补充资料进行分析，不仅能够发现论据使用的错误，还能发现论证逻辑的不合理之处，探讨非常充分，思想活跃。这应归功于课前材料筛选与整合比较有针对性。我将材料按照国别分类，并随手做了一些简单的思考提示，没想到这竟然成为学生思考时必不可少的台阶。据此反思，如果没有这些整理好的材料和提示，学生恐怕无从下手。

七、总结

1. 我用几句话来总结这堂课的教学思路（PPT）：

对比探究习作问题 }
自主总结驳论方法 } 形成概念

点拨示范论证过程——深入理解

运用材料实战演练——拓展运用

2. 总结本课设计的亮点：

教师鼓励学生大胆质疑，督促学生大量阅读经典作品，引导学生自主探究。专题教学体现系统性。综合利用各种媒体设备。

《前赤壁赋》：景、情、理交相辉映

张怀光

北京市级示范校青年教师评优课一等奖说课稿

各位评委老师：

大家好！我叫张怀光。今天我说课的题目是"《前赤壁赋》：景、情、理交相辉映"，请各位老师批评指正！

一、指导思想与理论基础

（一）《普通高中语文课程标准》目标要求

初步把握古代诗歌、散文的不同艺术特性，注意从多个角度和层面发现作品意蕴，不断获得新的阅读体验。

（二）文学理论依据

亚里士多德《诗学》："诗是一种比历史更富哲学性、更严肃的艺术，因为诗倾向于表现带普遍性的事，而历史却倾向于记载具体事件。"

二、教学背景

（一）学段背景

《前赤壁赋》是北京市高中课程改革实验版语文教材必修四第一单元"写景状物文"的文章。

（二）学情背景

1. 学生对写景状物文已有初步感知。

2. 学生对苏轼在黄州期间的心境已有初步了解。

3. 学生对情、景关系已经初步掌握，但是却往往会忽略景和理的关系。

三、教学目标

品味赤壁美景（江、月）的内在神韵，学会从不同角度观照景物，揭示出景、情、理的内在联系。

四、教学过程

（一）流程介绍

1. 课前预习，梳理文言知识，初步感知文中的景、情、理。

2. 教师示范朗读、学生分角色朗读与学生齐读相结合，引导学生进入情境。

3. 运用比较阅读的方法，引导学生从不同角度观照景物，把握景物的内在神韵，揭示出景、情、理的内在联系。

4. 作业：分析苏轼《石钟山记》和白居易《赋得古原草送别》中景、情、理的关系。

（二）教学过程

1. 引入：苏轼《题西林壁》中的"横看成岭侧成峰，远近高低各不同"。

2.《前赤壁赋》中，同样是面对皓月当空、大江东去、水天一色的美景，主客却产生了截然不同的情感体验。

客："寄蜉蝣于天地，渺沧海之一粟。哀吾生之须臾，羡长江之无穷。挟飞仙以遨游，抱明月而长终。知不可乎骤得，托遗响于悲风。"

主："客亦知夫水与月乎？逝者如斯，而未尝往也；盈虚者如彼，而卒莫消长也。盖将自其变者而观之，则天地曾不能以一瞬；自其不变者而观之，则物与我皆无尽也。而又何羡乎！"

3. 主与客情感体验迥异。

提醒学生从变与不变、瞬时与长久、生命个体与整体、类比与对比等角度进行讨论。

	自然（景）	视角	人（情）
客	变动不居	类比	人生无常（瞬时）
主	变有不变	类比	人生有常（一生）
客	永恒博大	对比	渺小短暂（个体）
主	永恒博大	类比	绵延无穷（人类）

景虽不变，角度有变，则情亦变。

4. 情与理的概念。

情——对所见之景、所遇之事的具体感怀。

理——对人生相关问题的顿悟与哲思。超越因所目之景、所遇之事而生的具体感怀。

情是理的依托，理是情的升华；理必然有情相伴，情却未必升华为理。

5. 主客之情与理。

客——人生无常（瞬时）

客——渺小短暂（个体）

主——人生有常（一生）

主——绵延无穷（人类）

> 既然苦难常相伴，命运也并非反复无常，我们是该沉浸在苦难中，还是该旷达地超越苦难呢？

"惟江上之清风，与山间之明月，耳得之而为声，目遇之而成色，取之无禁，用之不竭，是造物者之无尽藏也，而吾与子之所共适。"

沉浸在人生苦难中，只会感觉到更多的苦难；而笑对人生苦难，从大自然中汲取智慧，则可尽享人生的美好。

6. 总结《前赤壁赋》中景、情、理之关系。

	景（角度）	情	理
客	以自然变动不居与人生类比；以自然永恒博大与人生对比	悲	
主	有变，有不变；以自然永恒博大与人生类比	乐	与其沉浸在苦难中，错过生命中的美好，不如超越苦难，尽享无边的月色和无尽的清风。

7. 再看《题西林壁》。

横看成岭侧成峰，远近高低各不同。

不识庐山真面目，只缘身在此山中。

【板书】

山（人生）
人（客）

人（主）

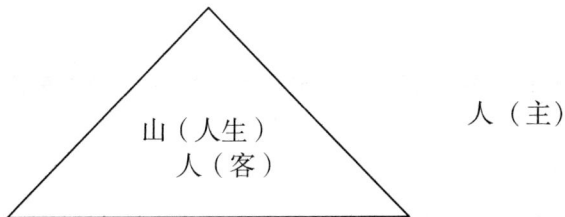

8. 景、情、理交融之妙。

景是情与理的依托和载体，情是景与理的媒介，理是景与情的升华。

景、情、理相互交融，使情感抒发更为酣畅；使抽象之理生动化、诗意化。

9. 作业。

分析苏轼《石钟山记》和白居易《赋得古原草送别》中景、情、理的关系。

布置这一作业，主要是让学生结合已经学过的作品，更好地了解各类文学作品中景物描写、情感抒发和哲理表达之间的关系。

《祝福》：巧妙阐发得深意

王广杰

北京市市级示范校青年教师说课比赛一等奖说课稿

各位评委老师：

大家好！我叫王广杰。今天我说课的题目是"《祝福》：巧妙阐发得深意"。请各位老师批评指正！

一、教学背景分析

（一）学段分析

鲁迅的《祝福》出自北京市高中课程改革实验版语文教材必修三的第一单元。本单元的主题为小说与人物。本单元的学习重点是赏析人物形象和主题情感。鲁迅的《祝福》和其他三篇小说（巴尔扎克《守财奴》、王蒙《葡萄的精灵》、蒲松龄《聂小倩》）共同承担起这样的教学任务。

（二）学情分析

学生对于小说并不陌生，但是对于鲁迅却很"害怕"。学生对于鲁迅的理解更多的是停留于"文学家、思想家、革命家"这种概念化的把握。我们想通过《祝福》一文的学习，引领学生走进鲁迅的内心世界，读出小说丰富的人物形象和复杂的情感主旨。

（三）教材分析

《祝福》是经典的。这种经典源自其生动的文学性，更源自其深刻的思想性。我们需要引导学生在这两个方面仔细揣摩。

二、教学目标定位

1. 通过对小说叙述视角和人物心理活动的揣摩，深入体会人物形象的丰富内涵。
2. 通过对关键人物形象丰富内涵的把握，进一步体验小说深刻的情感主旨。
3. 在此基础上，进一步领会小说人物形象与主题表达二者之间的紧密联系。

三、教学重难点

教学重点是对文本叙事方式以及对人物心理活动描写的关注和揣摩。

教学难点有二：一是如何通过文本语言品味人物形象；二是如何让学生明白独特的人物形象与独特的主题表达之间的内在联系。

四、教学指导思想与理论依据

（一）课标精神

课标"三维目标"精神给我们的教学提供了方向性的指引。

引导学生细致揣摩语言是基于"知识和能力"目标；引导学生掌握揣摩语言的规律，并进一步明白小说人物形象与主题表达的关系是基于"过程和方法"目标；引导学生体验鲁迅丰富的内心世界是基于"情感态度和价值观"目标。

（二）鉴赏理据

金圣叹："看书要有眼力，非可随文发放。"

文学作品的阅读不能走马观花、浮光掠影，而应该细读文本、理会文字，从字里行间读出丰富的形象和情感。

正是基于这样的指导精神和文学阅读方法，我设计了本课的教学内容。

五、教学辅助手段

本课采用多媒体补充资料、教师范读和分角色朗读等多种教学辅助手段。另有相应的板书内容（如黑板所示）。

六、教学过程

本课大体分为五个环节。

第一环节：通过课前预习，让学生初步理清小说故事情节和脉络。

第二环节：通过阅读讨论，分析祥林嫂死亡的必然性及其原因。

第三环节：通过师生朗读叙事语言和人物对话，让学生对小说人物形象和小说主题有初步的认识。

第四环节：通过对小说叙事结构以及对"我"与祥林嫂之间对话的分析，深入探究小说中"我"的人物形象，并探讨其与主题表达之间的关系。

第五环节：在课堂学习的基础上，布置作业，巩固所学知识，并让学生进一步体会鲁迅的内心世界。

这里重点介绍第四环节。

学生在阅读这篇小说时，很容易关注到这样几个人物，如祥林嫂、鲁四老爷、柳妈等，并能够概括文章的主旨："对封建礼教的批判"等。

应该说，这是对的。但同时这又是不全面的。

因为小说中还有一个容易被忽视但又不容忽视的人物形象，那就是小说故事的叙述者——"我"。（板书：我）

"我"作为小说的叙述者，在文中起着举足轻重的作用，而且"我"的存在在一定程度上左右或者丰富了小说的主题表达。因此"我"这一人物形象很重要。

为了让学生明白"我"的重要性，我引导学生先关注下面一个问题：

这篇小说中，作者运用了插叙的方式，以"我"的视角来叙述，而且有关"我"的内容占了近三分之一。作者这样安排的用意何在？

设计这样一道问题，主要是引导学生关注这样一种事实：

小说中关于祥林嫂的内容大都在插叙部分。如果把插叙部分的内容去掉，那么整个文章的主体框架将不再是祥林嫂，而是关于"我"的一些主观感受。这就意味着，作者之所以写祥林嫂，其真正目的也许不只是为了写祥林嫂而写祥林嫂，而是想借助祥林嫂来写"我"的内心世界。因此"我"的这一人物形象在整个小说中的地位也就不言而喻了。

弄清楚了"我"的重要性，我会引导学生进一步探讨下面一个问题：

"我"在小说中到底是怎样的一个人物形象？

为了弄清楚这一点，我会引导学生重点关注下面一段内容：

"你回来了？"她先这样问。

"是的。"

"这正好。你是识字的，又是出门人，见识得多。我正要问你一件事——"她那没有神采的眼睛忽然发光了。

我万料不到她却说出这样的话来，诧异的站着。

"就是——"她走近两步，放低了声音，极秘密似的切切的说，"一个人死了之后，究竟有没有魂灵的？"

我很悚然，一见她的眼钉着我的，背上也就遭了芒刺一般，比在学校里遇到不及豫防的临时考，教师又偏是站在身旁的时候，惶急得多了。对于魂灵的有无，我自己是向来毫不介意的；但在此刻，怎样回答她好呢？我在极短期的踌蹰中，想，这里的人照例相信鬼，然而她，却疑惑了，——或者不如说希望：希望其有，又希望其无……人何必增添末路的人的苦恼，为她起见，不如说有罢。

"也许有罢，——我想。"我于是吞吞吐吐的说。

"那么，也就有地狱了？"

"阿！地狱？"我很吃惊，只得支梧着，"地狱？——论理，就该也有。——然而也未必，……谁来管这等事……"

"那么，死掉的一家的人，都能见面的？"

"唉唉，见面不见面呢？……"这时我已知道自己也还是完全一个愚人，什么踌蹰，什么计画，都挡不住三句问。我即刻胆怯起来了，便想全翻过先前的话来，"那是，……实在，我说不清……。其实，究竟有没有魂灵，我也说不清。"

这段内容是"我"与祥林嫂之间关于"人死之后有无魂灵"的一段对话。

为了理清这段对话的内容，我会引导学生阅读并思考这样一个问题：

祥林嫂在这里想要的答案到底是什么？是"有魂灵"还是"没有魂灵"？

通过分析我们能带领学生发现，祥林嫂真正想要的其实是"没有魂灵"。为什么？因为"有魂灵"就会"有地狱"，"有地狱"，那么"死掉的一家的人，都能见面"。而根据前后文内容我们可以推断得知，这种见面并不是一家人的团圆，而是死去的两个丈夫对于祥林嫂的分割。这是很恐怖的事情，也是祥林嫂害怕面临的结局，所以祥林嫂真正想要的答案是"没有魂灵"。

但问题是，"我"给她的答案是什么？首先是"也许有"，最后又以"说不清"来仓促收场。

"说不清"这三个字的意蕴丰富，蕴含着"我"非常复杂的心理活动。因此我会引导学生对此细加揣摩。

"说不清"这三个字，看似闪烁其词、躲避责任，而实际背后所反映的是"我"当时根本就不清楚祥林嫂真正想要的是什么。换句话说，"我"和祥林嫂之间是存在着很深的隔膜的。

这时候，我会引导学生进一步思考另外一个更为重要的问题，即明确"我"的真实身份：

"我"是谁？

这个问题不难回答，因为文中有线索。我会引导学生关注上面对话一开始处祥林嫂的一句话：

"这正好。你是识字的，又是出门人，见识得多。我正要问你一件事——"

很明显，祥林嫂在这里已经给了我们暗示。"我"不是一个普通的人，而是一个"识字的、出门的、见识得多"的人。其实"我"在这里就是一个知识分子和启蒙者的形象。

那么，我与祥林嫂之间实际上就是一种启蒙者与被启蒙者之间的关系。

但问题是，"我"这样一个启蒙者，却并不真正清楚祥林嫂这样一个被启蒙者内心的真实需求，那么"我"又如何来完成思想文化启蒙的重任？

到此为止，学生也就会自然而然地明白了作者为什么要塑造"我"这样一个人物形象，以及作者对于"我"这个人物形象的态度。那就是，对于"我"这样一个启蒙者能否担当启蒙重任的一种批判反思。（板书：批判）

接下来，我会引导学生继续阅读文本并探究"我"的后续行为。学生从下面一段内容会发现，"我"在"说不清"之后，感到"强烈的不安"，然而"我"接下来所选择的却是"逃避"：

但是我总觉得不安，过了一夜，也仍然时时记忆起来，仿佛怀着什么不祥的豫感；在阴沉的雪天里，在无聊的书房里，这不安愈加强烈了。不如走罢，明天进城去。福兴楼的清炖鱼翅，一元一大盘，价廉物美，现在不知增价了否？往日同游的朋友，虽然已经云散，然而鱼翅是不可不吃的，即使只有我一个……无论如何，我明天决计要走了。

而且从小说最后一段内容，学生也会发现"我"最终消失、麻痹于这看似热闹的祝福声中了：

我给那些因为在近旁而极响的爆竹声惊醒，看见豆一般大的黄色的灯火光，接着又听得毕毕剥剥的鞭炮，是四叔家正在"祝福"了；知道已是五更将近时候。我在蒙胧中，又隐约听到远处的爆竹声联绵不断，似乎合成一天音响的浓云，夹着团团飞舞的雪花，拥抱了全市镇。我在这繁响的拥抱中，也懒散而且舒适，从白天以至初夜的疑虑，全给祝福的空气一扫而空了，只觉得天地圣众歆享了牲醴和香烟，都醉醺醺的在空中蹒跚，豫备给鲁镇人们以无限的幸福。

讲到这里，学生也就会渐渐地体会到作者心中蕴含着一种非常复杂的情愫，那就是对思想文化启蒙前途的无限"迷茫"。（板书：迷茫）

通过这样一步步的引导，学生对于"我"这一人物形象和小说的情感主旨就有了更为清晰的认识："我"是一个知识分子，一个"启蒙者"，但是"我"却与被启蒙者之间有着深深的"隔膜"。作者在这里表达了一个重要的情感主题，即对于"我"这个知识分子、启蒙者的批判反思和对于思想文化启蒙前景的无限迷茫。

或者说，就是"我的批判与迷茫"。（补充板书：我＜的＞批判＜与＞迷茫）因为，作者和"我"在一定程度上其实是重合的。

接下来，我会引导学生重新关注小说中"人物形象"与"主题表达"二者之间的关系问题。

很明显，作者在这篇小说中也正是借助"我"这样一个人物形象来表达了他如上所述的情感主题。而且，作者也必须借助"我"这样一个形象才能充分地表达这样一个深刻的主题，因为如果没有"我"这一人物形象，这样的情感主题是很难得以完全呈现的。

所以，小说中"人物形象"与"主题表达"二者之间存在着必然的、紧密的联系。（板书：画弧线带箭头，从"人物形象"指向"主题表达"）

为了加深学生对于情感主题的理解，接下来我会给学生再补充这样一些资料：

鲁迅的两个小说集《呐喊》与《彷徨》，这两个集子的名称本身已经向我们暗示了两种不同的情感指向。前者是批判别人，后者却将矛头指向了自己。而这正是鲁迅的深刻和可贵之处。《祝福》选自《彷徨》，很集中地体现了这一点。

莫言曾经说过这样一段话："鲁迅为什么伟大？鲁迅经常自我拷问，即便写一件小事，也得进行严酷的自我拷问。鲁迅拷问起来可是近乎疯癫甚至不要命的。"

莫言由此提出了"把自己当罪人来写"的创作主张。这种创作主张是有其文学传统的，其传统正源自鲁迅。

通过我们上面逐层的引导探究，学生一定会对《祝福》这篇文章的人物形象和情感主题以及人物形象与主题表达二者之间的关系有更为深刻的认识。

在此基础上，我布置如下作业：

重读《孔乙己》《故乡》，阅读《孤独者》《伤逝》，体会其中"我"的形象有着怎样的不同，并体会它们在小说主题表达方面所起的不同作用。

设计这样一个作业，其目的是通过拓展阅读的方式让学生进一步走进鲁迅丰富的内心世界。

《孔乙己》《故乡》选自《呐喊》，《孤独者》《伤逝》选自《彷徨》。四篇文章中都有"我"的人物形象出现，但是"我"在其中的身份和作用却不同。前两篇中"我"更多是旁观者，后两篇中"我"则是直接的参与者。"我"的身份地位的不同，也就必然影响着其与主题表达之间的关系。

七、总结

最后，我用几句话来总结这堂课的教学思路。

关注叙述视角的独特性——切入点。

$\left\{\begin{array}{l}\text{体察人物形象的丰富性}\\\text{揣摩主题表达的深刻性}\end{array}\right\}$发散点。

领会人物主题的关联性——收束点。

《祝福》：祥林嫂的绝境与苏醒

李煜晖

北京市青年教师基本功大赛说课稿

一、指导思想和理论依据

（一）关注发现与创新，建构经典作品新意义

《普通高中语文课程标准》强调，学生阅读文学作品的过程，是发现和建构作品意义的过程，要引导学生从习以为常的事实中发现问题，培养探究意识和发现问题的敏感性，对优秀作品能够常读常新，获得新的体验和发现。然而，在教学实践中，我们发现，越是家喻户晓的经典作品，学生越容易束缚于前人的定评，形成概念化、公式化的解读模式，从而淡化个人的阅读体验和探究过程，对学生建构自身意义，形成发现和创新造成障碍和干扰。

《祝福》是一篇经典作品。作为鲁迅小说集《彷徨》的开篇之作，作者以鲁镇为典型环境，以祥林嫂的命运发展为主线，运用娴熟多样的艺术表现手法，形象深刻地揭露了辛亥革命前后旧中国的社会痼疾。和屹立在世界文学之林的经典文学作品一样，《祝福》所塑造的以祥林嫂为核心的人物形象，本应超越作家作品的特定时代，具有极大的包蕴性和延展性。然而，由于特定的历史原因，人们习惯于把《祝福》看作诠释阶级斗争论的典范之作：把主人公祥林嫂的形象定格为苦难者的化身和受压迫的劳动妇女典型代表；把吃苦耐劳、饱经患难、愚昧善良视为祥林嫂形象的特定内容；把以鲁四老爷等鲁镇人所代表的封建礼教、阶级对立和国民性的自私、冷漠看作祥林嫂悲剧命运的根源。这种解读固然有其合理的成分，但在关注祥林嫂生活苦难的同时，忽视了她的信仰态度和精神的探索与蜕变；在揭露和批判祥林嫂的迫害者的同时，忽视了对迫害者思想根源和行为准则的深入剖析。这无疑窄化了小说的思想意义，削弱了鲁迅的批判锋芒，掩盖了祥林嫂这一典型艺术形象的内涵和特质。

因此，我在鉴赏祥林嫂人物形象的教学中，尝试鼓励和引导学生跳出"阶级斗争论"的藩篱，深入到人物的精神世界去发现问题，提出问题，对文本做出自己独立的、有创造性的分析判断，建构经典作品的新意义。

（二）把握最近发展区，促进学生水平新发展

维果茨基认为，教育对儿童的发展起到主导作用和促进作用，但需要确定儿童发展的两种水平：一种是已经达到的发展水平；另一种是儿童可能达到的发展水平，这两种水平之间的距离就是"最近发展区"。把握儿童的"最近发展区"进行教学设计，能加速学生潜能的发展。

基于这一理论认识，笔者对学情进行了认真分析：授课班级为高二（10）班，该班为我校文科实验班，学生功底扎实，思维活跃，对鲁迅作品有较浓厚的学习兴趣和丰富的阅

读积累，具备对祥林嫂这一人物形象进行深入探究的学情条件。在学情分析的基础上，笔者计划用两课时来鉴赏祥林嫂这一人物形象。第一课时以学生的元水平（未经教学活动而具备的水平）为起点，通过教师基础性的任务驱动，把握和评估学生可能达到的水平。其主要教学活动和学习情况如下：

1. 通读全文，按照小说的基本情节结构，以祥林嫂的变化为线索梳理文本内容，填写表格。（仿宋体为填写示例）

变化情节	身份 年龄	身心状态	外在环境	行为表现	备注 （变化原因，推理时长）
序幕　（"我"在祝福中回到鲁镇：提问环境描写、我的心境、鲁四老爷身份性格、祝福的仪式）					
结局 （寂然死去）	乞丐	肖像描写1	厌倦、玩物 谬种	问灵魂有无	逐出鲁家 沦为乞丐（5年）
开端 （初到鲁镇）	寡妇 女工	肖像描写2 满足、白胖、笑影等	得到鲁镇人认可 （雇着了女工）	劳作 （食物不论，力气不惜）	因为逃婚 做女工（3月半）
发展 （买入山坳）	失节者 身不由己	愤怒挣扎	婆婆逼迫， 婚后"好运"	异乎寻常：哭嚎、 骂、撞香案角	（3—4年）
高潮 （再到鲁镇）	失节者 寡妇 女工	肖像描写3 境遇变化 描写两次	禁止为祝福劳作， 被咀嚼鉴赏，被 挖苦嘲弄	倾诉阿毛之死， 与柳妈谈天， 捐门槛	因夫死子亡，大伯收 屋，来鲁镇（2—3年）
尾声　（"我"在祝福中惊醒：提问分析祝福的场景描写、"我"的心境）					

2. 在把握课文内容的基础上，师生互动，从生活环境、命运遭遇、性格特征三方面对人物形象进行讨论交流，形成初步认识并请学生提出疑问。

初步认识：

（1）生活环境：鲁镇是祥林嫂活动的主要场所，鲁镇人生活沉闷、单调，弥漫着封建礼教思想和迷信思想，令人窒息。

（2）命运遭遇：祥林嫂是出身卑微的劳动妇女，命运坎坷，其中被迫改嫁、失去贞节是她命运的转折点，改嫁后屡遭迫害，连死都不能安心：有魂灵则被锯成两半，无魂灵则难以团聚。鲁镇人甚至"我"都要对祥林嫂的悲剧负有责任。

（3）性格特点：生命力顽强，对物质生活要求极低，勤劳又顺服，既单纯又愚昧，有抗争精神。

学生疑问：

关于祥林嫂的问题：改嫁可以不用做女工，还可以有自己的家庭，就像"卫老婆子"说的"交了好运"，可她为什么还要拼命反抗？祥林嫂是一个穷人，却为何毅然拿出了12千的"巨款"来捐门槛？

关于其他人物的问题：祥林嫂改嫁是被婆婆逼迫的，为什么不见鲁镇人声讨她的婆婆，反而把祥林嫂作为挖苦讽刺的对象？"伤疤"是祥林嫂为抗婚舍命挣扎的印记，这应该是贞洁的象征，怎么在鲁镇人眼里成了耻辱的象征呢？柳妈说"捐门槛"可以赎罪，为什么四婶还是不让她参与准备祭祀呢？

学生的这些问题有一定深度，涉及人物行为选择背后的价值观念，引起了笔者重视。因此第二课时，把学生共识作为"学生已经达到的水平"，以学生发现和提出的问题为媒介，通过任务驱动和以问题为导向的教学策略，帮助学生探索人物行为背后的精神世界，向可能达到的新水平迈进，课题：信仰者的绝境与苏醒——对祥林嫂人物形象的再认识。

二、教学目标

1. 学生能够透过祥林嫂苦难人生中的选择行为，观照其人生态度和精神蜕变。

2. 学生能够透过鲁镇人的生活表象，探究其行为准则，深入理解造成祥林嫂悲剧命运的思想根源。

3. 在探索与发现的过程中，学生能够突破思维定式，进行创新性思维活动，提高语言表达能力。

三、教学过程

导入

通过前面的学习，我们走近了祥林嫂，了解了她的生活环境、性格特点，也发现了她的命运悲剧，但同学们仍然对她在悲剧人生中的某些做法感到不解，对鲁镇人评判祥林嫂的方式感到迷惑。由于人的行为表现和评判他人的方式都受到人生观和价值观的支配，下面就让我们深入人物的内心世界，去寻找问题的答案。

——时长 1 分钟

教学过程

（一）看选择，评人生态度

任务 1："失节"是祥林嫂人生命运的拐点，请围绕她失节前后的生活情境，说说祥林嫂做出了哪些选择，并分析她的动机。

选择 1：丧夫之后，面对婆婆逼迫改嫁，选择——逃到鲁镇做女工。

选择 2：被劫之后，面对捆绑成亲，选择——"异乎寻常""嚎，骂"，撞香案角。

选择 3：谈天之后，面对柳妈的"阴司报应论"，选择——第二天就去捐门槛。

选择 4：捐门槛时，面对庙祝的不许，选择——哭求。

选择 5：捐门槛后，面对四婶的禁止，选择——无从选择，精神崩溃。

问题 1：依据上述分析，请问祥林嫂对礼教的贞节准则持什么态度？

参考答案：遵从礼教原则，为捍卫贞节而反抗；认同礼教评价，为重新做人而救赎；在乎礼教身份，因救赎无果而崩溃。

问题 2：你如何评价祥林嫂这种人生态度？

参考答案：从信仰内容看——蒙昧（愚昧）：盲目信从，没有思考。

从信仰方式看——虔诚（无功利）：倾其所有，身体力行。

——时长 10 分钟，延长到符合要求为止。

（二）剥假面，揭受害根源

然而，虔诚的祥林嫂却受到了鲁镇人的审判，她为保卫贞节留下的伤疤被人们当成"耻辱的记号"，她倾其所有的救赎也被一笔勾销。在这里，鲁镇人俨然以道德裁判自居，那么他们自身的行为符合礼教的道德要求吗？

任务2：请选择一个或一类人物，从老师给出的话题入手，分组讨论：该人物的言行的出发点是什么，是否符合礼教的道德要求？

1. 鲁四老爷和四婶——在祥林嫂的去留问题上。

说明：并未以礼教文化为重，考虑的只是自身的需要和利益。初到鲁镇：极重宗教礼仪的鲁四老爷夫妇嫌恶她的寡妇身份，但看她"安分耐劳"，将她留下；再到鲁镇：因雇工的难求和认为祥林嫂一人顶几人的实惠而收留了她。当祥林嫂呆滞健忘，便打发她走。

2. 卫老婆子——在评价祥林嫂改嫁的问题上。

说明：把保持贞节看作人人都要扮演的过场戏。对祥林嫂的婆婆很佩服，认为她"精明强干""很有打算"；对祥林嫂"闹得出格"感到不可思议；对祥林嫂再嫁后的生活境遇感到羡慕。

3. 柳妈——在祥林嫂"撞香案"的问题上。

说明：没有从礼教出发，考虑该不该撞，而认为撞了不合算。

4. 闲人——在嘲讽祥林嫂的问题上。

说明：不是为了捍卫礼教的纯洁，只是出于通过咀嚼鉴赏他人痛苦获得快乐满足的卑劣动机。

教学活动：分4组讨论，每组代表发言，教师指导。

问题1：基于上述讨论，你认为上述人物对礼教的态度和祥林嫂有什么区别？

参考答案：虚伪——礼教外衣，功利内核：礼教只是空洞的教条和仪式，不是身体力行的生活内容，赤裸裸的实际利益才是他们的出发点。

问题2：鲁镇人的"伪信"态度对祥林嫂造成了怎样的伤害？（提示：祥林嫂在社会生活中失去了什么？得到了什么？）

参考答案：因赤裸的实利需求利用祥林嫂，使她陷入生活的绝境；用空洞的贞节符号评价祥林嫂，使她陷入精神的绝境。

——时长17分钟，延长到符合要求为止。

（三）问魂灵，识精神蜕变

绝境中的祥林嫂在鲁迅笔下宛如一具枯槁的僵尸，"消尽了先前悲哀的神色，仿佛是木刻似的；只有那眼珠间或一轮，还可以表示她是一个活物"。同学们对祥林嫂这一形象记忆深刻，同学们看到了她肉体生命的毁灭，看到了她连死去也不能安心的悲惨结局。那么，"木刻似的"祥林嫂，此时的精神世界如何呢？

任务3：阅读著名学者李欧梵对祥林嫂"问魂灵"这一情节的论述，回答问题。

"直到她已失去一切，并被逼迫到近于疯狂时，才开始想寻找当前现实以外的精神上的安慰。她向'我'提出的问题虽然是从迷信出发的，却有一种奇怪的思想深度的音响，而且和'我'的模棱的、空洞的回答形成惊人的对比，因为作为知识者的'我'，本是更有可能去思索生死意义的。"

问题1：结合课文分析"从迷信出发""思想深度"的含义分别是什么。

参考答案："从迷信出发"：祥林嫂叩问灵魂，是由柳妈灌输的阴司报应等迷信思想引发的。"思想深度"：有没有魂灵这个问题本身，包含了祥林嫂自身的怀疑和思考，而不是像以前那样对迷信思想毫无保留的接受。这个问题反映了从人生现实向人生彼岸的关注，这是一个重要的宗教命题和哲学命题。

问题2：一个没有接受过文化教育的劳动妇女，一个濒临死亡的乞丐，怎能问出这样一个有"思想深度"的问题呢？

参考答案：这一问题的提出，不是源自文化启蒙，而是源于她的苦难人生和她的虔诚态度。作者笔下的祥林嫂，屡受沉重打击，此时已经身陷绝境，对现实人生的绝望推动她本能地把虔诚关注的对象由此岸转为彼岸。

——时长15分钟，延长到符合要求为止。

总结并板书

总结：著名学者彭柏山先生说："祥林嫂愚昧而又清醒。封建迷信，束缚着祥林嫂的灵魂，她无法认清楚自己的命运；但当她求助于神无效之后，她对人说了，究竟有没有灵魂，敢于提出疑问。这其中，固然包含一种侥幸逃避的心理，但敢于正视这样一个问题，就一个农村劳动妇女来说，不能不说是辛亥革命前后的中国妇女开始觉醒的萌芽。"

的确，祥林嫂的一生，是苦难的一生，但苦难并不是她的特质，和虚伪、功利的"鲁镇人"相比，对信仰的虔诚，绝境中的蜕变，赋予了她特殊的光彩。

板书：

践行礼教，奈何虔诚遇伪信

叩问魂灵，身逢绝境反重生

——时长1分钟

作业——关于"我"的追问

面对祥林嫂的问题，作为知识分子的"我"，用模棱、空洞的回答敷衍了事，祥林嫂的怀疑、探索和思考也只能随着她的肉体生命一起死亡。那么，"我"回答的动机和出发点又是什么呢？尝试从这一问题入手，对"我"这一人物形象做出评价。

设计说明："我"身上有作者的投影，承载了鲁迅先生的"彷徨"和思考。引导学生思考评价这一人物形象，为后续教学中深入理解小说主题作铺垫。